Boller
Hartmann
Speth

Gesamtwirtschaft

für das kaufmännische Berufskolleg
Fremdsprachen

Merkur
Verlag Rinteln

Wirtschaftswissenschaftliche Bücherei für Schule und Praxis
Begründet von Handelsschul-Direktor Dipl.-Hdl. Friedrich Hutkap †

Verfasser:

Dr. Eberhard Boller, Dipl.-Hdl., Siegen

Gernot B. Hartmann, Dipl.-Hdl., Emmendingen

Dr. Hermann Speth, Dipl.-Hdl., Wangen im Allgäu

Fast alle in diesem Buch erwähnten Hard- und Softwarebezeichnungen sind eingetragene Warenzeichen.

* * * * *

1. Auflage 2009

Gesamtherstellung:
MERKUR VERLAG RINTELN Hutkap GmbH & Co. KG, 31735 Rinteln

E-Mail: info@merkur-verlag.de
lehrer-service@merkur-verlag.de

Internet: www.merkur-verlag.de

ISBN 978-3-8120-**0596-8**

Vorwort

Dieses Lehrbuch umfasst alle im **Lehrplan „Gesamtwirtschaft" für das kaufmännische Berufskolleg Fremdsprachen** des Landes Baden-Württemberg geforderten Lerngebiete und Lerninhalte (Schuljahr 1 und 2, gemäß Lehrplan vom 17.06.2009).

Für Ihre Arbeit mit dem vorgelegten Lehrbuch möchten wir auf Folgendes hinweisen:

- Das Buch hat mehrere Zielsetzungen. Es soll Ihnen
  - alle Informationen liefern, die zur Erarbeitung des Lernstoffs notwendig sind;
  - dabei helfen, die im Lehrplan enthaltenen Lerninhalte in Allein-, Partner- oder Teamarbeit zu erarbeiten, Entscheidungen zu treffen, diese zu begründen und über die Ergebnisse mündlich oder schriftlich zu berichten.
- Die Darstellung der gesamtwirtschaftlichen Inhalte richtet sich an dem didaktischen Leitgedanken aus, dass die Schülerinnen und Schüler Einsichten und Qualifikationen erwerben, die sie befähigen, Lebenssituationen als Beschäftigte und Bürger zu bewältigen.
- Die komprimierte Formulierung und farbliche Hervorhebung von Zusammenfassungen am Ende einer jeden Lerneinheit fördern den Erwerb der erforderlichen Kenntnisse und methodischen Kompetenzen.
- Die vielfältigen Übungsaufgaben am Ende einer jeden Lerneinheit sollen dazu befähigen, Fertigkeiten und Kenntnisse zu reproduzieren und Gelerntes auf neue Sachverhalte zu übertragen. Gleichwohl zielen die Aufgabenstellungen nicht nur darauf ab, erworbene Kenntnisse zu prüfen, sondern vielmehr handlungs- und entscheidungsorientiertes Denken zu fördern.
- Fachwörter, Fachbegriffe und Fremdwörter werden grundsätzlich im Text oder in Fußnoten erklärt.
- Ein ausführliches Stichwortverzeichnis hilft Ihnen dabei, Begriffe und Erläuterungen schnell aufzufinden.

Wir wünschen allen Benutzern dieses Buchs einen guten Lehr- und Lernerfolg und sind für jede Art von Anregungen und Verbesserungsvorschlägen dankbar.

Die Verfasser

Inhaltsverzeichnis

Lehrplaneinheit 1: Aspekte menschlicher Arbeit im Betrieb

Lehrplaneinheit 2: Wirtschaftliches Handeln in der sozialen Marktwirtschaft der Bundesrepublik Deutschland

Lehrplaneinheit 1: Aspekte menschlicher Arbeit im Betrieb

1 Berufsausbildung

1.1 Anforderungen an Ausbilder und Auszubildende

1.1.1 Begriff und Aufgaben der Ausbilder

(1) Begriff Ausbildender und Ausbilder

- **Ausbildender** ist derjenige, der einen Auszubildenden (Lehrling) zur Berufsausbildung einstellt.

Beispiel:

Jens Zeiler wird von der Werkzeugfabrik Thomas Hutter KG ausgebildet. Die Werkzeugfabrik Thomas Hutter KG ist Ausbildender.

- **Ausbilder** ist derjenige, der vom Ausbildenden mit der Durchführung der Ausbildung beauftragt wird.

Beispiel:

In der Einkaufsabteilung wird Jens Zeiler von der Angestellten Frau Freiberg ausgebildet. Frau Freiberg ist Ausbilderin.

Ausbilden darf nur, wer persönlich und fachlich geeignet und mindestens 24 Jahre alt ist. Die fachliche Eignung umfasst vor allem die für den jeweiligen Beruf erforderlichen Fertigkeiten und Kenntnisse.

(2) Aufgaben der Ausbilder

Die Ausbilder vermitteln die Fertigkeiten und Kenntnisse, die zur Erreichung des Ausbildungsziels erforderlich sind,

- fördern fachlich, geistig und sozial den Jugendlichen,
- unterstützen den Jugendlichen eigenverantwortlich zu handeln,
- halten Kontakt zur Berufsschule,
- ermöglichen problembezogenes und selbstgesteuertes Lernen,
- arbeiten im Klima menschlicher Begegnung und gegenseitiger Unterstützung,
- stellen sich nicht über den Auszubildenden,
- akzeptieren die menschliche Gleichberechtigung und Mündigkeit.

Ferner muss der Ausbildungsbetrieb in der Lage sein, die wesentlichen Inhalte der Ausbildung zu vermitteln.

1.1.2 Begriff Auszubildender und Anforderungen an Auszubildende

(1) Begriff Auszubildender

Merke:

Auszubildender ist derjenige, der nach den Bestimmungen des Berufsbildungsgesetzes [BBiG] einen anerkannten Ausbildungsberuf aufgrund staatlicher und bundeseinheitlicher gültiger Ausbildungsverordnung erlernt.

Beispiel:

Jens Zeiler schließt mit der Werkzeugfabrik Thomas Hutter KG einen Ausbildungsvertrag als Industriekaufmann ab. Jens Zeiler ist Auszubildender.

(2) Anforderungen an Auszubildende

Ein großes Industrieunternehmen umschreibt die Anforderungen an Auszubildende auf seiner Internetseite folgendermaßen:

„Die Voraussetzung für die Bewerbung bei uns sind gute schulische Leistungen und eine abgeschlossene Schulausbildung. Die Fähigkeit zur Teamarbeit ist ebenso wichtig wie ein hohes Verantwortungsbewusstsein. Wir möchten Auszubildende gewinnen, die überdurchschnittlich motiviert und engagiert sind. Neben den schulischen Leistungen interessiert uns vor allem die Persönlichkeit der Bewerber."

Daraus lassen sich im Einzelnen Schlüsselqualifikationen und Kulturtechniken ableiten.

- **Erlernen von Schlüsselqualifikationen:**
  - Fähigkeit und Bereitschaft, ständig Neues zu erlernen und Veränderungen zu meistern,
  - selbstständiges Lernen,
  - Konflikte konstruktiv im Sinne der Sache zu lösen,
  - kommunikativ mit anderen zusammenzuarbeiten – Teamarbeit,
  - Zuverlässigkeit, Leistungsbereitschaft, Höflichkeit/Freundlichkeit, Verantwortungsbewusstsein.

- **Beherrschung der Kulturtechniken:**
  - Lesen, Schreiben, Rechnen,
  - Umgang mit neuen Medien.

Nach Aussage der Ausbilder fehlen häufig folgende **Kompetenzen:**

- Fähigkeit und Bereitschaft, Neues zu erlernen, Veränderungen zu tragen, Konflikte konstruktiv zu lösen, kommunikativ und vertrauensvoll mit anderen zusammenzuarbeiten,
- Beherrschung der Kulturtechniken Lesen, Schreiben, Rechnen.

1.2 Ausbildungsverhältnis

1.2.1 Berufsbildungsgesetz und Ausbildungsordnung

(1) Berufsbildungsgesetz

Das Berufsbildungsgesetz [BBiG] regelt die Berufsbildung. Geregelt werden die **Berufsausbildung,** die **berufliche Fortbildung** und die **berufliche Umschulung.** Die Ausbildung in den verschiedenen Ausbildungsberufen ist durch die Ausbildungsordnungen [§ 4 BBiG] geregelt.

(2) Ausbildungsordnung

Die Ausbildungsordnung hat mindestens festzulegen [§ 5 I BBiG]:

- die Bezeichnung des **Ausbildungsberufs** (z. B. Bürokaufmann/Bürokauffrau);
- die **Ausbildungsdauer,**
  sie soll nicht mehr als drei und nicht weniger als zwei Jahre betragen;
- das **Ausbildungsberufsbild,**
  es enthält die Fertigkeiten und Kenntnisse, die Gegenstand der Berufsausbildung sind;
- den **Ausbildungsrahmenplan,**
  es handelt sich hierbei um eine Anleitung zur sachlichen und zeitlichen Gliederung der Fertigkeiten und Kenntnisse und
- die **Prüfungsanforderungen.**

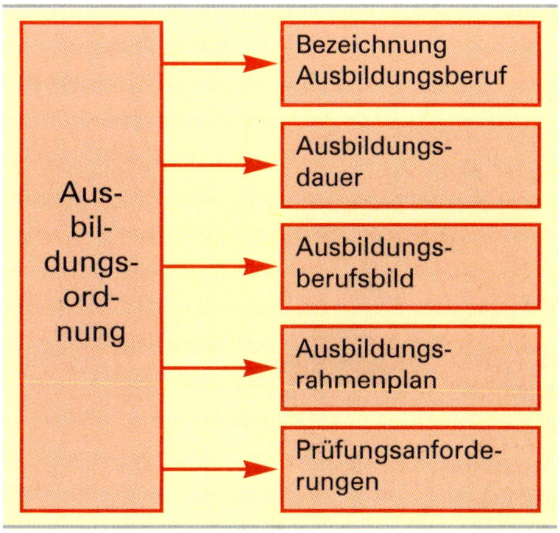

Für einen anerkannten Ausbildungsberuf darf nur nach der Ausbildungsordnung ausgebildet werden [§ 4 II BBiG]. Jugendliche unter 18 Jahren dürfen nur in anerkannten Ausbildungsberufen ausgebildet werden.

1.2.2 Berufsausbildungsvertrag

(1) Begriff kaufmännischer Auszubildender

Merke:

Kaufmännischer Auszubildender ist, wer in einem kaufmännischen Betrieb zur Erlernung kaufmännischer Tätigkeiten angestellt ist.

(2) Duales System

In der Bundesrepublik Deutschland erfolgt die Berufsausbildung gleichzeitig in den **Betrieben** und in der **Berufsschule.** Man spricht deshalb vom **dualen**[1] **Ausbildungssystem.**

1 Dual: zweiseitig, zweigleisig.

Die Berufsausbildung
erfolgt gleichzeitig

im Ausbildungsbetrieb		**in der Berufsschule**
■ vorwiegend praktische Berufsausbildung ■ fachliche Fähigkeiten und Fertigkeiten	◁ **Duales System** ▷	■ vorwiegend theoretische Berufsausbildung ■ Erweiterung und Vertiefung der Allgemeinbildung
Berufsbildungsgesetz Ausbildungsordnungen Vorschriften der Kammern		Schulgesetze Rahmenlehrpläne des Bundes Lehrpläne der Bundesländer

(3) Abschluss des Berufsausbildungsvertrags

Vor Beginn der Berufsausbildung ist zwischen dem Ausbildenden und dem Auszubildenden ein Berufsausbildungsvertrag zu schließen [§ 10 I BBiG].

Der Berufsausbildungsvertrag muss bei den zuständigen Stellen (für die kaufmännischen Auszubildenden also bei den Industrie- und Handelskammern) zur Genehmigung und Eintragung in das „Verzeichnis der Berufsausbildungsverhältnisse" vorgelegt werden [§ 36 BBiG].

Die Eintragung wird nur vorgenommen, wenn der Berufsausbildungsvertrag dem Berufsbildungsgesetz und der Ausbildungsordnung entspricht und die **persönliche und fachliche Eignung** des **Ausbildungspersonals** sowie die **Eignung** der **Ausbildungsstätte** vorliegen. Die Eintragung ist u.a. Voraussetzung dafür, dass der Auszubildende zur Abschlussprüfung der Industrie- und Handelskammer (IHK) zugelassen wird [§ 43 I Nr. 3 BBiG].

Unverzüglich nach Abschluss des Berufsausbildungsvertrags, spätestens vor Beginn der Berufsausbildung, hat der Ausbildende den wesentlichen Inhalt des Vertrags schriftlich niederzulegen [§ 11 I, S. 1 BBiG].[1] Der Vertrag ist vom **Ausbildenden,** vom **Auszubildenden** und – wenn der Auszubildende noch **minderjährig** ist – von dessen **gesetzlichem Vertreter** zu unterzeichnen und unverzüglich eine Ausfertigung der unterzeichneten Niederschrift dem Auszubildenden und dessen gesetzlichem Vertreter auszuhändigen [§ 11 III BBiG].

1 Wesentliche Inhalte des Berufsausbildungsvertrags sind gesetzlich festgelegt (z.B. die Art, sachliche und zeitliche Gliederung sowie das Ziel der Berufsausbildung; Beginn und Dauer der Berufsausbildung; Zahlung und Höhe der Vergütung). Der Berufsausbildungsvertrag ist **kein** Arbeitsvertrag.

Der Ausbildungsvertrag muss folgende Punkte enthalten:

- sachliche und zeitliche Gliederung sowie Ziel der Berufsausbildung,
- Berufstätigkeit, für die ausgebildet werden soll,
- Beginn und Dauer der Berufsausbildung,
- Ausbildungsmaßnahmen außerhalb der Ausbildungsstätte (überbetriebliche Ausbildung),
- Dauer der regelmäßigen täglichen Arbeitszeit,
- Dauer der Probezeit,
- Zahlung und Höhe der Ausbildungsvergütung,
- Dauer des Urlaubs,
- Voraussetzungen, unter denen der Berufsausbildungsvertrag gekündigt werden kann,
- Hinweis auf anwendbare Tarifverträge und Betriebsvereinbarungen.

(4) Ausbildungszeit

Die Ausbildungszeit beträgt in der Regel **drei Jahre.** Sie kann jedoch auf Antrag des Ausbildenden oder des Auszubildenden bei der IHK verkürzt werden, wenn zu erwarten ist, dass der Auszubildende das Ausbildungsziel in kürzerer Zeit erreicht und wenn seine Leistungen dies rechtfertigen [§ 8 I BBiG]. Verkürzungen der Ausbildungszeit sind üblich, wenn der Auszubildende die Abiturprüfung oder die Abschlussprüfung einer Realschule oder Berufsfachschule bestanden hat.

(5) Pflichten und Rechte aus dem Berufsausbildungsvertrag

Die Pflichten und Rechte beider Vertragsparteien ergeben sich vor allem aus dem Berufsbildungsgesetz [§§ 14 bis 19 BBiG] und dem Jugendarbeitsschutzgesetz.

<table>
<tr><th>Pflichten des Auszubildenden
(Rechte des Ausbildenden)</th><th>Pflichten des Ausbildenden
(Rechte der Auszubildenden)</th></tr>
<tr><td>
<ul>
<li>Befolgungs- und Bemühungspflicht: Weisungen des Ausbildenden im Rahmen der Berufsausbildung sind zu befolgen.</li>
<li>Berufsschulpflicht.</li>
<li>Führung von schriftlichen Ausbildungsnachweisen.</li>
<li>Pflicht zur Verschwiegenheit.</li>
<li>Haftpflicht: Bei grob fahrlässig oder vorsätzlich verursachten Schäden an Maschinen, Werkzeugen, Büroeinrichtungen usw. haftet der Auszubildende.</li>
</ul>
</td><td>
<ul>
<li>Pflicht zur einwandfreien Ausbildung: Vermittlung der Fertigkeiten und Kenntnisse, die zur Erreichung des Ausbildungsziels erforderlich sind.</li>
<li>Pflicht zur Fürsorge: Vermeidung sittlicher und körperlicher Schäden.</li>
<li>Pflicht zur Zahlung einer Vergütung und Urlaubsgewährung:[1] Der Urlaub beträgt nach § 19 JArbSchG:
<table>
<tr><th>Alter</th><th>Mindesturlaub</th></tr>
<tr><td>bis 16 Jahre</td><td>30 Werktage</td></tr>
<tr><td>bis 17 Jahre</td><td>27 Werktage</td></tr>
<tr><td>bis 18 Jahre</td><td>25 Werktage</td></tr>
</table>
</li>
<li>Pflicht zur Ausstellung eines Zeugnisses.</li>
<li>Pflicht zur Entgeltfortzahlung an gesetzlichen Feiertagen und im unverschuldeten Krankheitsfall bis zu sechs Wochen [§§ 1 ff. EntgeltFZG].</li>
</ul>
</td></tr>
</table>

1 Für Berufsschüler soll der Urlaub in die Schulferien gelegt werden. Es muss sichergestellt sein, dass mindestens 12 Werktage am Stück gewährt werden.

(6) Probezeit

Die Probezeit beträgt **mindestens einen** Monat und darf **nicht länger als vier** Monate dauern. Die Probezeit ist Bestandteil des Ausbildungsverhältnisses. Während der Probezeit kann **jeder** der Vertragspartner das Ausbildungsverhältnis ohne Angabe von Gründen fristlos lösen [§§ 20, 22 I BBiG].

(7) Institutionen zur Durchsetzung ausbildungsrechtlicher Ansprüche

Sind Auszubildende der Meinung, dass der ausbildende Betrieb seinen Pflichten nicht nachkommt, können sie sich – wie alle Arbeitnehmer auch – an verschiedene Institutionen wenden.

Im Bereich des **Betriebs- und Gefahrenschutzes** sind die **staatlichen Gewerbeaufsichtsämter** als Landesbehörden für die Überwachung aller Betriebe ihres Bezirks zuständig. Die **Aufsichtsdienste der Berufsgenossenschaften** kontrollieren die Betriebe des jeweiligen Wirtschaftszweigs.

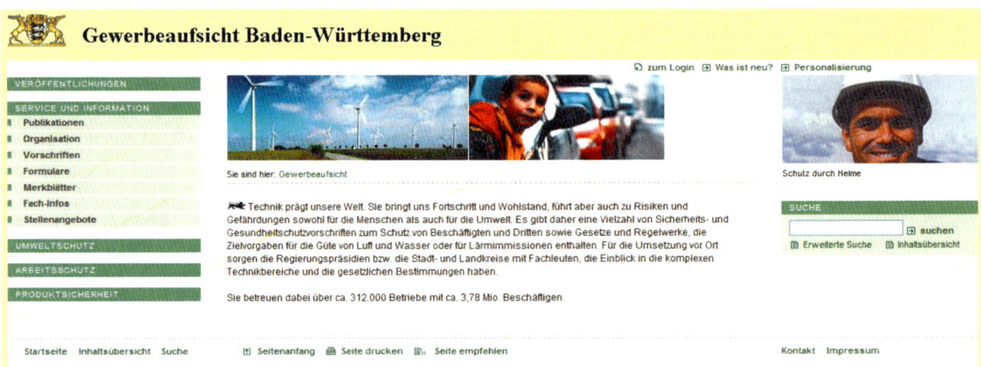

Quelle: www.gaa.baden-württemberg.de

Im Bereich des **sozialen Arbeitsschutzes** können sich die Auszubildenden an den **Betriebsrat**[1] – insbesondere an die **Jugend- und Auszubildendenvertretung**[2] – wenden. Ansprechpartner sind auch die zuständigen **Kammern** (z.B. die Industrie- und Handelskammern). Die Kammern sind Körperschaften des öffentlichen Rechts und haben u.a. die Aufgabe, über eine ordnungsgemäße Berufsausbildung zu wachen. Hilfe gewähren auch die zuständigen **Gewerkschaften** (vgl. S. 43).

Ist zwischen den Parteien keine gütliche Einigung möglich, müssen die **Arbeitsgerichte** angerufen werden.

1 Vgl. Kapitel 3.2, S. 33ff.

2 Vgl. Kapitel 3.3, S. 37.

(8) Beendigung des Ausbildungsverhältnisses

Das Ausbildungsverhältnis endet spätestens mit dem **Ablauf der Ausbildungszeit** [§ 21 II BBiG], frühestens mit dem **Bestehen der Abschlussprüfung** [§ 21 II BBiG] oder durch schriftliche **Kündigung**.

Während der Probezeit kann das Berufsausbildungsverhältnis jederzeit ohne Einhaltung einer Kündigungsfrist gekündigt werden. Nach der Probezeit kann das Ausbildungsverhältnis grundsätzlich nicht gekündigt werden. Eine Ausnahme ist nur in folgenden Fällen möglich:

- Kündigung aus einem **wichtigen Grund** ohne Einhaltung einer Kündigungsfrist (z.B. fristlose Kündigung wegen Unterschlagung) [§ 22 II Nr. 1 BBiG];
- Kündigung vom Auszubildenden mit **vierwöchiger** Frist, wenn der Auszubildende die Berufsausbildung **aufgeben oder wechseln** möchte [§ 22 II Nr. 2 BBiG];
- Auflösung des Ausbildungsverhältnisses in **beiderseitigem** Einvernehmen durch einen so genannten „Aufhebungsvertrag".

Die Kündigung muss **schriftlich** erfolgen und bei einer Kündigung aus einem wichtigen Grund oder wegen Aufgabe oder Wechsel der Berufsausbildung die **Kündigungsgründe** enthalten [§ 22 III BBiG].

Wird das Berufsausbildungsverhältnis nach Ablauf der Probezeit vorzeitig gelöst, so können die Ausbildenden einerseits oder die Auszubildenden andererseits Ersatz des Schadens verlangen, wenn der andere Teil den Grund für die Auflösung verschuldet hat [§ 23 BBiG]. Dies gilt jedoch nicht bei Kündigung wegen Aufgabe oder wegen Wechsels der Berufsausbildung.

Während der letzten sechs Monate des Berufsausbildungsverhältnisses können die Vertragspartner eine **Weiterbeschäftigung vereinbaren.** Werden Auszubildende im Anschluss an das Berufsausbildungsverhältnis weiterbeschäftigt, ohne dass hierüber eine ausdrückliche Vereinbarung getroffen ist, wird ein Arbeitsverhältnis auf unbestimmte Zeit begründet [§ 12, 24 BBiG]. Kaufmännisch Ausgebildete werden damit Angestellte. Es entsteht ein Anspruch auf Zahlung eines Gehalts.

(9) Ausstellung eines Zeugnisses

Der Ausbildende hat dem Ausgebildeten nach Beendigung des Berufsausbildungsverhältnisses ein **Zeugnis** auszustellen, das Angaben über Art, Dauer und Ziel der Berufsausbildung sowie über die erworbenen Fertigkeiten und Kenntnisse des Auszubildenden enthalten muss **(einfaches Zeugnis).** Auf Verlangen des Ausgebildeten sind darin auch Angaben über Führung, Leistung und besondere fachliche Fähigkeiten aufzunehmen **(qualifiziertes Zeugnis)** [§ 16 BBiG].

Das Zeugnis darf **keine negativen Aussagen** enthalten.

Beispiel:

„Franziska Hebel verfügt über Fachwissen und hat ein gesundes Selbstvertrauen" heißt zum Beispiel: Franziska Hebel klopft große Sprüche, um fehlendes Fachwissen zu überspielen.

2 Boller u. a. – ISBN 978-3-8120-0596-8

Formulierungssprache in Arbeitszeugnissen:

Formulierung im Zeugnis	Klartext (Bedeutung)	Notenstufe
a) Er/Sie hat die ihm/ihr übertragenen Arbeiten … b) Er/Sie hat unseren Erwartungen …		
a) … stets zu unserer vollsten Zufriedenheit erledigt. b) … in jeder Hinsicht und in allerbester Weise entsprochen.	Sehr gute Leistungen	sehr gut (1)
a) … zu unserer vollen Zufriedenheit erledigt. b) … in jeder Hinsicht und in bester Weise entsprochen.	Gute Leistungen	gut (2)
a) … stets zu unserer Zufriedenheit erledigt. b) … in jeder Hinsicht entsprochen.	Befriedigende Leistungen	befriedigend (3)
a) … zur Zufriedenheit erledigt. b) … entsprochen.	Ausreichende Leistungen	ausreichend (4)
a) … im Großen und Ganzen zu unserer Zufriedenheit erledigt. b) … im Großen und Ganzen entsprochen.	Mangelhafte Leistungen	mangelhaft (5)
Er/Sie hat sich bemüht …	Ungenügende Leistungen	ungenügend (6)

Zusammenfassung

- **Ausbildender** ist derjenige, der einen Auszubildenden zur Berufsausbildung einstellt.
- **Ausbilder** ist derjenige, der vom Ausbildenden mit der Durchführung der Ausbildung beauftragt ist.

  Die **Anforderungen,** die **an einen Ausbilder** gestellt werden, sind äußerst umfangreich – in seiner Funktion muss er als fachlicher, aber auch als sozialer Ansprechpartner dem Auszubildenden zur Seite stehen. Ein wichtiger Aspekt ist die Anleitung zum selbstständigen und verantwortungsbewussten Arbeiten. Darüber hinaus ist es von Bedeutung, fachliche Lerninhalte verständlich zu vermitteln.
- **Auszubildender** ist derjenige, der ausgebildet wird.
- Vom Auszubildenden werden die Fähigkeit zur **Teamarbeit, Verantwortungsbewusstsein, Motivation** und **Engagement** erwartet. Die Beherrschung der **Kulturtechniken** wird als selbstverständlich vorausgesetzt.
- Der **Berufsausbildungsvertrag** wird zwischen dem Auszubildenden und dem Ausbildenden abgeschlossen. Bei Minderjährigen muss der gesetzliche Vertreter zustimmen und den Ausbildungsvertrag ebenfalls unterschreiben.
- Die **Ausbildungszeit** beträgt in der Regel 3 Jahre.
- Die **Rechte und Pflichten des Auszubildenden** sind vor allem im Berufsbildungsgesetz geregelt.
- Die **Probezeit** beträgt mindestens 1 Monat, höchstens 4 Monate. Während der Probezeit besteht für beide Vertragspartner kein Kündigungsschutz.
- Das **Berufsausbildungsverhältnis endet** mit der **Abschlussprüfung,** spätestens mit **Ablauf der vereinbarten Ausbildungszeit.**
- Eine **Kündigung des Berufsausbildungsverhältnisses** ist nach Ablauf der Probezeit nur in bestimmten Ausnahmefällen möglich.

Übungsaufgabe

1

1. Welche Voraussetzungen muss ein Ausbilder mitbringen?
2. Begründen Sie die Notwendigkeit, dass Auszubildende Schlüsselqualifikationen beherrschen!
3. Definieren Sie den Begriff „Auszubildender"!
4. Viele junge Leute meinen, dass das schnelle Geldverdienen wichtiger sei als eine gute Ausbildung.

   Aufgabe:

   Widerlegen Sie diese Meinung!
5. Fertigen Sie eine Gegenüberstellung an, aus der Rechte und Pflichten des Auszubildenden ersichtlich sind!
6. Unter welchen Bedingungen endet ein Berufsausbildungsverhältnis?
7. Der Auszubildenden Margit gefällt es bei der Hammer KG nicht mehr. Die Kolleginnen und Kollegen sind ihr unsympathisch, der Chef erst recht.

   Aufgabe:

   Kann sie ihr Berufsausbildungsverhältnis lösen? Wenn ja, unter welcher Bedingung?
8. Unter welchen Bedingungen wird ein kaufmännisch Auszubildender in das Angestelltenverhältnis übernommen?
9. Der Auszubildende Florian Pfiffig ist seit zwei Monaten als Auszubildender bei der Möbelfabrik Max Müller GmbH beschäftigt.

   Aufgaben:

   9.1 Welche Art von Vertrag wurde zwischen Florian Pfiffig und der Möbelfabrik Max Müller GmbH geschlossen? Geben Sie die zugrunde liegende Rechtsgrundlage an!

   9.2 Nennen Sie drei Angaben, die im Vertrag unbedingt enthalten sein müssen.

   9.3 Dürfte Florian Pfiffig im Einverständnis mit der Möbelfabrik Max Müller GmbH eine Probezeit von sechs Monaten im Berufsausbildungsvertrag vereinbaren? Begründen Sie Ihre Entscheidung!

   9.4 In welcher Form ist der Berufsausbildungsvertrag abzuschließen und wo wird er registriert?
10. Die Berufsausbildung verursacht den Ausbildungsbetrieben hohe Kosten.

    Aufgabe:

    Erläutern Sie, warum die Berufsausbildung den ausbildenden Betrieben dennoch Vorteile bringen kann!
11. Der Auszubildende Hans Schreiber, der sich im zweiten Ausbildungsjahr befindet, ist seit einigen Tagen nicht mehr im Betrieb erschienen. Einem Angestellten gegenüber hat er geäußert, er wolle sich nach einem anderen Arbeitsplatz umsehen.

    Aufgabe:

    Wie wird sich die Geschäftsleitung Ihrer Meinung nach verhalten?
12. Die 18-jährige Gabi Meier hat eine Ausbildung zur pharmazeutisch-kaufmännischen Angestellten begonnen. Nach sechs Monaten stellt sie fest, dass es doch der falsche Beruf für sie ist. Sie hat einen neuen Ausbildungsplatz als Bürokauffrau gefunden. Gabi Meier reicht folgende Kündigung ein:

Engel-Apotheke
Inh. Jürgen Schwede
Engelbergstraße 10
70499 Stuttgart

Stuttgart, 1. Februar 20..

Sehr geehrter Herr Jürgen Schwede,

hiermit kündige ich zum 15. Februar 20.. mein Ausbildungsverhältnis bei Ihnen.

Mit freundlichen Grüßen

Gabi Meier

Aufgabe:

Ist diese Kündigung rechtswirksam?

2 Arbeitsvertrag

2.1 Abgrenzung des Arbeitsvertrags vom Dienstvertrag

Durch einen **Dienstvertrag** verpflichtet sich ein Vertragspartner zur Leistung der versprochenen Dienste, der andere Vertragspartner zur Zahlung der vereinbarten Vergütung, wobei Dienste jeder Art geschuldet sein können [§§ 611 – 630 BGB].

Beispiele:

Herr Langhaar arbeitet bei der Möbelfabrik Hans Schnittken e.Kfm. als Buchhalter. – Frau Beate Bau stellt den Architekten Schön als Bauleiter zur Beaufsichtigung der Baustellen ein.

Beim Dienstvertrag wird **kein** bestimmter Erfolg (z.B. ordnungsgemäße Reparatur einer Maschine, eines Gebäudes) geschuldet, sondern lediglich Verpflichtungen zum geschuldeten „Tätigwerden". Das Dienstvertragsrecht ist in der Praxis vor allem beim Arbeitsvertrag von Bedeutung. Der Arbeitsvertrag ist eine besondere Art des Dienstvertrags.

Ein **Arbeitsvertrag** liegt vor, wenn Arbeitnehmer (z.B. Verkäufer) mit Weisungsbefugnissen und Fürsorgepflichten ihres Dienstherrn (Arbeitgebers) zur Leistung von Diensten (Arbeit) in ein Unternehmen eingeordnet sind. Der Arbeitsvertrag unterscheidet sich vom Dienstvertrag vor allem durch die aus der sozialen Einordnung des Arbeitnehmers im Unternehmen bestehenden, über das Dienstvertragsrecht hinausgehenden besonderen Fürsorge- und Treuepflichten.

Merke:

Ein **Arbeitsvertrag** liegt vor, wenn Arbeitnehmer (z.B. Buchhalter) mit Weisungsbefugnissen und Fürsorgepflichten ihres Dienstherrn (z.B. Werkzeugfabrik Frühbauer GmbH) zur Leistung von Diensten (Arbeit) in ein Unternehmen eingeordnet sind. Der Arbeitsvertrag ist eine besondere Form des Dienstvertrags.

Für den Arbeitsvertrag gelten vorrangig z.B. die speziellen Rechtsvorschriften des Handelsgesetzbuchs (für den Handlungsgehilfen die §§ 59ff. HGB), der Gewerbeordnung, des Arbeitsschutzrechts (z.B. Arbeitszeitgesetz), des Betriebsverfassungs- und Tarifvertragsrechts sowie des Sozialrechts (z.B. die Sozialgesetzbücher).

2.2 Abschluss eines unbefristeten Arbeitsvertrags am Beispiel des kaufmännischen Angestellten

(1) Begriff kaufmännischer Angestellter

Beispiel:

Karl-Heinz Schmieder hat seine Kaufmannsgehilfenprüfung als Industriekaufmann mit gutem Erfolg bestanden. Die im Betrieb anfallenden Tätigkeiten hat er immer gewissenhaft erledigt. Sein bisheriger Ausbildungsbetrieb bietet ihm daher eine Stelle in der Einkaufsabteilung an. Karl-Heinz Schmieder sagt zu. Mit dieser Zusage ist der Arbeitsvertrag (Dienstvertrag) zwischen Karl-Heinz Schmieder (Arbeitnehmer) und seinem bisherigen Ausbildungsbetrieb (Arbeitgeber) geschlossen. Karl-Heinz Schmieder ist kaufmännischer Angestellter (das HGB spricht vom „Handlungsgehilfen") geworden.

Merke:

Kaufmännischer Angestellter (Handlungsgehilfe) ist, wer in einem Handelsgewerbe zur Leistung kaufmännischer Dienste gegen Entgelt angestellt ist [§ 59 HGB].

(2) Vertragsabschluss

Der Arbeitsvertrag ist ein **Individualvertrag (Einzelarbeitsvertrag),** weil er zwischen dem **einzelnen** Arbeitnehmer und einem **bestimmten** Arbeitgeber abgeschlossen wird.

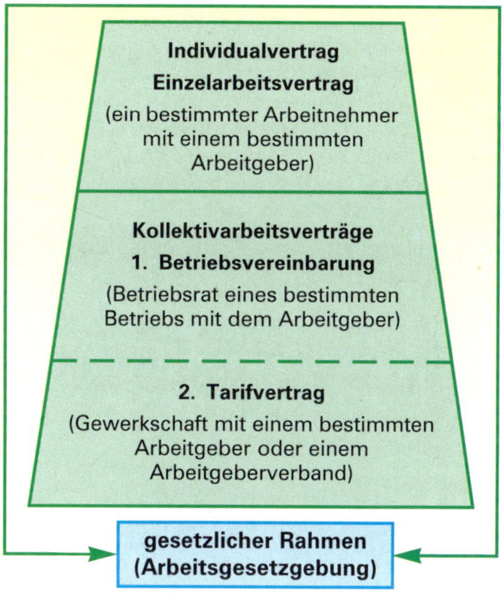

Betriebsvereinbarungen[1] und Tarifverträge stellen **Kollektivverträge**[2] dar, weil sie für ganze Arbeitnehmergruppen abgeschlossen werden.

Die gesetzlichen, die innerbetrieblich und die tariflich vereinbarten Bestimmungen stellen Mindestbedingungen dar, die durch den Arbeitsvertrag grundsätzlich nicht unterschritten werden dürfen. So ist z. B. **mindestens** das tariflich vereinbarte Gehalt zu zahlen. Eine Besserstellung der Arbeitnehmer aufgrund des Arbeitsvertrags ist jedoch grundsätzlich möglich. Nach dem Gesetz über den Nachweis der für ein Arbeitsverhältnis geltenden wesentlichen Bedingungen (Nachweisgesetz [NachwG]) ist der Arbeitgeber spätestens einen Monat nach dem vereinbarten Beginn des Arbeitsverhältnisses verpflichtet, die wesentlichen Vertragsbedingungen schriftlich niederzulegen, die

1 Unter einer **Betriebsvereinbarung** versteht man Absprachen zwischen Arbeitgeber und Betriebsrat. Die schriftlich niedergelegte und von beiden Seiten unterzeichnete Betriebsvereinbarung wird auch Betriebsordnung genannt [§ 77 II BetrVG]. Zu Einzelheiten siehe S. 39.

2 Kollektiv (lat. collectivus): Ansammlung. Hier: eine Personengruppe.

Niederschrift zu unterzeichnen und dem Arbeitnehmer auszuhändigen. Von den Vorschriften des Nachweisgesetzes kann nicht zuungunsten der Arbeitnehmer abgewichen werden.

In dieser Niederschrift sind vor allem folgende Bedingungen aufzunehmen [§ 2 I NachwG]:

- Arbeitsvertragsparteien,
- Beginn des Arbeitsverhältnisses,
- bei befristeten Arbeitsverhältnissen die vorhersehbare Dauer des Arbeitsverhältnisses,
- Arbeitsort bzw. Arbeitsorte (z.B. bei Montagearbeiten),
- Bezeichnung oder allgemeine Beschreibung der vom Arbeitnehmer zu leistenden Tätigkeiten,
- Arbeitsentgelte (einschließlich Zuschläge, Prämien, Sonderzahlungen),
- vereinbarte Arbeitszeit,
- jährlicher Erholungsurlaub,
- Kündigungsfristen sowie Hinweise auf die auf das Arbeitsverhältnis anzuwendenden Tarifverträge,
- Betriebs- oder Dienstvereinbarungen.

(3) Rechte und Pflichten aus dem Arbeitsvertrag[1]

Pflichten des Arbeitgebers (Rechte des kaufmännischen Angestellten)	Pflichten des kaufmännischen Angestellten (Rechte des Arbeitgebers)
■ **Zahlung der vereinbarten Vergütung.** ■ **Fürsorgepflicht:** Arbeitsbedingungen sind so zu gestalten, dass sie der Gesundheit der Beschäftigten nicht schaden. Der kaufmännische Angestellte ist zur Sozialversicherung anzumelden, die Beiträge dafür sind einzubehalten und an den Sozialversicherungsträger abzuführen. ■ **Informations- und Anhörungspflicht:** Der Angestellte hat z.B. das Recht, Einsicht in die Personalakte zu nehmen, sich bei ungerechter Behandlung zu beschweren, Verbesserungsvorschläge zu unterbreiten und Auskunft über die Zusammensetzung des Gehalts zu verlangen.	■ **Dienstleistungspflicht:** Die im Arbeitsvertrag übernommenen Arbeitsaufgaben sind ordnungsgemäß durchzuführen. ■ **Pflicht zur Verschwiegenheit.** ■ **Pflicht zur Einhaltung des gesetzlichen Wettbewerbsverbots:** Ohne Einwilligung des Arbeitgebers darf der Angestellte kein eigenes Handelsgewerbe betreiben und/oder im Geschäftszweig des Arbeitgebers Geschäfte auf eigene oder fremde Rechnung machen. ■ **Pflicht zur Einhaltung des vertraglichen Wettbewerbsverbots:** Das Wettbewerbsverbot kann für höchstens zwei Jahre nach Beendigung des Dienstverhältnisses schriftlich vereinbart werden. Dem Angestellten steht für einen möglichen Minderverdienst eine Entschädigung zu.

1 Weitere (so genannte) **Nebenpflichten** im Arbeitsverhältnis sind z.B. die Anhörung der Arbeitnehmer und Erörterung der Angelegenheiten, die den Arbeitnehmer betreffen, die Gleichbehandlungspflicht von Frauen und Männern, Teilzeit- und Vollzeitkräften (Nebenpflichten des Arbeitgebers) sowie Wahrung des Betriebsfriedens (Nebenpflichten der Arbeitnehmer).

Pflichten des Arbeitgebers (Rechte des kaufmännischen Angestellten)	Pflichten des kaufmännischen Angestellten (Rechte des Arbeitgebers)
■ **Pflicht zur Ausstellung eines Zeugnisses:** Bei Beendigung des Arbeitsverhältnisses ist ein schriftliches Zeugnis auszustellen. Auf Verlangen des Angestellten muss ein qualifiziertes Zeugnis erteilt werden. ■ **Pflicht zur Urlaubsgewährung und Zahlung von Urlaubsentgelt:** Der Urlaub beträgt jährlich mindestens 24 Werktage. ■ **Entgeltfortzahlung an gesetzlichen Feiertagen** und im **unverschuldeten Krankheitsfall** bis zu sechs Wochen.	■ **Schadensersatzpflicht.** Für Schäden, die dem Arbeitgeber vorsätzlich oder grob fahrlässig während der Arbeit oder auf dem Arbeitsweg zugefügt wurden, haften die Angestellten. Bei normaler („mittlerer") Fahrlässigkeit ist der entstandene Schaden zwischen dem Arbeitgeber und Angestellten aufzuteilen. Wenn dem Angestellten nur „leichte Fahrlässigkeit" vorgeworfen werden kann, trägt der Arbeitgeber den Schaden allein. ■ **Haftpflicht** bei grob fahrlässig oder vorsätzlich verursachten Schäden. ■ **Pflicht zur unverzüglichen** Anzeige der Arbeitsunfähigkeit (dauert die Arbeitsunfähigkeit länger als drei Kalendertage, muss ein ärztliches Attest vorgelegt werden). Die Arbeitgeber können bereits ab dem ersten Tag der Arbeitsunfähigkeit eine ärztliche Bescheinigung verlangen.

2.3 Kündigung

(1) Gesetzliche Kündigung (ordentliche Kündigung)[1]

Gesetzliche Kündigungsfristen für Arbeitsverhältnisse sind Mindestvorschriften, die jedoch durch Einzelarbeits- oder Kollektivarbeitsvertrag (Tarifvertrag) grundsätzlich verlängert werden können (Tariföffnungsklausel). Auch die Kündigungstermine können vertraglich vereinbart werden (z. B. Kündigung zum Quartalsende statt zum Monatsende). Für Arbeiter und Angestellte gelten die gleichen gesetzlichen Kündigungsfristen.

■ Grundkündigungsfrist

Das Arbeitsverhältnis eines Arbeitnehmers kann vom Arbeitgeber und vom Arbeitnehmer mit einer Frist von **vier Wochen** zum **Fünfzehnten** oder zum **Ende eines Kalendermonats** gekündigt werden [§ 622 I BGB].[2] **Ausnahme:** Während einer vereinbarten Probezeit (längstens für die Dauer von sechs Monaten) kann das Arbeitsverhältnis mit einer Frist von zwei Wochen gekündigt werden [§ 622 II BGB].

■ Verlängerte Kündigungsfristen für den Arbeitgeber

Bei längerer Betriebszugehörigkeit ab dem vollendeten 25. Lebensjahr gelten für eine Kündigung durch den Arbeitgeber verlängerte Kündigungsfristen [§ 622 II BGB].

1 Zum Kündigungsschutz siehe S. 26f.

2 Die Beendigung des **Arbeitsverhältnisses** durch Kündigung oder Auflösungsvertrag bedarf zur Rechtswirksamkeit der **Schriftform.** Die elektronische Form ist ausgeschlossen.

Beispiel für einen unbefristeten Arbeitsvertrag

Zwischen der Firma *Werkzeugfabrik Franz Klein GmbH,* Steubenstr. 11–14, 70190 Stuttgart im Folgenden (Firma)
und Frau/Herrn *Doris Walcher* im Folgenden (Arbeitnehmer)

wird nachfolgender – **unbefristeter Arbeitsvertrag** – vereinbart:

§ 1 Beginn des Arbeitsverhältnisses/Tätigkeit

Der Arbeitnehmer wird ab *15. 01. 20..* als *Assistentin des Geschäftsführers im Werk Stuttgart, Steubenstr. 11–14* eingestellt.

§ 2 Befristung/Beendigung des Arbeitsverhältnisses

Das Arbeitsverhältnis ist unbefristet.

Als Probezeit werden 3 Monate vereinbart. Während dieser Zeit kann das Arbeitsverhältnis unter Einhaltung einer Frist von zwei Wochen gekündigt werden.

§ 3 Arbeitszeit

Die regelmäßige Arbeitszeit richtet sich nach der betriebsüblichen Zeit. Sie beträgt derzeit 40 Stunden in der Woche ohne die Berücksichtigung von Pausen.

Regelmäßiger Arbeitsbeginn ist um *8:00 Uhr,* Arbeitsende ist um *17:00 Uhr.*

Die Frühstückspause dauert von *10:00 Uhr* bis *10:15 Uhr,* die Mittagspause von *12:30 Uhr* bis *13:15 Uhr.*

Der Arbeitnehmer erklärt sich bereit, im Falle betrieblicher Notwendigkeit bis zu 2 Überstunden pro Woche zu leisten.

§ 4 Vergütung

Der Arbeitnehmer erhält eine monatliche Bruttovergütung von EUR *3 178,00.* Die Vergütung ist jeweils am Monatsende fällig und wird auf das Konto des Arbeitnehmers bei der *Sparda-Bank Baden-Würtemmberg, Konto Nr. 1052 17311, BLZ 600 908 00,* angewiesen.

Etwa angeordnete Überstunden werden mit einem Zuschlag von *20 %* vergütet.

§ 5 Urlaub

Der Arbeitnehmer hat Anspruch auf *24* Werktage Urlaub. Die Lage des Urlaubs ist mit der Firma abzustimmen.

§ 6 Arbeitsverhinderung

Im Falle einer krankheitsbedingten oder aus sonstigen Gründen veranlassten Arbeitsverhinderung hat der Arbeitnehmer die Firma unverzüglich zu informieren. Bei Arbeitsunfähigkeit infolge Erkrankung ist der Firma innerhalb von drei Tagen ab Beginn der Arbeitsunfähigkeit eine ärztliche Bescheinigung über die Dauer der voraussichtlichen Arbeitsunfähigkeit vorzulegen.

§ 7 Verschwiegenheitspflicht

Der Arbeitnehmer wird über alle betrieblichen Angelegenheiten, die ihm im Rahmen oder aus Anlass seiner Tätigkeit in der Firma bekannt geworden sind, auch nach seinem Ausscheiden Stillschweigen bewahren.

§ 8 Nebenbeschäftigung

Während der Dauer der Beschäftigung ist jede entgeltliche oder unentgeltliche Tätigkeit, die die Arbeitsleistung des Arbeitnehmers beeinträchtigen könnte, untersagt. Der Arbeitnehmer verpflichtet sich, vor jeder Aufnahme einer Nebenbeschäftigung die Firma zu informieren.

§ 9 Ausschlussklausel/Zeugnis

Ansprüche aus dem Arbeitsverhältnis müssen von beiden Vertragsteilen spätestens innerhalb eines Monats nach Beendigung schriftlich geltend gemacht werden. Andernfalls sind sie verwirkt.

Bei Beendigung des Arbeitsverhältnisses erhält der Arbeitnehmer ein Zeugnis, aus dem sich Art und Dauer der Beschäftigung sowie, falls gewünscht, eine Beurteilung von Führung und Leistung ergeben.

Stuttgart, den 10. Januar 20..
(Ort, Datum)

i. A. Mayer
(Firma)

Stuttgart, den 10. Januar 20..
(Ort, Datum)

Doris Walcher
(Arbeitnehmer)

Beispiel:

Die Kunststoffwerke Otto Döring KG beschließt eine Reihe von Kündigungen. Den Betroffenen gehen die Kündigungen am 15. April zu:

(1) Carla Monti, 22 Jahre, seit 4 Jahren im Betrieb;

(2) Emil Huber, 30 Jahre, seit 7 Jahren im Betrieb und

(3) Hanna Schmidt, 42 Jahre, seit 20 Jahren im Betrieb.

Betriebszugehörigkeit ab dem 25. Lebensjahr	Kündigungsfristen zum Monatsende
ab 2 Jahre	1 Monat
ab 5 Jahre	2 Monate
ab 8 Jahre	3 Monate
ab 10 Jahre	4 Monate
ab 12 Jahre	5 Monate
ab 15 Jahre	6 Monate
ab 20 Jahre	7 Monate

Aufgabe:

Ab wann sind diese Kündigungen rechtswirksam?

Lösung:

(1) Carla Monti: Es gilt die Grundkündigungsfrist. Die Betriebszugehörigkeit wird erst ab dem 25. Lebensjahr berücksichtigt. Die Kündigung wird folglich am 15. Mai wirksam.

(2) Emil Huber: Er ist ab dem 25. Lebensjahr 5 Jahre im Betrieb beschäftigt. Es gilt deshalb eine verlängerte Kündigungsfrist von 2 Monaten zum Monatsende. Die Kündigung ist frühestens zum 30. Juni rechtswirksam.

(3) Hanna Schmidt: Sie ist ab dem 25. Lebensjahr 17 Jahre im Betrieb. Für sie gilt eine Kündigungsfrist von 6 Monaten zum Monatsende. Es kann ihr also frühestens zum 31. Oktober gekündigt werden.

(2) Vertragliche Kündigung

Die zwischen Arbeitnehmer und Arbeitgeber vereinbarten (einzelvertraglichen) Kündigungsfristen dürfen grundsätzlich länger, aber nicht kürzer als die gesetzlichen Kündigungsfristen sein.

Eine Ausnahme besteht z. B. für Kleinbetriebe mit in der Regel höchstens 20 Arbeitnehmern ausschließlich den Auszubildenden, soweit die Kündigungsfrist vier Wochen nicht unterschreitet [§ 622 V Nr. 2 BGB]. Für die Kündigung des Arbeitsverhältnisses durch den Arbeitnehmer darf keine längere Frist vereinbart werden als für die Kündigung durch den Arbeitgeber [§ 622 VI BGB].

Will ein Arbeitnehmer kündigen, gilt somit die vertragliche oder die gesetzliche Kündigungsfrist von vier Wochen [§ 622 I BGB]. Die Arbeitnehmer müssen den Kündigungsgrund nicht angeben.

(3) Fristlose Kündigung (außerordentliche Kündigung)

Das Arbeitsverhältnis kann von **jeder** Vertragspartei ohne Einhaltung einer Kündigungsfrist gelöst werden, wenn ein **wichtiger** Grund vorliegt [§ 626 BGB].

Beispiele:

Verstöße gegen die Schweigepflicht; Diebstahl; grobe Beleidigungen; Tätlichkeiten; Mobbing (soziale Isolierung von Kollegen und Kolleginnen durch üble Nachrede, Missachtung und Unterstellungen); ungerechtfertigte Arbeitsverweigerung.

Wenn der Betriebsrat nicht von der Kündigung unterrichtet wird, ist diese **unwirksam.** Der Betriebsrat kann der außerordentlichen Kündigung unverzüglich, spätestens jedoch innerhalb von drei Tagen, der ordentlichen Kündigung innerhalb einer Woche unter Angabe der Gründe **schriftlich widersprechen** [§ 102 BetrVG].

2.4 Kündigungsschutz

(1) Allgemeiner Kündigungsschutz

Überblick

Der allgemeine Kündigungsschutz ist im Kündigungsschutzgesetz [KSchG] geregelt und schützt Arbeitnehmer vor **sozial ungerechtfertigter Kündigung,** wenn das Arbeitsverhältnis im gleichen Unternehmen ohne Unterbrechung länger als sechs Monate bestanden hat und das Unternehmen in der Regel mehr als zehn Arbeitskräfte (Auszubildende nicht mitgerechnet) beschäftigt [§§ 1, 23 I, S. 3 KSchG].

Sozial gerechtfertigt ist eine Kündigung in folgenden Fällen:

- Der Kündigungsgrund liegt in der **Person des Arbeitnehmers.**

Beispiele:

Unverhältnismäßiges Nachlassen der Leistungsfähigkeit, mangelnde Eignung oder mangelnde Anpassungsfähigkeit. Der häufigste Fall der personenbedingten Kündigung ist die Krankheit des Arbeitnehmers. Allerdings werden an die soziale Rechtfertigung einer Kündigung wegen Krankheit strenge Anforderungen gestellt.

- Der Kündigungsgrund liegt im **Verhalten des Arbeitnehmers.**

Beispiele:

Geringe oder schlechte Arbeitsleistung; Fehlverhalten im Vertrauensbereich (z.B. Diebstahl); Fehlverhalten im betrieblichen Bereich (z.B. Verursachung von Arbeitsunterbrechungen).

- Der Kündigungsgrund ist durch **dringende betriebliche Erfordernisse** bedingt (betriebsbedingte Kündigung).

Beispiele:

Innerbetriebliche Umstände (z.B. Rationalisierungsmaßnahmen); außerbetriebliche Umstände (z.B. Auftragsmangel, Umsatzrückgang).

Merke:

Eine **sozial ungerechtfertigte Kündigung** ist **rechtsunwirksam.**

Bei einer Kündigung aus dringenden betrieblichen Gründen (betriebsbedingte Kündigung) muss der Arbeitgeber eine **soziale Auswahl** treffen. Dabei sind vier Grunddaten (Kriterien) zu berücksichtigen: (1) die Dauer der Betriebszugehörigkeit, (2) das Lebensalter, (3) die Unterhaltspflichten und (4) eine mögliche Schwerbehinderung des Arbeitnehmers. Eine Gewichtung der einzelnen Kriterien ist nicht erforderlich. Der Arbeitgeber muss die sozialen Gesichtspunkte „ausreichend" berücksichtigen. Aus der Sozialauswahl dürfen solche Arbeitnehmer herausgenommen werden, deren Weiterbeschäftigung wegen ihrer Kenntnisse und Leistungen oder zur Erhaltung einer ausgewogenen Personalstruktur im berechtigten betrieblichen Interesse liegt.

Abmahnung

Vor allem in den dem Kündigungsschutzgesetz unterliegenden Unternehmen haben die Arbeitnehmer das Recht, vor einer Kündigung durch den Arbeitgeber eine sogenannte **Abmahnung** zu erhalten. Mit der rechtswirksamen – gesetzlich nicht geregelten – Abmahnung muss ein konkreter Vorfall oder ein bestimmtes Fehlverhalten des Arbeitnehmers (z.B. fehlende unverzügliche Krankmeldung, unpünktlicher Arbeitsbeginn) missbilligt werden. Weiterhin müssen bei weiteren Verfehlungen der gleichen Art Rechtsfolgen (z.B. die Kündigung des Arbeitsverhältnisses) angedroht werden.

Die Abmahnung hat eine Hinweis- und Warnfunktion. Eine unter Einhaltung der Kündigungsfrist ausgesprochene „ordentliche" Kündigung ist z.B. nur dann sozial gerechtfertigt, wenn ihr eine Abmahnung vorausgegangen ist. Entbehrlich ist eine Abmahnung hingegen bei gravierenden Vertragsverletzungen (z.B. Diebstahl, Unterschlagung), die auch ein Grund zu einer außerordentlichen (fristlosen) Kündigung sind. Auf eine Abmahnung kann auch verzichtet werden, wenn sie wenig Erfolg versprechend ist. Dies gilt insbesondere dann, wenn erkennbar ist, dass der Arbeitnehmer nicht gewillt ist, seinen Arbeitsvertrag zu erfüllen.

Abfindung

Auch im Rahmen einer betriebsbedingten Kündigung durch den Arbeitgeber kann der Arbeitnehmer einen Anspruch auf eine Abfindung erhalten. Wenn der Arbeitgeber eine Abfindung anbietet, muss er jedoch in der Kündigung darauf hinweisen, dass der gekündigte Arbeitnehmer bei einer Abfindung keine Klage (Kündigungsschutzklage) einreichen darf.

(2) Besonderer Kündigungsschutz

Einen besonderen Kündigungsschutz genießen:

Auszubildende	Ihnen kann nach Ablauf der Probezeit während der Berufsausbildung nur aus einem wichtigen Grund gekündigt werden [§ 22 I Nr. 1 BBiG].
Betriebsratsmitglieder, Jugend- und Auszubildendenvertreter	Ihre Kündigung ist während ihrer Zugehörigkeit zum Betriebsrat bzw. zur Jugend- und Auszubildendenvertretung in der Regel unzulässig [§ 15 KSchG].
Frauen	Während der Schwangerschaft und bis zum Ablauf von vier Monaten nach der Entbindung besteht Kündigungsschutz [§ 9 I MuSchG].
Schwerbehinderte Menschen	Ihnen kann durch den **Arbeitgeber** ohne vorherige Zustimmung des Integrationsamtes nicht gekündigt werden. Die Kündigungsfrist beträgt mindestens vier Wochen [§§ 85, 101 ff. SGB IX].
Arbeitnehmer mit Elternzeit	Der Arbeitgeber darf das Arbeitsverhältnis höchstens 8 Wochen vor Beginn der Elternzeit und während der Elternzeit nicht kündigen [§ 18 I BEEG].

2.5 Arbeitsgerichtsbarkeit

(1) Instanzen

Die Arbeitsgerichtsbarkeit wird durch **Arbeitsgerichte, Landesarbeitsgerichte** und das **Bundesarbeitsgericht** in Erfurt ausgeübt [§§ 1, 40 I ArbGG].

(2) Zuständigkeit

Sachlich ist das Arbeitsgericht z.B. für alle Streitigkeiten aus dem Arbeitsverhältnis zwischen Arbeitgebern und Arbeitnehmern (Arbeiter und Angestellte sowie die zu ihrer Berufsausbildung Beschäftigten, aber keine Beamten) zuständig. Die Parteien können den Rechtsstreit vor den Arbeitsgerichten selbst führen, sich von den Vertretern der Verbände (Gewerkschaften, Arbeitgeberverbände) oder von Rechtsanwälten vertreten lassen **(Parteifähigkeit)**.

Örtlich zuständig ist grundsätzlich das Gericht, in dessen Bezirk sich der Leistungsort aus dem Arbeitsverhältnis befindet. Leistungsort ist die Arbeitsstätte des Arbeitnehmers, z.B. der Niederlassungsort des Unternehmens, dessen Zweigniederlassung oder der Ort einer staatlichen Verwaltung.

(3) Instanzen der Arbeitsgerichtsbarkeit

Erste Instanz ist das **Arbeitsgericht.**

Die **Landesarbeitsgerichte** sind die **zweite Instanz,** die **Berufungssachen** gegen das Urteil der ersten Instanz, also der Arbeitsgerichte, behandeln [§§ 8 II, 64ff. ArbGG]. Es besteht **Anwaltszwang,** sofern die Parteien sich nicht durch die Verbände vertreten lassen wollen. Das Wesen der Berufung besteht darin, dass die Parteien neue Tatsachen vorbringen können, sodass der gesamte Rechtsstreit von neuem verhandelt wird. Berufung ist grundsätzlich nur möglich, wenn

- bei vermögensrechtlichen Streitigkeiten der Streitwert 600,00 EUR übersteigt oder
- die Berufung im Urteil des Arbeitsgerichts zugelassen ist oder
- es sich um Rechtsstreitigkeiten über das Bestehen, das Nichtbestehen oder die Kündigung eines Arbeitsverhältnisses handelt [§§ 64ff. ArbGG].

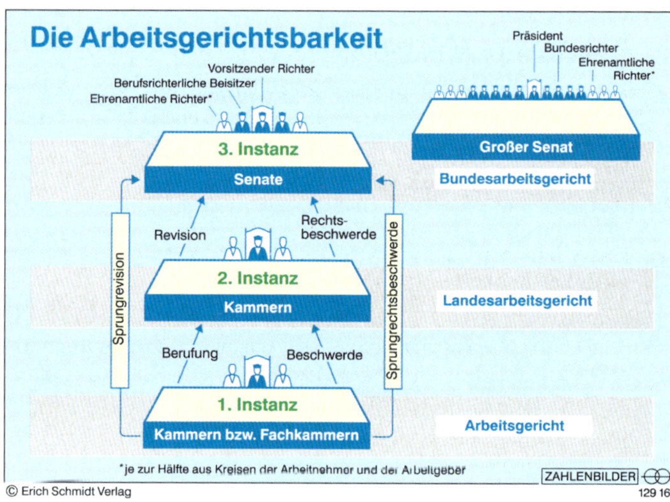

Gegen Beschlüsse der Arbeitsgerichte kann gleichfalls beim Landesarbeitsgericht **Beschwerde** eingelegt werden.

Gegen ein Endurteil bzw. gegen einen Beschluss eines Landesarbeitsgerichts kann unter bestimmten Voraussetzungen **Revision** bzw. **Rechtsbeschwerde** beim **Bundesarbeitsgericht** (mit Sitz in Erfurt) eingelegt werden. Beim Bundesarbeitsgericht besteht Anwaltszwang. Die Revision kann – im Unterschied zur Berufung – nicht mit neuen Tatsachen begründet werden, sondern lediglich damit, dass das Urteil des Gerichts einer niederen Instanz z.B. auf der Verletzung einer oder mehrerer Rechtsvorschriften (Rechtsnormen) beruhe.

Die Revision ist z.B. zulässig, wenn diese im Urteil eines Landesarbeitsgerichts oder im Beschluss des Bundesarbeitsgerichts wegen der grundsätzlichen Bedeutung des Streitfalls oder wegen Meinungsverschiedenheiten verschiedener Arbeitsgerichte zugelassen ist.

Zusammenfassung

- Ein **Arbeitsvertrag** liegt vor, wenn Arbeitnehmer mit Weisungsbefugnissen und Fürsorgepflichten ihres Dienstherrn (Arbeitgeber) in einem Unternehmen mitarbeiten. Der Arbeitsvertrag ist ein Spezialfall des Dienstvertrags.
- Partner des **Arbeitsvertrags** sind ein einzelner Arbeitnehmer und ein bestimmter Arbeitgeber. Gesetzesvorgaben oder Rahmenvorgaben aus einer Betriebsvereinbarung und einem Tarifvertrag sind zu beachten. Eine Schlechterstellung des Arbeitnehmers ist grundsätzlich nicht möglich.
- In der Praxis wird der **Arbeitsvertrag** regelmäßig schriftlich abgeschlossen.
- **Kaufmännischer Angestellter** ist, wer in einem Handelsgewerbe zur Leistung kaufmännischer Dienste gegen Entgelt angestellt ist.
- Zu den **Rechten** und **Pflichten aus dem Arbeitsvertrag** siehe Tabelle S. 22f.
- Die Kündigung eines Arbeitsverhältnisses kann rechtswirksam nur **schriftlich** erfolgen. Sie muss zur Gültigkeit als einseitiges Rechtsgeschäft dem **Arbeitnehmer rechtzeitig zugehen**.
- Bei der Kündigung eines Arbeitsverhältnisses unterscheiden wir die **gesetzliche** und die **vertragliche Kündigungsfrist.** Liegt ein wichtiger Grund vor, kann die Kündigung auch **fristlos** erfolgen.
- Wer länger als sechs Monate ohne Unterbrechung in einem Betrieb mit regelmäßig mehr als 10 Arbeitnehmern (Auszubildende nicht mitgerechnet) gearbeitet hat, genießt einen **allgemeinen Kündigungsschutz** gegen eine sozial ungerechtfertigte Kündigung.
- Die Arbeitnehmer haben das Recht, vor einer Kündigung durch den Arbeitgeber eine **Abmahnung** zu erhalten. Eine unter Einhaltung der Kündigungsfrist ausgesprochene ordentliche Kündigung ist nur dann sozial gerechtfertigt, wenn ihr eine Abmahnung vorausgegangen ist.
- Einen **besonderen Kündigungsschutz** genießen z.B. Auszubildende, Betriebsratsmitglieder, Jugend- und Auszubildendenvertreter, werdende Mütter, schwerbehinderte Menschen und Arbeitnehmer während der Elternzeit.

■ **Zuständigkeit der Arbeitsgerichte**

sachlich	örtlich
bei Streitigkeiten – zwischen Arbeitgeber und Arbeitnehmer/Auszubildenden – zwischen Tarifparteien – zwischen Arbeitgeber und Betriebsrat – aus dem Betriebsverfassungs- und Mitbestimmungsgesetz	– grundsätzlich das Gericht, in dessen Bezirk sich der Leistungsort aus dem Arbeitsverhältnis befindet.

■ **Instanzenweg**

1. Instanz	2. Instanz	3. Instanz
Arbeitsgericht	**Landesarbeitsgericht (Berufung)**	**Bundesarbeitsgericht (Revision)**
– Versuch einer gütlichen Einigung (Vergleich)[1] – Wenn gütliche Einigung erfolglos, dann streitiges Verfahren und Urteil (grundsätzlich)	Wenn z. B. – Streitwert über 600,00 EUR beträgt oder – Berufung im Urteil des Arbeitsgerichts zugelassen ist oder – es sich um Streitigkeiten über Bestehen/Nichtbestehen/Kündigung eines Arbeitsverhältnisses handelt	Wenn Endurteil eines Landesarbeitsgerichts auf Verletzung einer Rechtsnorm beruht, Revision im Urteil des Landesarbeitsgerichts oder im Beschluss des Landesarbeitsgerichts zugelassen ist (z. B. wenn die Rechtssache grundsätzliche Bedeutung hat)
Prozessvertretung: Persönlich, Verbandsvertreter oder Anwalt (kein Anwaltszwang)	**Prozessvertretung:** Anwalt oder Verbandsvertreter	**Prozessvertretung:** Anwalt (Anwaltszwang)

Übungsaufgaben

2 1. 1.1 Frau Fleißig hilft ihrem Ehemann in dessen Unternehmen mit. Dieser hat sie beim Finanzamt und bei der Sozialversicherung angemeldet. Prüfen Sie mit Hilfe des § 59 HGB, ob Frau Fleißig kaufmännische Angestellte ist!

1.2 Der Industriekaufmann Knurr stellt sich beim Personalchef der Mülheimer Elektro-AG vor. Dieser sagt ihm, dass er am 1. des folgenden Monats seine Arbeit in dem Unternehmen beginnen könne. Herr Knurr sagt zu. Schriftlich wird nichts vereinbart. Ist der Arbeitsvertrag geschlossen?

1 Siehe §§ 57 II, 83a ArbGG.

1.3 Fertigen Sie eine Gegenüberstellung an, aus der die wichtigsten Rechte und Pflichten des bzw. der kaufmännischen Angestellten hervorgehen!

1.4 1.4.1 Nach Abschluss der Ausbildung wird Franz Steinke als kaufmännischer Angestellter der Käsefabrik Obertal GmbH übernommen. Vom Personalleiter wird er besonders auf das gesetzliche Wettbewerbsverbot des HGB hingewiesen. Zeigen Sie an zwei Beispielen auf, welche Handlungen Franz Steinke danach nicht vornehmen darf!

1.4.2 Worin liegt der wesentliche Unterschied zwischen dem gesetzlichen und dem vertraglichen Wettbewerbsverbot?

2. Die Mitarbeiterin Franziska Müller (28 Jahre; 5 Jahre im Betrieb) will zum 30. Juni kündigen.

Aufgaben:

2.1 Wie lange beträgt ihre Kündigungsfrist?

2.2 Geben Sie das Datum an, an dem die Kündigung dem Arbeitgeber spätestens vorliegen muss!

2.3 Franziska Müller kündigt am 30. Mai. Wann ist ihr letzter Arbeitstag?

2.4 Franziska Müller möchte bei ihrem Ausscheiden ein „qualifiziertes Zeugnis". Erläutern Sie den Begriff „qualifiziertes Zeugnis"!

2.5 Dem Mitarbeiter Albert Schön wurde fristgemäß zum 30. September gekündigt. Albert Schön hält die Kündigung für sozial ungerechtfertigt.

2.5.1 Bei welchen Gründen wird eine Kündigung als sozial ungerechtfertigt bezeichnet?

2.5.2 An welches Gericht kann sich Herr Schön wenden, wenn die Kündigung vom Arbeitgeber nicht zurückgenommen wird?

2.6 Aufgrund der guten Prüfung wird der Auszubildende Fritz Roth als Angestellter übernommen. Wodurch unterscheidet sich sein jetziges Beschäftigungsverhältnis vom bisherigen Ausbildungsverhältnis? Nennen Sie drei wesentliche Unterschiede!

3. Der Einzelunternehmer Kern e.K. kündigt dem zwanzigjährigen Klaus Bär, der seit einem Jahr in seinem Unternehmen beschäftigt ist, zum 31. Dezember. Es ist davon auszugehen, dass die Kündigung sozial gerechtfertigt ist.

Aufgaben:

3.1 An welchem Tag muss Kern spätestens kündigen?

3.2 Warum muss die Kündigung begründet werden?

3.3 Was könnte Klaus Bär gegen die Kündigung unternehmen?

3.4 Nennen Sie zwei Gründe für eine fristlose Entlassung eines Mitarbeiters!

3.5 Klaus Bär erhielt rechtzeitig eine Abmahnung. Erklären Sie, was hierunter zu verstehen ist!

3.6 Nennen Sie einen Fall, bei dem eine Abmahnung entbehrlich ist!

4. Herrn Knolle, 28 Jahre alt, seit fünf Jahren kaufmännischer Angestellter im gleichen Betrieb, wird am 31. Mai zum 30. Juni gekündigt. Grund: seine Arbeitsleistungen ließen objektiv sehr zu wünschen übrig.

Aufgaben:

4.1 Ist die Kündigung rechtswirksam?

4.2 Wäre die Rechtslage anders, wenn Herrn Knolle bereits am 19. Mai gekündigt worden wäre?

4.3 Wie wäre die Rechtslage, wenn Herr Knolle 31 Jahre alt wäre?
Alle Antworten mit Hilfe des Gesetzes begründen!

5. Zu welchem Zeitpunkt werden die folgenden Kündigungen rechtswirksam? Begründen Sie Ihre Entscheidung!

    5.1 Dem 40-jährigen Angestellten Fritz Bauer, seit 18 Jahren im gleichen Betrieb tätig, wird aus zwingenden betrieblichen Gründen am 16. Februar gekündigt.

    5.2 Zum gleichen Zeitpunkt wird auch der Angestellten Maria Hehl mit der gleichen Begründung gekündigt. Sie weist durch ärztliches Attest eine bestehende Schwangerschaft nach. Voraussichtlicher Geburtstermin: 20. August. Sie möchte Elternzeit in Anspruch nehmen.

6. In einem Softwareunternehmen arbeiten 40 Mitarbeiter, welche sich auf 30 Vollzeitstellen verteilen und vier Auszubildende.

    Aufgaben:

    Nehmen Sie Stellung zu den folgenden Kündigungen!

    6.1 Frau Andrea Costa ist 30 Jahre alt, ledig und kinderlos. Seit acht Jahren ist sie in der Abteilung Verkauf tätig. Seit einem Bandscheibenvorfall vor zwei Jahren fehlte sie an insgesamt 156 Arbeitstagen. Mit einer Verbesserung des Gesundheitszustandes ist nicht zu rechnen. Ihr häufiges Fehlen verursacht ständig Kosten, da häufig die Personalplanung abgeändert werden muss, auch sind sehr viele Kunden verärgert, da Vorgänge durch ihre Krankheit nicht termingerecht bearbeitet wurden.

    6.2 Herr Ulrich Haller ist 42 Jahre alt, verheiratet und hat drei kleine Kinder. Er gehört der Firma seit sieben Jahren an und ist in der Abteilung Verkauf beschäftigt. Insgesamt zeigt er gute fachliche Leistungen. Da er aber bereits zum dritten Mal eine unzulässig lange Mittagspause (über drei Stunden) gemacht hat, kündigt ihm sein Chef, Herr Müller, hierauf. Sein Chef hatte ihm bis zu diesem Zeitpunkt keine Verwarnung ausgesprochen.

    6.3 Herr Jürgen Schöllkopf ist 53 Jahre alt, verwitwet und hat vier Kinder. Er arbeitet seit 25 Jahren in der Rechnungserstellung. Aufgrund der Einführung einer vernetzten Auftragsabwicklung kann sein Arbeitsplatz rationalisiert werden, deshalb kündigt ihm sein Chef, Herr Eicher. Mit ihm in der Rechnungserstellung arbeitet noch Herr Munz (29 Jahre, ledig, seit drei Jahren im Betrieb, sehr gute Leistungen).

    6.4 Frau Helga Wöhrle ist 25 Jahre alt, ledig. Sie ist seit acht Monaten in der Abteilung Controlling tätig. Bisher hat sie stets gute Leistungen gezeigt. Sie verhält sich stets korrekt und erledigt die ihr gegebene Arbeit. Ihr Chef, Herr Bibel, kommt mit ihr als Person nicht klar, d. h., er findet sie unsympathisch, deswegen kündigt er ihr.

3

1. Frau Erna Spät aus Karlsruhe hat ihr Arbeitsverhältnis bei der Spar & Sam OHG in Mannheim aufgegeben. Wegen des noch ausstehenden Weihnachtsgelds in Höhe von 1200,00 EUR will sie ihren früheren Arbeitgeber verklagen.

    Aufgabe:

    Wo kann sie das tun?

2. Beschreiben Sie den Instanzenaufbau der Arbeitsgerichtsbarkeit! Erörtern Sie hierbei kurz die örtliche und sachliche Zuständigkeit der Gerichte!

3. Die Kassiererin Lang-Finger hat Schwierigkeiten. Ihr fehlen schon zum dritten Mal einige 50-Euro-Scheine in der Kasse. Der Chef kürzt ihr Gehalt um 10% mit der Drohung, sie fristlos zu entlassen, wenn noch einmal ein Kassenmanko (Kassenfehlbestand) auftreten sollte. Frau Lang-Finger will wegen der Gehaltskürzung gegen ihren Arbeitgeber klagen.

    Aufgabe:

    Bei welchem Gericht könnte sie dies tun?

3 Mitbestimmung nach dem Betriebsverfassungsgesetz

3.1 Betriebsverfassung und Unternehmensverfassung

Die betriebliche Leistung ist auf das Zusammenwirken aller Produktionsfaktoren, vor allem „Arbeit" und „Kapital", zurückzuführen. Hieraus leitet sich der Anspruch der Arbeitnehmer auf Mitbestimmung ab. „Quod omnes tangit, ab omnibus comprobetur" – was alle betrifft, sollte auch von allen mitbestimmt werden! So befanden bereits die alten Römer.

In der Bundesrepublik Deutschland kennt die Mitbestimmung der Arbeitnehmer zwei Ebenen, nämlich

- die **Mitbestimmung durch die Aufsichtsräte** einerseits **(Unternehmensverfassung)**[1] und
- die **Mitbestimmung durch die Betriebsräte** andererseits **(Betriebsverfassung).** Die Betriebsverfassung wird durch das Betriebsverfassungsgesetz [BetrVG] geregelt.[2]

Mitbestimmungsebenen

Innerbetriebliche Mitbestimmung	Mitbestimmung in Unternehmensorganen
abgestufte Mitbestimmung durch den Betriebsrat in sozialen, personellen und wirtschaftlichen Angelegenheiten	Mitbestimmung durch Sitze im Aufsichtsrat von Kapitalgesellschaften
Betriebsverfassungsgesetz	Drittelbeteiligungsgesetz Mitbestimmungsgesetz Montanmitbestimmungsgesetz

3.2 Betriebsrat

(1) Begriff, Zusammensetzung und Wahl des Betriebsrats

Begriff Betriebsrat

Merke:

Der **Betriebsrat** ist eine Vertretung der Arbeitnehmer gegenüber dem Arbeitgeber.

1 Die Behandlung der Unternehmensverfassung wird im Lehrplan nicht verlangt.

2 Für so genannte Tendenzbetriebe (z.B. unmittelbar und überwiegend politisch ausgerichtete Zeitungsverlage) und Religionsgemeinschaften gilt das BetrVG nicht oder nur eingeschränkt (Näheres siehe § 118 BetrVG).

3 Boller u.a. – ISBN 978-3-8120-0596-8

Zusammensetzung und Wahl des Betriebsrats

In Betrieben mit in der Regel mindestens **fünf ständig wahlberechtigten Arbeitnehmern,** von denen **drei wählbar** sind, kann ein Betriebsrat gewählt werden. **Wahlberechtigte Belegschaftsmitglieder**[1] sind vor allem Arbeiter, Angestellte und Auszubildende des Betriebs sofern sie das 18. Lebensjahr vollendet haben [§ 7 BetrVG]. **Wählbar** sind alle wahlberechtigten **Arbeitnehmer,** die mindestens sechs Monate dem Betrieb angehören (Näheres siehe § 8 BetrVG).[2] Der Betriebsrat bleibt **vier Jahre** im Amt [§ 21 BetrVG].

Die **Anzahl der Mitglieder eines Betriebsrats** richtet sich an der **Anzahl der wahlberechtigten Mitglieder im Betrieb** aus. Je mehr Mitarbeiter ein Betrieb hat, desto mehr Mitglieder umfasst der Betriebsrat. In Betrieben mit 5 bis 20 wahlberechtigten Arbeitnehmern besteht der Betriebsrat aus mindestens einer Person. Bei mehr als 20 Arbeitnehmern besteht der Betriebsrat aus mindestens drei Mitgliedern. Bei 7001 bis 9000 Arbeitnehmern hat der Betriebsrat z. B. 35 Mitglieder (Näheres siehe § 9 BetrVG).

Ab einer bestimmten Betriebsgröße sind Mitglieder des Betriebsrats von der beruflichen Tätigkeit freizustellen.

Beispiel:

In Betrieben mit in der Regel 200 bis 500 Arbeitnehmern ist mindestens ein Betriebsrat von seiner beruflichen Tätigkeit freizustellen (Näheres siehe § 38 BetrVG).

Der Betriebsrat soll sich möglichst aus Arbeitnehmern der einzelnen Organisationsbereiche zusammensetzen. Dabei sollen Vertreter der verschiedenen Beschäftigungsarten der im Betrieb tätigen Arbeitnehmer berücksichtigt werden. Das Geschlecht, das in der Belegschaft in der Minderheit ist, muss mindestens entsprechend seinem zahlenmäßigen Verhältnis [§ 15 BetrVG] im Betriebsrat vertreten sein, wenn der Betriebsrat aus mindestens drei Mitgliedern besteht.

Sprecherausschüsse

Die Interessen der **leitenden Angestellten** werden durch **Sprecherausschüsse** wahrgenommen (Näheres siehe Sprecherausschussgesetz [SprAuG]).

(2) Zusammenarbeit von Arbeitgeber und Betriebsrat

Grundsätzlich gilt: Arbeitgeber und Arbeitnehmer sollen vertrauensvoll zusammenarbeiten. Sie sollen mindestens einmal im Monat zusammentreten, um bei strittigen Fragen eine Lösung zu finden. Dabei verpflichtet das Betriebsverfassungsgesetz die Parteien dazu, mit ernstem Willen zur Einigung zu verhandeln und Vorschläge für die Beseitigung von Meinungsverschiedenheiten zu machen [§ 74 I BetrVG].

(3) Rechte des Betriebsrats

Die im Betriebsverfassungsgesetz geregelte Mitbestimmung umfasst mehrere Stufen.

1 Das Recht, wählen zu können, nennt man **„aktives Wahlrecht“**. („Aktiv sein“ bedeutet „tätig sein“; wer wählt, „tut etwas“.)

2 Das Recht, gewählt zu werden, bezeichnet man als **„passives Wahlrecht“**. (Wenn jemand „passiv“ ist, geschieht etwas mit ihm, er lässt etwas mit sich tun. Beim „passiven“ Wahlrecht wird also jemand gewählt.)

Rechte des Betriebsrats	Beispiele
■ **Informationsrecht des Betriebsrats** Der Betriebsrat hat einen Anspruch auf rechtzeitige und umfassende Unterrichtung über die von der Geschäftsleitung geplanten betrieblichen Maßnahmen [§ 90 I BetrVG]. Die Information ist die Voraussetzung dafür, dass der Betriebsrat seine weitergehenden Rechte überhaupt wahrnehmen kann.	Information über geplante Neu-, Um- und Erweiterungsbauten, Einführung neuer Arbeitsverfahren und Arbeitsabläufe oder Veränderung von Arbeitsplätzen. Der Arbeitgeber hat mit dem Betriebsrat die vorgesehenen Maßnahmen und ihre Auswirkungen auf die Arbeitnehmer zu beraten. Unterrichtung bei Einstellung leitender Angestellter.
■ **Beratungsrecht des Betriebsrats** Der Betriebsrat hat das Recht, aufgrund der ihm gegebenen Informationen seine Auffassung gegenüber dem Arbeitgeber darzulegen und **Gegenvorschläge** zu unterbreiten [§ 90 II BetrVG]. Die Beratung geht somit über die einseitige Information hinaus. Eine Einigung ist jedoch nicht erzwingbar. Die Beratung ist ausdrücklich in sogenannten „wirtschaftlichen Angelegenheiten" vorgeschrieben.	Personalplanung (gegenwärtiger und künftiger Personalbedarf), Sicherung und Förderung der Beschäftigung, Ausschreibung von Arbeitsplätzen, Rationalisierungsvorhaben, Einschränkung oder Stilllegung von Betriebsteilen, Zusammenschluss von Betrieben, Änderung der Betriebsorganisation oder des Betriebszwecks, sofern nicht Betriebs- und Geschäftsgeheimnisse gefährdet werden.
■ **Mitwirkungsrecht des Betriebsrats** Das Mitwirkungsrecht des Betriebsrats wird auch als „eingeschränkte Mitbestimmung" bezeichnet. Im Gegensatz zum Beratungsrecht besitzt hier der Betriebsrat ein **Vetorecht** (Widerspruchsrecht). Die eingeschränkte Mitbestimmung umfasst vor allem die „personellen Einzelmaßnahmen" wie Neueinstellungen, Eingruppierungen in Lohn- und Gehaltsgruppen und Versetzungen von Arbeitskräften [§ 99 BetrVG]. Auch bei Kündigungen hat der Betriebsrat ein Widerspruchsrecht (Näheres siehe § 102 BetrVG). Die Mitbestimmung bei personellen Einzelmaßnahmen besteht in Unternehmen mit in der Regel mehr als zwanzig wahlberechtigten Arbeitnehmern [§ 99 I BetrVG].	Das Wesen des Widerspruchsrechts wird an folgendem Fall deutlich. Angenommen, einem jungen Arbeitnehmer wird fristgemäß gekündigt. Der Betriebsrat widerspricht. Dieser Widerspruch führt **nicht** zur Aufhebung der Kündigung. Gibt die Geschäftsleitung nicht nach (hat z. B. der Spruch der Einigungsstelle zugunsten des Gekündigten keinen Erfolg), muss der Fall vom Arbeitsgericht geklärt werden. Unter Umständen sichert der Widerspruch die Weiterbeschäftigung des gekündigten Arbeitnehmers bis zur endgültigen gerichtlichen Entscheidung.
■ **Mitbestimmungsrecht im engeren Sinne** Die Mitbestimmung i. e. S. ist zwingend. Dies bedeutet, dass der Arbeitgeber bestimmte Maßnahmen nur mit Zustimmung des Betriebsrats durchführen kann. Diese eigentliche Mitbestimmung steht dem Betriebsrat vor allem in sogenannten „sozialen Angelegenheiten" zu, soweit eine gesetzliche oder tarifliche Regelung nicht besteht [§ 87 BetrVG].	Arbeitszeitregelung, Zeit, Ort und Art der Auszahlung der Arbeitsentgelte, Aufstellung allgemeiner Urlaubsgrundsätze und des Urlaubsplans, Einführung der Arbeitszeitüberwachung (z. B. Stempeluhren), Regelung der Unfallverhütung, Form, Ausgestaltung und Verwaltung der Sozialeinrichtungen (z. B. Kantinen, Erholungsheimen), Zuweisung und Kündigung von Werkswohnungen, betriebliche Lohngestaltung (z. B. Einführung von Akkordlöhnen), Regelung des betrieblichen Vorschlagswesens und der Abschluss der Betriebsvereinbarung (Betriebsordnung [§ 77 II BetrVG]).

Zu beachten ist, dass das weitergehende Recht des Betriebsrats immer das weniger weitgehende Recht einschließt. So umfasst das Mitbestimmungsrecht i.e.S. in sozialen Angelegenheiten zugleich die Mitwirkung, die Beratung und – als Voraussetzung – die Information.

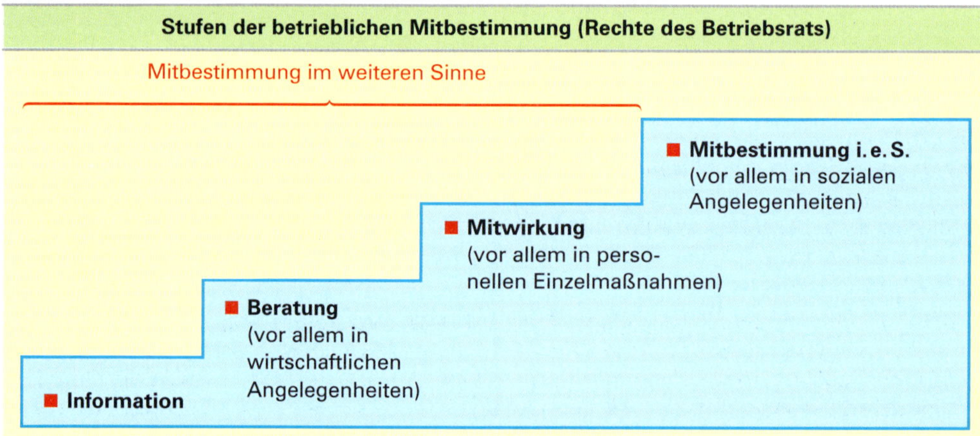

(4) Betriebsversammlung

Der Betriebsrat hat in jedem Kalendervierteljahr eine Betriebsversammlung einzuberufen, die während der Arbeitszeit stattfindet [§§ 43 I, 44 I BetrVG]. Aus organisatorischen Gründen (z.B. in Großbetrieben) sind **Teilversammlungen** zulässig [§ 43 I BetrVG]. In der Betriebsversammlung berichtet der Betriebsrat über seine Tätigkeit und der Arbeitgeber (bzw. sein Vertreter) z.B. über die wirtschaftliche und soziale Lage des Betriebs sowie über den betrieblichen Umweltschutz. Dem Betriebsrat können Anträge unterbreitet und zu Betriebsratsbeschlüssen Stellung genommen werden (Näheres siehe § 45 BetrVG).

Quelle: Adam Opel AG

(5) Vor- und Nachteile der betrieblichen Mitbestimmung

Grundlegender **Vorteil** der Mitbestimmung ist, dass die zwischen Arbeit und Kapital vorhandenen Konflikte gemildert oder gelöst werden können. Ferner ist zu erwarten, dass informierte und in ihrer Stellung gestärkte Arbeitnehmer mehr Interesse am Betrieb gewinnen. Ein **Nachteil** der Mitbestimmung ist, dass betriebliche Entscheidungen verzögert, abgeändert oder unmöglich gemacht werden können, obwohl eine marktwirtschaftlich orientierte Volkswirtschaft schnelle Entscheidungen erforderlich machen kann.

3.3 Jugend- und Auszubildendenvertretung

Merke:

Die **Jugend- und Auszubildendenvertretung** ist die Vertretung der jugendlichen Arbeitnehmer und Auszubildenden im Betriebsrat.

Sofern der Betrieb in der Regel mindestens fünf Arbeitnehmer beschäftigt, die das 18. Lebensjahr noch nicht vollendet haben oder die in ihrer Berufsausbildung stehen und das 25. Lebensjahr noch nicht vollendet haben, wird von dem genannten Personenkreis eine **Jugend- und Auszubildendenvertretung** gewählt [§§ 60, 61 BetrVG]. Diese kann aus bis zu 15 Mitgliedern bestehen (Näheres siehe § 62 BetrVG). Die Jugend- und Auszubildendenvertreter können nur Arbeitnehmer des Betriebs sein, die das 25. Lebensjahr noch nicht vollendet haben [§ 61 II BetrVG]. Die Jugend- und Auszubildendenvertretung bleibt **zwei Jahre** im Amt.

Die **Hauptaufgabe** der Jugend- und Auszubildendenvertretung ist, die Förderung der Berufsbildung zu unterstützen und über die Einhaltung der zugunsten der Arbeitnehmer geltenden Gesetze, Verordnungen und Unfallverhütungsvorschriften sowie der Regelungen des Tarifvertrags und der Betriebsvereinbarungen zu wachen (Näheres siehe § 70 BetrVG).

Die Jugend- und Auszubildendenvertretung ist **kein selbstständiges Organ der Betriebsverfassung.** Sie ist dem Betriebsrat nachgeordnet. Nur durch dessen Vermittlung kann sie auf den Arbeitgeber einwirken. Damit die Jugend- und Auszubildendenvertretung ihre Aufgaben erfüllen kann, muss sie der Betriebsrat rechtzeitig und umfassend informieren und ihr die erforderlichen Unterlagen zur Verfügung stellen. Zu jeder Betriebsratssitzung kann sie einen Vertreter entsenden; stehen Jugend- und Ausbildungsfragen auf der Tagesordnung, ist sie mit allen Mitgliedern teilnahmeberechtigt. Darüber hinaus haben die Jugend- und Auszubildendenvertreter auch Stimmrecht, wenn im Betriebsrat ein Beschluss gefasst werden soll, der die jugendlichen Arbeitnehmer oder die Auszubildenden betrifft. Vor oder nach jeder Betriebsversammlung kann im Einvernehmen mit dem Betriebsrat eine betriebliche Jugend- und Auszubildendenversammlung abgehalten werden; soll sie zu einem anderen Zeitpunkt stattfinden, muss auch der Arbeitgeber zustimmen.

3.4 Weitere Organe nach dem Betriebsverfassungsgesetz

(1) Betriebsausschuss

Ein zu großer Betriebsrat ist für die Durchführung der laufenden Aufgaben zu schwerfällig. Deshalb sieht das Betriebsverfassungsgesetz bei einem Betriebsrat mit neun oder mehr Mitgliedern die Bildung eines **Betriebsausschusses** vor [§ 27 BetrVG]. Er besteht aus dem

Vorsitzenden des Betriebsrats, dessen Stellvertreter und aus 3 bis 9 weiteren Mitgliedern, deren Zahl sich nach der Größe des Betriebsrats richtet (Näheres siehe § 27 I BetrVG).

Der Betriebsausschuss führt die laufenden Geschäfte des Betriebsrats [§ 27 II BetrVG]. Er verhandelt z. B. mit dem Arbeitgeber über personelle und wirtschaftliche Angelegenheiten (z. B. Einstellungen und/oder Kündigungen von Personal; Betriebsänderungen wie Erweiterungen, Einschränkung oder Verlegung des Betriebs). Betriebsratssitzungen erfolgen grundsätzlich während der Arbeitszeit [§ 30 BetrVG].

(2) Wirtschaftsausschuss

In Unternehmen mit in der Regel mehr als 100 ständig beschäftigten Arbeitnehmern ist ein **Wirtschaftsausschuss** zu bilden (3 bis 7 Mitglieder). Die Mitglieder des Wirtschaftsausschusses werden vom Betriebsrat für die Dauer seiner Amtszeit bestimmt. Die Aufgabe des Wirtschaftsausschusses ist, wirtschaftliche Angelegenheiten, vor allem auch Fragen des betrieblichen Umweltschutzes, mit der Geschäftsleitung zu beraten und den Betriebsrat zu unterrichten [§§ 106 ff. BetrVG].

(3) Einigungsstelle

Bei Bedarf ist eine **Einigungsstelle** einzurichten, die paritätisch (zu gleichen Teilen) aus Vertretern der Belegschaft und der Arbeitgeberseite sowie einem unparteiischen Vorsitzenden bestehen muss. Die Einigungsstelle hat die Aufgabe, Streitigkeiten zwischen Betriebsrat und Unternehmensleitung beizulegen [§ 76 BetrVG]. Kann eine Einigung nicht zustande kommen, sind die Arbeitsgerichte zuständig. Die Kosten der Einigungsstelle trägt der Arbeitgeber [§ 76 I a BetrVG].

3.5 Unmittelbare Rechte der Belegschaftsmitglieder nach dem Betriebsverfassungsgesetz

Das Betriebsverfassungsgesetz regelt nicht nur die Rechte und Pflichten des Betriebsrats bzw. des Arbeitgebers, sondern legt darüber hinaus bestimmte unmittelbare Rechte der einzelnen Arbeitnehmer fest.

(1) Recht auf Unterrichtung

Der Arbeitgeber hat die bei ihm beschäftigten Arbeitnehmer über deren Aufgabe und Verantwortung sowie über die Art ihrer Tätigkeit zu unterrichten. Über Veränderungen in ihren Arbeitsbereichen sind die Arbeitnehmer rechtzeitig zu unterrichten.

(2) Recht auf Anhörung

Die Arbeitnehmer haben das Recht, in allen betrieblichen Angelegenheiten, die ihre Person betreffen, von den zuständigen Stellen des Betriebs gehört zu werden. Sie sind berechtigt, Vorschläge für die Gestaltung ihrer Arbeitsplätze und die Arbeitsabläufe zu machen. Darüber hinaus können die Arbeitnehmer verlangen, dass ihnen die Berechnung und Zusammensetzung ihrer Arbeitsentgelte erläutert und mit ihnen die Beurteilung ihrer Leistungen sowie die Möglichkeiten ihrer beruflichen Entwicklung im Betrieb erörtert werden. Die Arbeitnehmer können ein Mitglied des Betriebsrats hinzuziehen [§ 82 BetrVG].

Einsicht in die Personalakten	Alle Arbeitnehmer haben das Recht, in die über sie geführten Personalakten Einsicht zu nehmen. Sie können (müssen aber nicht) ein Mitglied des Betriebsrats hinzuziehen [§ 83 BetrVG].
Beschwerderecht	Alle Arbeitnehmer sind berechtigt, sich bei den zuständigen Stellen des Betriebs zu beschweren, wenn sie sich vom Arbeitgeber oder von Arbeitnehmern des Betriebs benachteiligt, ungerecht behandelt oder in sonstiger Weise beeinträchtigt fühlen [§ 84 BetrVG]. Der Betriebsrat hat die Beschwerden der Arbeitnehmer entgegenzunehmen und bei berechtigten Beschwerden beim Arbeitgeber auf deren Abhilfe hinzuwirken [§ 85 BetrVG].

3.6 Betriebsvereinbarung

Merke:

Unter **Betriebsvereinbarungen** versteht man Absprachen zwischen Arbeitgeber und Betriebsrat. Die **schriftlich** niedergelegte und von beiden Seiten unterzeichnete Betriebsvereinbarung wird auch **Betriebsordnung** genannt [§ 77 II BetrVG].

In den Betriebsvereinbarungen werden den Arbeitnehmern meistens unmittelbare und zwingende Rechte gegenüber dem Arbeitgeber eingeräumt, auf die nur mit Zustimmung des Betriebsrats verzichtet werden kann [§ 77 IV BetrVG]. Arbeitsentgelte und sonstige Arbeitsbedingungen, die durch Tarifvertrag geregelt sind oder üblicherweise geregelt werden, können nicht Gegenstand einer Betriebsvereinbarung sein, es sei denn, dass ein Tarifvertrag den Abschluss ergänzender Betriebsvereinbarungen ausdrücklich zulässt [§ 77 III BetrVG]. Durch Betriebsvereinbarungen können insbesondere zusätzliche Maßnahmen zur Verhütung von Arbeitsunfällen und Gesundheitsschädigungen, die Errichtung von Sozialeinrichtungen und Maßnahmen zur Förderung der Vermögensbildung beschlossen werden [§ 88 BetrVG].

Ein Sonderfall der Betriebsvereinbarung ist der **Sozialplan.** Er stellt eine vertragliche Abmachung zwischen Arbeitgeber und Betriebsrat über den Ausgleich oder die Milderung wirtschaftlicher Nachteile dar, die der Belegschaft als Folge geplanter Betriebsänderungen entstehen (z. B. Lohnminderungen, Versetzungen, Entlassungen).

Beispiele:

Betriebsänderungen sind z. B. Einschränkungen oder Stilllegung des ganzen Betriebs oder von Betriebsteilen, Änderung des Betriebszwecks, Betriebsverlegung, Zusammenschluss mit anderen Betrieben, grundlegende Änderung der Betriebsorganisation oder der Betriebsanlagen (vgl. hierzu §§ 111 – 113 BetrVG).

Der Sozialplan enthält z. B. Regelungen über Ausgleichszahlungen an entlassene Arbeitnehmer, Umzugsbeihilfen bei Versetzungen an andere Orte, Umschulungsmaßnahmen oder Zuschüsse bei vorzeitiger Pensionierung älterer Mitarbeiter.

Zusammenfassung

- Die **Mitbestimmung der Arbeitnehmer** auf betrieblicher Ebene erfolgt durch den **Betriebsrat.**
- Der **Betriebsrat** ist eine Vertretung der Arbeitnehmer gegenüber dem Arbeitgeber. Wahl, Zusammensetzung und Aufgaben des Betriebsrats sind im Betriebsverfassungsgesetz [BetrVG] geregelt.
- Die **Stufen der betrieblichen Mitbestimmung (Rechte des Betriebsrats)** im weiteren Sinne sind: Information, Beratung, Mitwirkung und Mitbestimmung i.e.S.
- Die **Jugend- und Auszubildendenvertretung** ist die Vertretung der jugendlichen Arbeitnehmer und Auszubildenden im Betriebsrat. Sie kann gewählt werden, wenn der Betrieb mindestens fünf Arbeitnehmer beschäftigt, die das 18. Lebensjahr noch nicht vollendet haben (jugendliche Arbeitnehmer) oder die zu ihrer Berufsausbildung beschäftigt sind und das 25. Lebensjahr noch nicht vollendet haben.
- 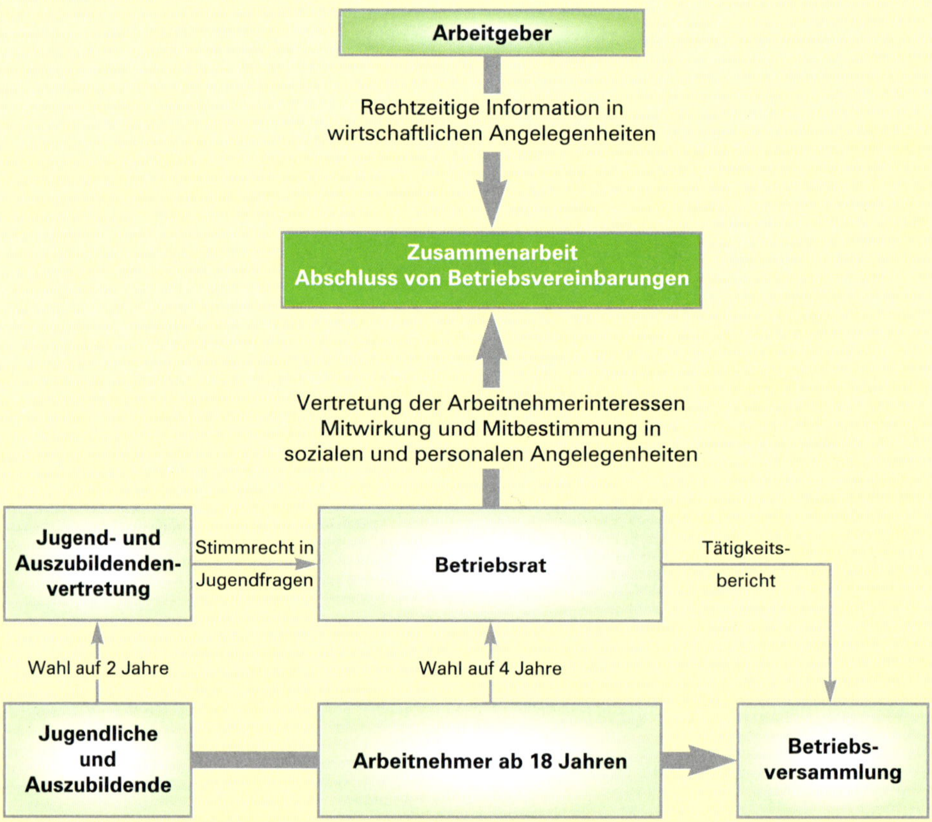

- Die **Organe der Betriebsverfassung** sind
  - die Betriebsversammlung,
  - der Betriebsrat,
  - der Betriebsausschuss (bei Betrieben mit in der Regel mehr als 200 wahlberechtigten Arbeitnehmern),

- der Wirtschaftsausschuss (bei Unternehmen mit in der Regel mehr als 100 ständig beschäftigten Arbeitnehmern),
- die Einigungsstelle (bei Bedarf oder ständig durch Betriebsvereinbarung) und
- die Jugend- und Auszubildendenvertretung.

- **Unmittelbare Rechte** des **Arbeitnehmers** gegenüber dem Arbeitgeber sind: **Recht auf Unterrichtung** und **Recht auf Anhörung.**
- **Betriebsvereinbarungen** sind Absprachen zwischen Arbeitgeber und Betriebsrat zur Regelung vor allem sozialer Angelegenheiten. Die schriftlich niedergelegte Betriebsvereinbarung heißt auch **Betriebsordnung.**
- Der **Sozialplan** ist eine Sonderform der Betriebsvereinbarung zur Vermeidung oder Milderung sozialer Härten bei Betriebsänderungen.

Übungsaufgaben

4 Ein Textilunternehmen beschäftigt 50 Mitarbeiter. Die Mitarbeiter beschließen, einen Betriebsrat zu wählen.

Aufgaben:

1. Kann sich der Geschäftsinhaber dem Wunsch der Belegschaft widersetzen? Begründen Sie Ihre Meinung!
2. Nennen Sie vier Rechte des Betriebsrats!
3. Was versteht man unter den Begriffen aktives und passives Wahlrecht?
4. Welche Voraussetzungen müssen gegeben sein, um in einem Betrieb eine Jugend- und Auszubildendenvertretung wählen zu können?
5. Geben Sie für das Mitwirkungsrecht und das Mitbestimmungsrecht i. e. S. des Betriebsrats jeweils zwei Beispiele an!

5 In der Unruh AG sind 420 Arbeitnehmerinnen und Arbeitnehmer beschäftigt. Der Vorstand versucht mit allen Mitteln, die Bildung eines Betriebsrats zu verhindern.

Aufgaben:

1. Zu welcher Mitbestimmungsform zählt die Einrichtung eines Betriebsrats?
2. Nennen Sie die Organe des Betriebsrats und ihre jeweilige Hauptaufgabe!
3. Die Einrichtung eines Betriebsrats soll dazu beitragen, Konflikte zwischen der Arbeitnehmer- und der Arbeitgeberseite zu vermeiden, zu mildern oder gar zu lösen. Welche Konflikte können das sein?
4. Die Mitbestimmung des Betriebsrats umfasst mehrere Ebenen (Stufen).
   - 4.1 Welche sind das?
   - 4.2 Führen Sie mindestens je drei Beispiele an!
5. Beurteilen Sie, ob die Geschäftsleitung der Unruh AG im Recht ist, wenn sie die Bildung eines Betriebsrats verhindern möchte!
6. Die Belegschaft der Unruh AG sieht in der Mitbestimmung allgemein nur Vorteile, die Geschäftsleitung nur Nachteile.
   - 6.1 Nennen Sie mindestens zwei Vor- und Nachteile!
   - 6.2 Überwiegen Ihrer Ansicht nach die Vor- oder die Nachteile?

6 Entscheiden Sie in folgenden Fällen:

1. Die Geschäftsleitung der Otto Schnell KG hat den Angestellten Bückling zum Leiter der Rechnungswesenabteilung ernannt. Der Betriebsrat widerspricht. Er sähe an dieser Stelle lieber das langjährige Gewerkschaftsmitglied Blau. Wird sich der Betriebsrat durchsetzen können?
2. Herr Knifflig, seit langen Jahren im Betrieb angestellt, hat sich um die neue Stelle als Verkaufsleiter beworben. Er fällt durch. Nunmehr verlangt er Einsicht in seine Personalakte. Kann er das?
3. Ohne Anhörung des Betriebsrats führt die Otto Schnell KG neue Arbeitszeiten ein. Der Betriebsrat widerspricht dieser Anordnung. Ist die Anordnung trotzdem wirksam?

4 Tarifvertrag

4.1 Sozialpartner

(1) Überblick

Die Gründung von Gewerkschaften und Arbeitgeberverbänden ist ein in Artikel 9 III Grundgesetz [GG] ausdrücklich verbrieftes Recht. Da – zumindest kurz- und mittelfristig – die Interessen der Arbeitnehmer denen der Arbeitgeber zuwiderlaufen können, sind beide Interessenvertretungen dazu aufgerufen, auf einen Interessenausgleich hinzuwirken. Ihre Aufgabe ist es also, für einen **sozialen Ausgleich** Sorge zu tragen. Gewerkschaften und Arbeitgeberverbände als Tarifpartner werden daher auch als **Sozialpartner** bezeichnet.

Sozialpartner

- **Gewerkschaften** – Interessenvertretungen der Arbeitnehmer
- **Arbeitgeberverbände** – Interessenvertretungen der Arbeitgeber

(2) Arbeitgeberverbände

Die Arbeitgeberverbände bildeten sich bereits in der zweiten Hälfte des letzten Jahrhunderts als Gegenpol zu den Gewerkschaften. Sie waren anfangs reine Interessenverbände der Unternehmer, um den Forderungen der Gewerkschaften z.B. nach höheren Löhnen, Tarifverträgen und Verkürzung der Arbeitszeit zu begegnen. Die Aufgabenstellung der Arbeitgeberverbände hat sich seitdem erweitert. Neben den lohnpolitischen und arbeitsrechtlichen Aufgaben befassen sich die Arbeitgeberverbände auch mit sozialpolitischen Fragen wie z.B. der Berufsausbildung und Fortbildung, der Altersversorgung, der Vertretung von Unternehmerinteressen bei der Sozialgesetzgebung, der Mitwirkung bei der Selbstverwaltung der Sozialversicherungsträger und der Öffentlichkeitsarbeit.

Die Zusammenschlüsse der Unternehmen zu Arbeitgeberverbänden erfolgt sowohl auf fachlicher Ebene (z.B. Bundesverband des Deutschen Industrie [BDI]) als auch auf regionaler Ebene (z.B. Landesverband der Baden-Württembergischen Industrie e.V.). Die Mitgliedschaft ist freiwillig. Der Spitzenverband der Arbeitgeberverbände ist die **Bundesvereinigung der Deutschen Arbeitgeberverbände (BDA),** die als Dachorganisation die gemeinschaftlichen, über den Bereich eines Landes oder eines Wirtschaftszweigs hinausgehenden sozialpolitischen Interessen der Arbeitgeber wahrnimmt.

(3) Gewerkschaften

Den Arbeitgeberverbänden stehen die **Gewerkschaften** gegenüber. Die Gewerkschaften sind die Interessenvertretungen der Arbeitnehmer. Sie sind insbesondere durch folgende Kriterien gekennzeichnet:

- **Koalitionsfreiheit,** d. h., die Arbeitnehmer haben die Freiheit, Gewerkschaften zu bilden, ihnen beizutreten oder auch fernzubleiben;
- **Unabhängigkeit,** d. h., die Gewerkschaften sind unabhängig vom Staat, von Arbeitgebern, von politischen Parteien und Weltanschauungen;
- **Kampfbereitscha**ft, d. h., die Gewerkschaften sind bereit, ihre Forderungen gegebenenfalls mit Hilfe eines Arbeitskampfs durchzusetzen.

Die wichtigsten **Ziele der Gewerkschaften** sind die Erhöhung der Lohnquote,[1] die Verbesserung der Arbeitsbedingungen, die Hebung des Ausbildungsstands der Arbeitnehmer und die Verringerung der Arbeitslosigkeit.

In der Bundesrepublik Deutschland gibt es mehrere große Arbeitnehmerorganisationen. Die größte und bedeutendste ist der Deutsche Gewerkschaftsbund, der die Dachorganisation für 8 Einzelgewerkschaften bildet. Zu den neben dem DGB und seinen Einzelorganisationen bestehenden Arbeitnehmerorganisationen zählen z. B. der Deutsche Beamtenbund (DBB), der Christliche Gewerkschaftsbund (CGB) und der Deutsche Bundeswehr-Verband (DBwV).

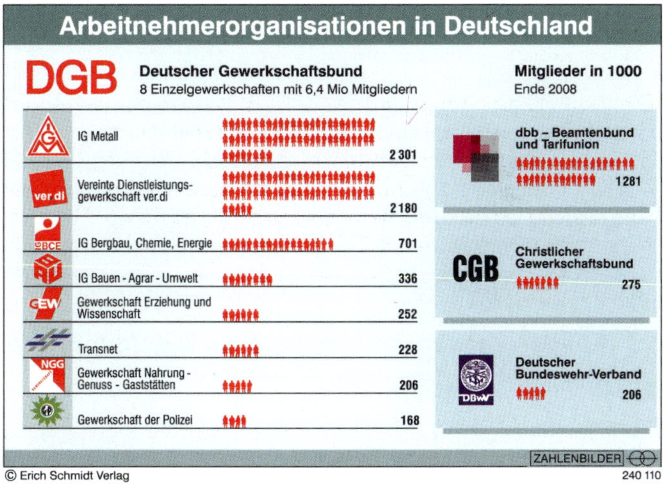

© Erich Schmidt Verlag 240 110

4.2 Begriff, Arten und Geltungsbereich des Tarifvertrags

4.2.1 Tarifautonomie – Tarifvertragsparteien – Tarifvertrag

Das Recht der Tarifpartner, selbstständig und ohne staatliche Einmischung Arbeitsbedingungen (z. B. Arbeitsentgelte, Urlaubszeit, Arbeitszeit) vereinbaren zu können, nennt man **Tarifautonomie**[2]. Tarifpartner – auch **Tarifparteien** genannt – sind die Sozialpartner. Sie haben die **Tariffähigkeit.** Die Vereinbarungen werden im **Tarifvertrag** festgeschrieben.

Merke:

Der **Tarifvertrag** ist ein **Kollektivvertrag**[3] zwischen den Tarifparteien, in dem die Arbeitsbedingungen für die Berufsgruppen eines Wirtschaftszweiges einheitlich für eine bestimmte Dauer festgelegt werden. Er bedarf der **Schriftform** [§ 1 TVG].

---

1 Die Lohnquote ist der prozentuale Anteil der Arbeitnehmereinkommen am Gesamteinkommen (Volkseinkommen).

2 Autonomie: Unabhängigkeit, Selbstständigkeit.

3 Kollektiv (lat. collectivus): Ansammlung. Hier: Personengruppe.

4.2.2 Arten von Tarifverträgen

Die Tarifverträge können nach mehreren Gesichtspunkten (Kriterien) gegliedert werden. Im Folgenden beschränken wir uns auf drei Gesichtspunkte.

(1) Gliederung der Tarifverträge nach den Tarifpartnern

- **Haustarifverträge (Firmentarifverträge)**

  Tarifpartner sind ein Arbeitgeber, z.B. eine große Kapitalgesellschaft und eine Gewerkschaft.

- **Verbandstarifverträge**[1]

  Normalfall: Tarifpartner sind ein Arbeitgeberverband und eine Gewerkschaft.

Beispiele für den Abschluss von Tarifverträgen:

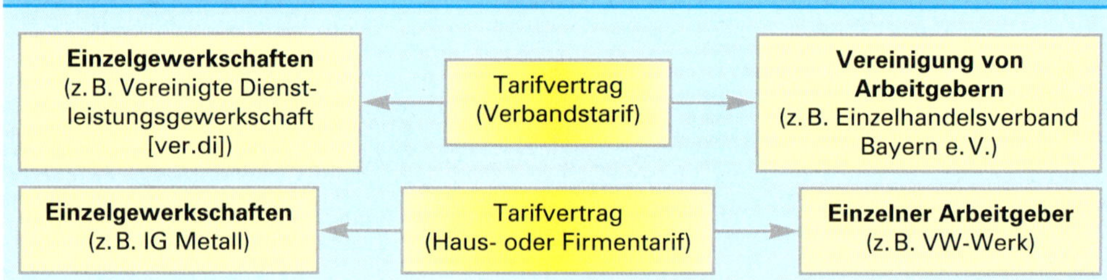

(2) Gliederung der Tarifverträge nach dem Inhalt

- **Manteltarifverträge**

Sie enthalten solche Arbeitsbedingungen, die sich über längere Zeit nicht ändern (z.B. Kündigungsfristen, Urlaubsregelungen, Arbeitszeitvereinbarungen, Nachtarbeit, Sonn- und Feiertagsarbeit, Lohn- und Gehaltsgruppen). Sie werden auch **Rahmentarifverträge** genannt.

- **Lohn- und Gehaltstarifverträge**

In ihnen sind die getroffenen Vereinbarungen über Lohn- bzw. Gehaltshöhe enthalten. Dabei werden die Arbeitnehmer nach ihrer Tätigkeit in bestimmte Lohn- bzw. Gehaltsgruppen eingeteilt. Jeder Lohn- bzw. Gehaltsgruppe wird ein bestimmter Lohnsatz bzw. ein bestimmtes Gehalt zugeordnet. Löhne und Gehälter sind in der Regel nach Alter und Ortsklassen differenziert.[2] Ferner können Zuschläge (z.B. nach Betriebszugehörigkeit oder nach dem Schwierigkeitsgrad der Arbeit) vereinbart sein.

Lohntarifverträge gehen häufig vom so genannten **Ecklohn** aus. Dies ist in der Regel der Lohnsatz eines 21-jährigen gelernten Facharbeiters (100 %), von dem die Abschläge für jüngere Facharbeiter bzw. die Zuschläge für die übrigen Lohngruppen und Ortsklassen berechnet werden.

1 Tarifabschlüsse können auch für bestimmte Branchen (z.B. Tarifverträge für die Chemieindustrie, für Banken und Versicherungen) erfolgen **(Branchentarifverträge)**.

2 Differenzieren: unterscheiden, untergliedern.

(3) Unterscheidung der Tarifverträge nach ihren individuellen Ausgestaltungsmöglichkeiten

■ Starre Tarifverträge

An diese Tarifverträge sind die Tarifparteien gebunden. Verschlechterungen für die Arbeitnehmer (z. B. Entgeltkürzungen, Arbeitszeitverlängerungen) sind nicht möglich, auch wenn dies im Einzelfall betrieblich geboten sein sollte. Verbesserungen für die Arbeitnehmer sind hingegen möglich (z. B. aufgrund freiwilliger Leistungen der Arbeitgeber oder aufgrund von Vereinbarungen zwischen Arbeitgeber und Betriebsrat).

■ Offene (flexible) Tarifverträge

Angesichts der hohen Arbeitslosigkeit werden die **Flächentarifverträge**[1] zunehmend flexibler (beweglicher) gestaltet. So genannte **Tariföffnungsklauseln** sollen es den Betrieben, denen es wirtschaftlich nicht besonders gut geht, ermöglichen, ihre Belegschaft für eine bestimmte Zeit (z. B. für ein Jahr) bis zu einem vereinbarten Prozentsatz unter Tarif zu bezahlen **(Entgeltkorridor).** Die konkreten Vereinbarungen werden dann zwischen Betriebsrat und Arbeitgeber ausgehandelt.

Tariföffnungsklauseln können auch eine Flexibilisierung der Arbeitszeit zum Ziel haben, weil dadurch längere Betriebszeiten ermöglicht werden. Die Arbeitszeitkorridore (z. B. 30 bis 40 Wochenstunden bei jährlich festgelegter Gesamtarbeitszeit) ermöglichen es den Betrieben, die Arbeitszeit flexibel (beweglich) zu gestalten und dadurch Arbeitskosten zu sparen.

Beispiel:

Entgeltkorridor: Tariföffnungsklausel

Zur Sicherung der Beschäftigung und/oder Verbesserung der Wettbewerbsfähigkeit am Standort Deutschland, insbesondere auch bei wirtschaftlichen Schwierigkeiten, können Arbeitgeber und Betriebsrat mit Zustimmung der Tarifvertragsparteien für Unternehmen und Betriebe befristete Betriebsvereinbarungen bis zu 10 % von den bezirklichen Tarifentgelten abweichende niedrigere Entgeltsätze unter Beachtung des Absatz 6 BetrVG vereinbaren. Diese mit Zustimmung der Tarifvertragsparteien betrieblich abweichend festgelegten Entgeltsätze gelten als Tarifentgeltsätze.

Beschäftigungssichernd und wettbewerbsverbessernd sind unter anderem beschäftigungserhaltende und beschäftigungsfördernde Investitionen am Standort, die Vermeidung von Entlassungen, die Vemeidung der Verlagerung von Produktion, sonstiger Aktivitäten oder Investitionen ins Ausland oder die Vermeidung von Ausgliederungen.

(Auszug aus dem Bundesentgelttarifvertrag der Chemischen Industrie West. Abgeschlossen zwischen der IG Chemie und dem Bundesarbeitgeberverband Chemie.)

4.2.3 Geltungsbereich des Tarifvertrags

Grundsätzlich gilt der Tarifvertrag nur für organisierte Arbeitnehmer und Arbeitgeber, die Mitglied der Gewerkschaft bzw. im Arbeitgeberverband sind.

Der Bundesminister für Arbeit und Soziales kann einen Tarifvertrag im Einvernehmen mit einem aus je drei Vertretern der Spitzenorganisationen der Arbeitgeber und Arbeitnehmer bestehenden Ausschuss auf Antrag einer Tarifvertragspartei für **allgemein verbindlich** erklären. Mit der Allgemeinverbindlichkeitserklärung gelten die Bestimmungen des Tarifvertrags auch für die nicht tarifgebundenen Arbeitnehmer und Arbeitgeber. In der Regel werden jedoch auch ohne Allgemeinverbindlichkeitserklärung die nicht organisierten Arbeitnehmer nach den Rechtsnormen der Tarifverträge behandelt (Grundsatz der Gleichbehandlung).

1 Flächentarifverträge sind Tarifverträge, die für mehrere Orte, Bezirke, ein oder mehrere Bundesländer oder für das gesamte Bundesgebiet verbindlich sind.

4.3 Wirkungen des Tarifvertrags

(1) Tarifbindung

Die Mitglieder der Tarifvertragsparteien sind an die Vereinbarungen des Tarifvertrags gebunden. Dies bedeutet, dass die Inhalte des Tarifvertrags für die Betroffenen insofern unabdingbar sind, als sie **Mindestbedingungen** für die Arbeitsverhältnisse darstellen (z.B. **Mindestlöhne, Mindestgehälter, Mindesturlaubstage).** Grundsätzlich unbeschränkt zulässig ist hingegen die Vereinbarung günstigerer Arbeitsbedingungen (z.B. übertarifliche Löhne), als sie der Tarifvertrag vorschreibt.

(2) Friedenspflicht

Während der Gültigkeitsdauer eines Tarifvertrags dürfen keine Arbeitskampfmaßnahmen (Streiks, Aussperrungen) ergriffen werden.

(3) Grundsatz der Nachwirkung

Nach Ablauf des Tarifvertrags (nach Kündigung oder nach Ablauf der vereinbarten Dauer) gelten seine Rechtsnormen weiter, bis sie durch einen neuen Tarifvertrag ersetzt werden.

4.4 Entstehen eines Tarifvertrags

- **Forderungen**

In den Betrieben, in Versammlungen der Gewerkschaftsmitglieder, der Vertrauensleute und der Vertreter werden mögliche Forderungen diskutiert. Die Tarifkommissionen beantragen beim Gewerkschaftsvorstand, die laufenden Tarifverträge zu kündigen und empfehlen Höhe und Struktur der Forderungen. Über diese Anträge beschließt der Gewerkschaftsvorstand. Der Tarifvertrag wird mit der entsprechenden Kündigungsfrist gekündigt. Vier Wochen vor Ablauf des Tarifvertrags werden die Forderungen der Gewerkschaft dem Arbeitgeberverband mitgeteilt.

- **Verhandlungen**

Die Tarifkommission bildet eine Verhandlungskommission. Die Verhandlungen beginnen zwei Wochen vor Ablauf des Tarifvertrags. Ein oder beide Partner können das Scheitern der Verhandlungen erklären.

- **Friedenspflicht**

Vier Wochen nach Ablauf des Tarifvertrags endet die Friedenspflicht, die während der Laufzeit des Tarifvertrags gilt.

Nach Ablauf der Friedenspflicht werden die Verhandlungen fortgesetzt. Nötigenfalls unterstützen Gewerkschaftsmitglieder die Verhandlungen mit Warnstreiks, Demonstrationen und Aktionen.

Verhandlungsergebnis

Beide Tarifparteien erreichen in Verhandlungen ein Verhandlungsergebnis und stimmen zu. Die Tarifkommission nimmt das Verhandlungsergebnis an. Es gilt der neue Tarifvertrag.

Scheitern der Verhandlungen

Die Tarifkommission oder der Vorstand der Gewerkschaft können das Scheitern der Verhandlungen erklären. In diesem Fall stellt die Tarifkommission einen Antrag auf Urabstimmung und Streik an den Vorstand der Gewerkschaft. Zu diesem Zeitpunkt kann auch die Schlichtung angerufen werden.

Urabstimmung, Festlegen des Streikbeginns, Streik[1], Aussperrung[1]

Entscheiden sich mindestens 75 % der aufgerufenen Gewerkschaftsmitglieder in einer Unternehmung für Streik, so legt der Vorstand der Gewerkschaft den Streikbeginn fest. Das Arbeitskampfmittel der Arbeitgeber gegen den Streik ist die Aussperrung.

Während des Streiks gibt es weitere Tarifgespräche. Es kann auch die „Besondere Schlichtung“ angerufen werden. Liegt ein Verhandlungsergebnis vor, gibt es darüber eine erneute Urabstimmung.

Entscheiden sich mindestens 25 % der aufgerufenen Gewerkschaftsmitglieder für die Annahme, so steht der neue Tarifvertrag.

Schlichtung[1]

Das Schlichtungsverfahren muss von beiden Tarifparteien gewollt sein, wenn es zustande kommen soll. Am Ende steht der neue Tarifvertrag.

4.5 Vorteile der Tarifverträge für Arbeitnehmer und Arbeitgeber

Wichtige Vorteile von Tarifverträgen für Arbeitnehmer und Arbeitgeber sind in der nachfolgenden Übersichtstabelle zusammengestellt.

Vorteile für den Arbeitnehmer	Vorteile für den Arbeitgeber
▪ Sicherung der Mindestarbeitsbedingungen (Mindestlohn, Urlaubsgeld, Kündigungsschutz usw.) für die Laufzeit des Tarifvertrags.	▪ Einheitliche Kalkulationsgrundlage durch einheitliche Lohn- und Gehaltstarife für die Dauer des Tarifvertrags.
▪ Gleichstellung der Arbeitnehmer mit gleichen Tätigkeiten, gleichen Berufserfahrungen und gleicher Verantwortung (Schutz vor willkürlicher Behandlung).	▪ Einschränkung der Konkurrenz innerhalb der Branchen bezüglich der Personalanwerbung, geringere Fluktuation in Zeiten der Vollbeschäftigung.

1 Vgl. hierzu S. 48f.

4.6 Streik, Schlichtung, Aussperrung

(1) Streik

Merke:

Unter **Streik** – auch „Ausstand" genannt – versteht man die **gemeinsame Arbeitseinstellung mehrerer Arbeitnehmer** mit dem Ziel, nach Durchsetzung bestimmter Forderungen die Arbeit wieder aufzunehmen. Da dem Streik keine Kündigung der Arbeitsverhältnisse vorausgeht, bleiben diese auch während des Streiks erhalten.

Der **Ablauf eines Streiks** kann in vier Schritte aufgegliedert werden:

1. Bevor eine Gewerkschaft zum Streik aufruft, muss in der Regel eine **Urabstimmung** vorausgehen. (In seltenen Fällen kann die Gewerkschaft auch **ohne** Urabstimmung einen Streik beschließen.)
2. Die meisten Gewerkschaftssatzungen sehen vor, dass sich **75 %** der Gewerkschaftsmitglieder in einer Urabstimmung für einen Streik aussprechen müssen, bevor der Gewerkschaftsvorstand oder das zuständige Gremium (z. B. die Tarifkommission) den Streik ausrufen kann. Zum Streik muss es dennoch nicht kommen, weil aufgrund der Ergebnisse weiterer Tarifverhandlungen der Streik immer noch abgewendet werden kann.
3. Während des Streiks zahlen die Gewerkschaften an die Mitglieder **Streikgelder.** Die Nichtmitglieder gehen leer aus. Die Streikleitung kann vor den Betrieben **Streikposten** aufstellen, die dafür sorgen müssen, dass Arbeitswillige nicht am Betreten des Betriebsgeländes gehindert werden. Andererseits haben die Streikposten die Aufgabe, die nicht Streikwilligen von der Notwendigkeit des Streiks zu überzeugen.
4. **Beendigung des Streiks.** Führen die Verhandlungen der Gewerkschaften mit den Arbeitgebern zu einem Kompromiss, wird der Streik beendet.

   Zum Abbruch des Streiks ist eine Urabstimmung erforderlich, in der i. d. R. mindestens 25 % (plus eine Stimme) der Gewerkschaftsmitglieder einer Beendigung des Streiks zustimmen. Die Richtlinien mancher Gewerkschaften sehen auch höhere Zustimmungsquoten zur Beendigung eines Streiks vor (z.B. 75 %). Wird dieses Abstimmungsergebnis nicht erreicht, so kann sich der Vorstand i. d. R. dennoch über das Votum[1] hinwegsetzen und den Streik beenden, wenn sich i. d. R. mindestens 25 % der Gewerkschaftsmitglieder für den Abbruch des Streiks entschieden haben.

Streiks, die nicht von den Gewerkschaften organisiert sind, sind illegal (ungesetzlich, gesetzeswidrig). Man spricht von **„wilden Streiks".** So genannte „spontane Arbeitsniederlegungen" und „Warnstreiks" (kurze Arbeitsverweigerungen, um weitere Maßnahmen anzudrohen oder die Arbeitgeber zu Zugeständnissen bei laufenden Tarifverhandlungen zu zwingen) sind hingegen grundsätzlich erlaubt.

1 Votum (lat.): Stimmabgabe.

(2) Schlichtungswesen

Streiks werden in der Bundesrepublik Deutschland heute meist erst eingeleitet, wenn bestimmte Schlichtungsverfahren ergebnislos verlaufen sind. Das Schlichtungswesen hat somit die Aufgabe, zur Verhinderung von Streiks beizutragen, falls die Tarifverhandlungen gescheitert sind.

Man unterscheidet:

Privates Schlichtungsverfahren	Das private Schlichtungsverfahren wird von Schlichtungsstellen durchgeführt, deren Besetzung im Tarifvertrag festgelegt ist **(„vereinbarte Schlichtung")**.
Behördliches Schlichtungsverfahren	Das behördliche Schlichtungsverfahren kann von den Tarifparteien beantragt werden, wenn das private Schlichtungsverfahren nicht zur Einigung führte. Die Durchführung obliegt Personen, die vom Landesarbeitsministerium ständig mit dieser Aufgabe betraut sind **(„Landesschlichter")**.

Ein Schiedsspruch hat nur dann bindende Wirkung unter den Parteien, wenn diese vor seiner Verkündigung seine Annahme vereinbart haben oder wenn beide Parteien nach Verkündigung seine Annahme erklären.

(3) Aussperrung

Das **Arbeitskampfmittel** der **Arbeitgeber** ist die **Aussperrung,** deren Berechtigung zwar umstritten, nach überwiegender Rechtsmeinung aber als das legale Gegenmittel der Unternehmer gegen die kollektive (gemeinsame) Arbeitsniederlegung anzusehen ist.

Merke:

Aussperrung bedeutet, dass die Arbeitnehmer durch den Arbeitgeber gemeinschaftlich daran gehindert werden, zu arbeiten (im Gegensatz zum Streik, bei dem die streikenden Arbeitnehmer nicht arbeiten wollen).

Der Zweck der Aussperrung ist es, die Forderungen der Gewerkschaften abzuwehren. Durch steigenden Aufwand von Streikunterstützungen (vor allem durch die Zahlung der Streikgelder) soll die Kampfkraft der Gewerkschaften geschwächt und der Kampfwille der Streikenden gebrochen werden.

Durch die Aussperrung werden die **Arbeitsverhältnisse nicht gelöst,** sondern die Arbeitnehmer lediglich bis zur Beendigung des Arbeitskampfes **suspendiert**[1]. Damit ruhen die Rechte und Pflichten aus dem Arbeitsvertrag (z.B. keine Arbeitsleistung, kein Lohn oder Gehalt), leben aber nach Beendigung des Arbeitskampfes wieder auf. Somit sind die Arbeitgeber zugleich verpflichtet, die Gesamtbelegschaft nach Beendigung des Streiks weiterzubeschäftigen, ohne dass neue Arbeitsverträge abgeschlossen werden müssen.

Das oberste Arbeitsgericht setzte für den Umfang der Aussperrung durch den **Grundsatz der Verhältnismäßigkeit** eine Grenze. Danach ist für den Umfang der Aussperrung der Umfang des vorausgegangenen Streiks (Angriffsstreiks) maßgebend.[2]

1 Suspendieren (lat.): einstweilen ruhen lassen, vorübergehend von Rechten und Pflichten befreien.

2 Unverhältnismäßig (unrechtmäßig, rechtswidrig) sind danach Aussperrungsmaßnahmen grundsätzlich dann, wenn Arbeitgeber bei eng begrenzten Teilstreiks mit einer unbefristeten Aussperrung aller Arbeitnehmer einer Branche, eines Landes oder der Bundesrepublik Deutschland antworten (so genanntes **Übermaßverbot der Aussperrung**).

4 Boller u. a. – ISBN 978-3-8120-0596-8

Zusammenfassung

- **Sozialpartner** sind die Gewerkschaften einerseits und einzelne Unternehmen oder Arbeitgeberverbände andererseits.
- Lohnerhöhungen und Arbeitsbedingungen werden zwischen den Tarifpartnern (Gewerkschaften und Arbeitgeberverbänden) ausgehandelt und im **Tarifvertrag** festgelegt.
- **Tarifautonomie** ist das Recht der Tarifpartner, selbstständig und **ohne** staatliche Eingriffe Löhne und Arbeitsbedingungen vereinbaren zu können.
- Gliederung der Tarifverträge:
  - Nach dem **Inhalt** unterscheidet man in **Manteltarifverträge** und in **Lohn-** und **Gehaltstarifverträge**.
  - Nach den **individuellen Ausgestaltungsmöglichkeiten** gliedert man die Tarifverträge in **starre** und in **offene (flexible) Tarifverträge**.
  - Nach dem **Tarifpartner** unterscheidet man in **Haustarife, Verbandstarife** und **Branchentarife**.
  - Ablauf von Tarifverhandlungen:

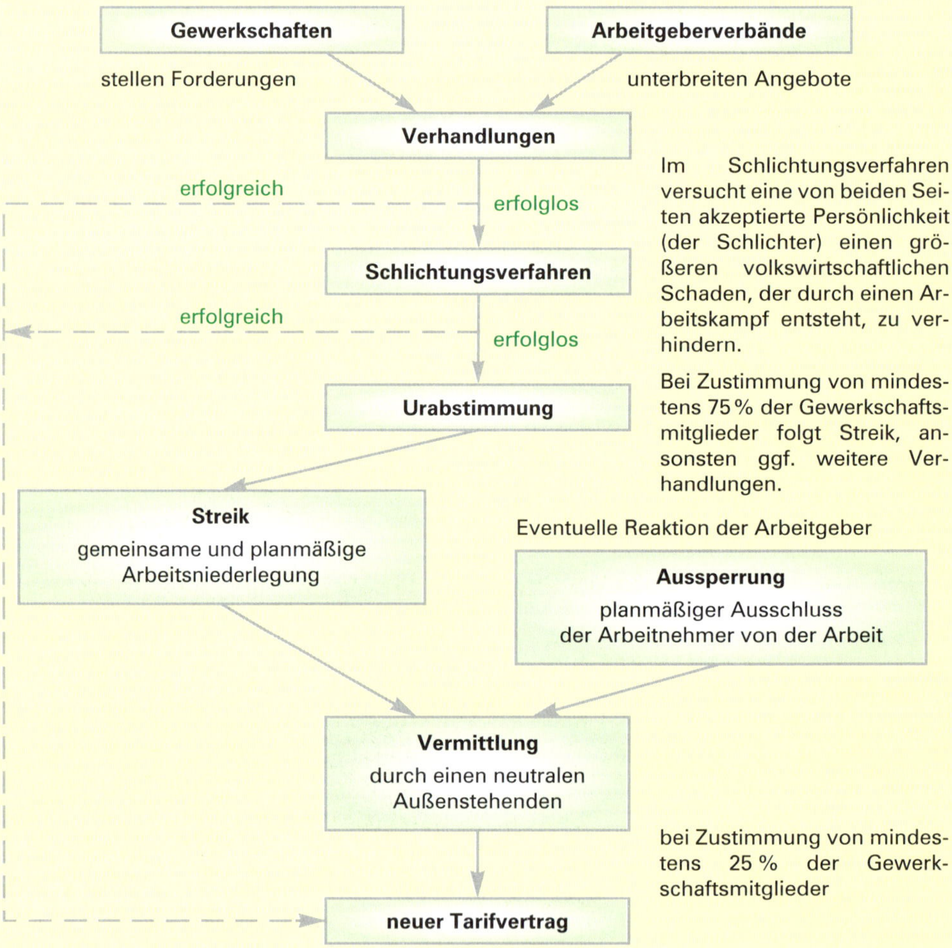

Übungsaufgaben

7
1. Erklären Sie den Begriff Sozialpartnerschaft!
2. Beschreiben Sie kurz die Lohnbildung in der Bundesrepublik Deutschland!
3. Erläutern Sie kurz folgende Begriffe:
   3.1 Tarifvertrag,
   3.2 Tarifautonomie,
   3.3 Allgemeinverbindlichkeit,
   3.4 Unabdingbarkeit,
   3.5 Manteltarif,
   3.6 Lohn- bzw. Gehaltstarif.
4. Welche Vorteile bringen die Tarifverträge für Arbeitnehmer und Arbeitgeber?
5. 5.1 Wer sind die Vertragspartner beim
   5.1.1 Arbeitsvertrag,
   5.1.2 Tarifvertrag?
   5.2 Welche Bedeutung hat die Entscheidung, Tarifverträge für allgemein verbindlich zu erklären, für die Arbeitnehmer?
   5.3 Worin liegt der Hauptunterschied zwischen einem Haus- oder Firmentarif und dem Verbandstarif?
   5.4 Was ist im Manteltarifvertrag geregelt? Nennen Sie vier Beispiele!
6. Der Elektrogerätehersteller Klar e.K. zahlt seinen Angestellten grundsätzlich 10 % mehr als der Tarifvertrag vorsieht. Lediglich dem Neuling Lahm will er zunächst das Tarifgehalt zahlen. Sind diese beiden Maßnahmen zulässig?
7. Erklären Sie den Begriff Kollektivarbeitsvertrag!
8. Der Angestellte Kurt Rot will seinen Arbeitskollegen Karl Schwarz zum Eintritt in die Gewerkschaft bewegen. Kurt argumentiert u.a. damit, dass die Lohnquote in den letzten Jahren dank der Lohnpolitik der Gewerkschaften stark angestiegen sei. Karl meint hingegen, dass die Lohnquote über den Lebensstandard der Arbeitnehmer überhaupt nichts aussage. In einem rein sozialistischen Land sei die Lohnquote 100 % und trotzdem könne es dort den Werktätigen erheblich schlechter gehen als in kapitalistischen Ländern.

   Nehmen Sie Stellung!
9. Schlagzeile einer Zeitung: „Der Verteilungskampf beginnt wieder!" Was ist hier gemeint?
10. 10.1 Betrachten Sie zunächst nebenstehende Karikatur! Was will der Zeichner hier ausdrücken?
    10.2 Wie würde sich der Lohn in einer Wirtschaft bilden, in der es keine Gewerkschaften und Arbeitgeberverbände gibt?
    10.3 Wären die sich auf solchen freien Arbeitsmärkten (siehe Frage 10.2) ergebenden Arbeitslöhne höher oder niedriger als die von den Gewerkschaften ausgehandelten Mindestlöhne? Begründen Sie Ihre Antwort!

Mahlzeit — Handelsblatt: Bensch

11. Nennen Sie einige wichtige Ziele der Gewerkschaften!

12. Die Politik der Gewerkschaften zielt darauf ab, das Arbeitskräfteangebot zu verknappen. Widerspricht dies dem Ziel, den Anteil der Arbeitnehmer am Volkseinkommen zu erhöhen?

13. Erklären Sie, was unter Streik und Aussperrung zu verstehen ist!

14. Die Belegschaft des Kaufhauses Unruh AG hat gegen den Willen der Gewerkschaft seit drei Tagen die Arbeit niedergelegt. Sie will ein höheres Urlaubsgeld erzwingen. Die Geschäftsleitung kündigt den drei führenden Streikorganisatoren.

    Aufgabe:

    Wie ist die Rechtslage?

15. Eine Gewerkschaft hat fristgemäß den laufenden Tarifvertrag gekündigt. Mit den Arbeitgebern ist keine Einigung in Sicht. Muss es nun zwangsläufig zum Streik kommen?

    Aufgabe:

    Begründen Sie Ihre Meinung!

8 In einer Pressemitteilung verlangt der Hauptverband des Deutschen Einzelhandels e.V. einen maßvollen Tarifabschluss, um neue Arbeitsplätze schaffen zu können. Er appelliert[1] dabei an die Bundesregierung, diese Forderung zu unterstützen. Der Pressesprecher der Bundesregierung lehnt diese Forderung mit dem Hinweis ab, die Bundesregierung habe keine Möglichkeit, direkt in Tarifverhandlungen einzugreifen.

Aufgaben:

1. 1.1 Wer schließt Tarifverträge ab!
   1.2 Hat die Bundesregierung rechtlich die Möglichkeit, in Tarifverhandlungen einzugreifen? Begründen Sie Ihre Entscheidung!
   1.3 Nennen Sie zwei Gründe die dafür sprechen, dass der Staat nicht in Tarifverhandlungen eingreifen soll!
2. Der neue Lohntarifvertrag im Einzelhandel sieht eine Gehaltssteigerung von 2,5 % vor.
   2.1 Unter welchen Voraussetzungen muss ein Unternehmen ihren Mitarbeitern 2,5 % mehr Gehalt zahlen?
   2.2 Haben jeweils alle Mitarbeiter Anspruch auf die 2,5 %ige Gehaltserhöhung?

1 Appell: Aufruf, Weckruf.

5 Soziale Absicherung im Rahmen der gesetzlichen Sozialversicherung

5.1 Grundlegendes

Aus „Betriebsverordnungen für Hamburger Comptoirs und Amtsstuben 1863 bis 1872"

Zur Beachtung des Personals

Gottesfurcht, Sauberkeit und Pünktlichkeit sind die Voraussetzungen für ein ordentliches Geschäft.

Das Personal braucht jetzt nur noch an Wochentagen zwischen 6 Uhr vormittags und 6 Uhr nachmittags anwesend zu sein. Der Sonntag dient dem Kirchgang. Jeden Morgen wird im Hauptbureau das Gebet gesprochen.

Es wird von jedermann Ableistung von Überstunden erwartet, wenn das Geschäft sie begründet erscheinen läßt.

Der dienstälteste Angestellte ist für die Sauberkeit des Bureaus verantwortlich. Alle Jungen und Junioren melden sich bei ihm 40 Minuten vor dem Gebet und bleiben auch nach Arbeitsschluß zur Verfügung.

Einfache Kleidung ist Vorschrift. Das Personal darf sich nicht in hellschimmernden Farben bewegen und nur ordentliche Strümpfe tragen. Überschuhe und Mäntel dürfen im Bureau nicht getragen werden, da dem Personal ein Ofen zur Verfügung steht. Ausgenommen sind bei schlechtem Wetter Halstücher und Hüte. Außerdem wird empfohlen, in Winterszeiten täglich 4 Pfund Kohle pro Personalmitglied mitzubringen.

Während der Bureaustunden darf nicht gesprochen werden. Ein Angestellter, der Zigarren raucht, Alkohol in irgendwelcher Form zu sich nimmt, Billardsäle und politische Lokale aufsucht, gibt Anlaß, seine Ehre, Gesinnung, Rechtschaffenheit und Redlichkeit anzuzweifeln.

Die Einnahme von Nahrung ist zwischen 11.30 Uhr und 12.00 Uhr erlaubt. Jedoch darf die Arbeit dabei nicht eingestellt werden.

Der Kundschaft und Mitgliedern der Geschäftsleitung nebst Angehörigen ist mit Ehrerbietung und Bescheidenheit zu begegnen.

Jedes Personalmitglied hat die Pflicht, für die Erhaltung seiner Gesundheit Sorge zu tragen, im Krankheitsfalle wird die Lohnzahlung eingestellt. Es wird daher dringend empfohlen, daß jedermann von seinem Lohn eine hübsche Summe für einen solchen Fall wie auch für die alten Tage beiseite legt, damit er bei Arbeitsunvermögen und bei abnehmender Schaffenskraft nicht der Allgemeinheit zur Last fällt.

Zum Abschluß sei die Großzügigkeit dieser neuen Bureauordnung betont. Zum Ausgleich wird eine wesentliche Steigerung der Arbeit erwartet.

Es ist noch nicht einmal 150 Jahre her, dass die Arbeitnehmer praktisch ohne sozialen Schutz bei Krankheit oder im Alter dastanden. Heute hingegen haben wir in Deutschland ein „soziales Netz", dessen wichtigster Bestandteil das Sozialversicherungssystem ist.

5.2 Sozialversicherung (Grundversorgung)

5.2.1 Notwendigkeit sozialer Absicherung

Merke:

Die **soziale Sicherung** ist eine wesentliche Lebensgrundlage der Menschen.

Die bedeutsamste Absicherung erfolgt in der Bundesrepublik Deutschland durch die gesetzliche **Sozialversicherung.**

- Kennzeichen der gesetzlichen Sozialversicherung ist das **Solidaritätsprinzip**: „Einer für alle, alle für einen." Im Gegensatz zur privaten Versicherung,[1] die grundsätzlich eine freiwillige Versicherung ist, stellt die Sozialversicherung eine **gesetzliche Versicherung** dar, der die Mehrheit der Bevölkerung **kraft Gesetzes** angehören muss **(Pflichtversicherung).**
- Neben dem **Solidaritätsprinzip** und der **Pflichtmitgliedschaft** zeichnet sich die Sozialversicherung durch die **gesetzliche Festlegung der meisten Leistungen** und die **Beitragsbemessung nach der Höhe des Einkommens** aus. Versicherte mit hohen Einkommen sollen so zur Finanzierung von Leistungen für Versicherte mit niedrigen Einkommen beitragen.

5.2.2 Träger der Sozialversicherung

Die Sozialversicherung umfasst die **gesetzliche Krankenversicherung,** die **soziale Pflegeversicherung,** die **gesetzliche Rentenversicherung,** die **gesetzliche Arbeitsförderung** und die **gesetzliche Unfallversicherung.**

Die **Träger** der gesetzlichen Sozialversicherung können aus der Abbildung auf S. 55 entnommen werden. Unter „Trägern" versteht man die Sozialversicherungsbetriebe, die die Versicherungsgeschäfte betreiben. Die Sozialversicherungsträger sind rechtsfähige **Körperschaften des öffentlichen Rechts** (rechtsfähige staatliche Einrichtungen) mit **Selbstverwaltungsrecht.** Die Mitglieder haben das Recht, die **Vertreterversammlungen** bzw. die **Verwaltungsräte** (bei den Krankenkassen), die sich grundsätzlich zur Hälfte aus Arbeitnehmern und Arbeitgebern zusammensetzen, zu wählen. Die Vertreterversammlungen bzw. Verwaltungsräte wählen die Vorstände.

In Deutschland entstand das Sozialversicherungssystem bereits unter Bismarck, und zwar 1883 die gesetzliche Krankenversicherung, 1884 die gesetzliche Unfallversicherung, 1889 die Invaliden- und Altersversicherung und 1911 die Angestelltenversicherung. Erst 1927 entstand die Arbeitslosenversicherung. 1953 wurde die Sozialgerichtsbarkeit, 1970 die Lohnfortzahlung im Krankheitsfall, 1995 die soziale Pflegeversicherung und 2001 die staatlich geförderte private Altersvorsorge eingeführt.

---

1 Private Versicherungen sind solche, die nach Belieben abgeschlossen werden können (z.B. Lebensversicherungen, Hausratversicherungen). Eine Ausnahme ist z.B. die Kraftfahrt-Haftpflichtversicherung, die für Kraftfahrzeughalter gesetzlich vorgeschrieben ist (private, gesetzlich vorgeschriebene Pflichtversicherung).

5.2.3 Überblick über die Zweige der Sozialversicherung

Die fünf Zweige der gesetzlichen Sozialversicherung				
Gesetzliche Krankenversicherung Träger z. B.: ■ Allgemeine Ortskrankenkassen ■ Betriebskrankenkassen ■ Innungskrankenkassen ■ Ersatzkassen (z. B. BEK, DAK, KKH)	**Soziale Pflegeversicherung** Träger: ■ Pflegekassen (verwaltet von den Krankenkassen)	**Gesetzliche Rentenversicherung** Träger z. B.: ■ Bundesträger (Deutsche Rentenversicherung Bund) ■ Regionalträger (Deutsche Rentenversicherung mit Zusatz für jeweilige regionale Zuständigkeiten)	**Gesetzliche Arbeitsförderung** Träger: ■ Bundesagentur für Arbeit in Nürnberg mit den Regionaldirektionen (mittlere Verwaltungsebene) und den Agenturen für Arbeit (örtliche Verwaltungsebene)	**Gesetzliche Unfallversicherung** Träger z. B.: ■ Gewerbliche und landwirtschaftliche Berufsgenossenschaften ■ Gemeindeunfallversicherungsverbände
Gesetzliche Krankenkassen	**Pflegekassen***	**Deutsche Rentenversicherung**	**Bundesagentur für Arbeit**	**Berufsgenossenschaften und Unfallversicherungsträger der öffentlichen Hand**
Träger der Sozialversicherung				

* Die soziale Pflegeversicherung ist eine eigenständige Säule im System der gesetzlichen Sozialversicherung, auch wenn die gesetzlichen Pflegekassen organisatorisch in die Träger der gesetzlichen Krankenversicherung eingebunden sind.

Die **Sozialversicherung** erfolgt somit durch (sich unabhängig voneinander entwickelte) **verschiedene Sozialversicherungszweige.** Damit dieses Sozialversicherungssystem optimal funktioniert (z. B. Doppelleistungen vermieden und Verwaltungskosten gespart werden) und den Versicherten in seiner Gesamtheit zugute kommt, sind die verschiedenen Sozialversicherungsträger zur Zusammenarbeit verpflichtet.

5.2.4 Finanzierung der Sozialversicherung

(1) Beitragssätze

Die Beiträge zur Kranken-, Renten-, Arbeitslosen- und Pflegeversicherung müssen grundsätzlich die **Arbeitnehmer und Arbeitgeber je zur Hälfte** tragen. Die Beitragssätze für die Renten- und Arbeitslosenversicherung sowie die Beitragsbemessungsgrenzen werden grundsätzlich jährlich neu festgelegt. Zurzeit (2009) gelten folgende Beitragssätze:

- in der Krankenversicherung einheitlich 14,9 % des Bruttolohns bzw. -gehalts,
- in der Rentenversicherung 19,9 % des Bruttolohns bzw. -gehalts,
- in der Arbeitslosenversicherung 2,8 % des Bruttolohns bzw. -gehalts,
- in der Pflegeversicherung 1,95 % des Bruttolohns bzw. -gehalts,

Die Beiträge zur Unfallversicherung hat in jedem Fall der Arbeitgeber allein zu tragen. Ihre Höhe richtet sich nach dem Grad der Gefährdung. Branchen mit höheren Unfallgefahren zahlen somit auch höhere Beiträge.

Bei Auszubildenden trägt der Arbeitgeber die Sozialversicherungsbeiträge bis zu einem Arbeitsentgelt von monatlich 325,00 EUR allein.

(2) Sonderbeiträge für Arbeitnehmer

Sonderbeitrag zur Krankenversicherung

Alle Pflichtversicherten zahlen zu ihrem normalen Beitragssatz noch einen Sonderbeitrag von 0,9 % ihres beitragspflichtigen Einkommens. Der Arbeitgeber ist von dieser Sonderzahlung befreit.

Beispiel:

allgemeiner Beitragssatz zur Krankenversicherung (KV)	14,9 %	
paritätischer[1] Beitragssatz von Arbeitgeber und Arbeitnehmer	7,0 %	7,0 %
zuzüglich Sonderbeitrag Arbeitnehmer		0,90 %
Gesamtbelastung KV Arbeitgeber	**7,0 %**	
Gesamtbelastung KV Arbeitnehmer		**7,9 %**

Sonderbeitrag zur Pflegeversicherung

Für alle kinderlosen Pflichtversicherten erhöht sich der Beitrag zur Pflegeversicherung um 0,25 % des beitragspflichtigen Einkommens. Ausgenommen von diesem Beitragszuschlag sind Personen, die das 23. Lebensjahr noch nicht vollendet haben, und Personen, die vor dem 1. Januar 1940 geboren wurden. An dieser Erhöhung ist der Arbeitgeber nicht beteiligt.

Zur finanziellen Entlastung der Arbeitgeber hat die Mehrzahl der Bundesländer einen immer auf einen Werktag fallenden Feiertag gestrichen. Im Bundesland Sachsen, das keinen Feiertag gestrichen hat, tragen die Arbeitnehmer 1,475 % und die Arbeitgeber 0,475 %.

(3) Beitragsbemessungsgrenzen

Höchstbeiträge sind durch die Beitragsbemessungsgrenzen festgelegt. In der Renten- und Arbeitslosenversicherung beträgt die Beitragsbemessungsgrenze im Jahr 2009 monatlich 5 400,00 EUR in den alten bzw. 4 550,00 EUR in den neuen Bundesländern. Die Beitragsbemessungsgrenze in der Kranken- und Pflegeversicherung beträgt 2009 monatlich 3 675,00 EUR in den alten und in den neuen Bundesländern einheitlich.

Der Arbeitgeber ist verpflichtet, die Beiträge der Arbeitnehmer zur Kranken-, Pflege-, Renten- und Arbeitslosenversicherung vom Gehalt abzuziehen und an die Krankenkasse abzuführen, die ihrerseits die Beiträge zur Renten- und Arbeitslosenversicherung an die zuständigen Träger weiterleitet.

(4) Minijob-Regelung

Arbeitnehmer, Selbstständige, Beamte, Hausfrauen, Rentner, Studenten und Schüler können mit **einem** „gewerblichen Minijob" oder „Minijob in einem privaten Haushalt" regelmäßig monatlich (bis einschließlich) 400,00 EUR (Geringfügigkeitsgrenze) ohne Abzug von Sozialversicherungsbeiträgen und ohne Arbeitszeitgrenze verdienen oder hinzu-

1 Paritätisch: gleichgestellt, gleichberechtigt; hier: gleichmäßig aufgeteilt.

verdienen.[1] Der Arbeitgeber zahlt 15 % (bei „Minijobs in einem privaten Haushalt" 5 %) pauschal für die Rentenversicherung und erforderlichenfalls (bei Krankenversicherungspflicht) 13 % (bei „Minijobs in einem privaten Haushalt" 5 %) pauschal für die Krankenversicherung.

Mehrere „Minijobs" werden zusammengerechnet und führen bei einer Überschreitung der 400-Euro-Grenze zu einer Sozialabgabenpflicht der Einkommensbezieher. Bei einem monatlichen Arbeitsentgelt zwischen 400,01 und 800,00 EUR (Midi-Jobs) und wenn die Grenze von 800,00 EUR im Monat regelmäßig nicht überschritten wird (in der so genannten **Gleitzone**), sind von den **Einkommensbeziehern** ermäßigte und von den **Arbeitgebern** die **vollen Sozialversicherungsbeiträge** zu leisten. Wenn bei der Zusammenrechnung der Arbeitsentgelte 800,00 EUR regelmäßig überschritten werden, müssen auch die Einkommensbezieher bis zur Beitragsbemessungsgrenze ihre vollen Sozialversicherungsbeiträge zahlen.

Bei **einem** monatlichen „Minijob" bis einschließlich 400,00 EUR (auch neben einem sozialversicherungspflichtigen „Hauptjob") sind vom Einkommensbezieher für diese 400,00 EUR keine Steuern zu zahlen. Der Arbeitgeber zahlt pauschal 2 % Steuern. Bei einem regelmäßigen monatlichen Einkommen von über 400,00 EUR sind die Einkommensbezieher voll steuerpflichtig.

(5) Staatszuschüsse

Reichen die Einnahmen der Rentenversicherungsträger nicht aus, so muss der Bund die nötigen Finanzmittel aus Steuergeldern aufbringen (sog. Bundesgarantien). Auch zur Finanzierung der Arbeitslosenversicherung reichen die Arbeitnehmer- und Arbeitgeberbeiträge manchmal nicht aus. Bei Bedarf gewährt der Bund weitere Zuschüsse.

5.2.5 Sozialversicherungsausweis

Jede sozialversicherungspflichtige Person erhält einen Sozialversicherungsausweis. Bei Beginn der Beschäftigung muss sich der Arbeitgeber den Ausweis vorlegen lassen. Geschieht dies nicht, ist die Krankenkasse mittels einer Kontrollmeldung unverzüglich zu verständigen, wenn der Beschäftigte die unterlassene Vorlage nicht innerhalb von drei Tagen nachholt.

5.2.6 Gesetzliche Krankenversicherung

(1) Anmeldung und Versicherungspflicht

Die **Anmeldung** der Versicherungspflichtigen bei der gesetzlichen Krankenkasse hat durch den Arbeitgeber grundsätzlich binnen 14 Tagen nach Arbeitsantritt zu erfolgen.[2] Bei

1 Dieser „Nebenverdienst" wird nicht mehr mit einem sozialversicherungspflichtigen, steuerpflichtigen Hauptverdienst zusammengerechnet.

2 Geringfügig entlohnte Beschäftigte, z. B. Arbeitnehmer, deren monatliches Arbeitsentgelt nicht höher als 400,00 EUR ist, müssen bereits innerhalb einer Woche nach Beginn der Beschäftigung bei der Krankenkasse (z. B. der AOK, BKK oder IKK) angemeldet werden.

maschineller Datenübermittlung beträgt die Meldefrist 6 Wochen.[1] Versäumt der Arbeitgeber die Anmeldung, sind die Arbeitskräfte (auch die Auszubildenden) automatisch vom Tag des Arbeitsantritts bei der AOK versichert. Grundsätzlich können die Versicherungspflichtigen jedoch zwischen den verschiedenen Krankenkassen wählen.

Die **Versicherungspflicht** umfasst z.B. grundsätzlich alle Angestellten und Arbeiter, wenn sie monatlich durchschnittlich nicht mehr als 4050,00 EUR bzw. 48600,00 EUR im Jahr brutto verdienen,[2] alle Auszubildenden, die Bezieher von Renten aus der Rentenversicherung, Empfänger von Arbeitslosengeld und eine Reihe von Selbstständigen. Bestimmte Beschäftigungsgruppen, wie z.B. Beamte und Beamtenanwärter sind nicht versicherungspflichtig. Sie können sich bei einer privaten Krankenkasse versichern lassen.

Merke:

Grundsätzlich gilt: Alle Bürger müssen einer (gesetzlichen oder privaten) Krankenversicherung angehören und dadurch einen Krankenversicherungsschutz erhalten [§ 5 I, Nr. 13 SGB V].

(2) Gesundheitsfonds

Seit dem 01.01.2009 werden die **einheitlichen** Krankenversicherungsbeiträge in einen **Gesundheitsfonds** eingezahlt, aus dem die einzelnen Krankenkassen dann pro **Versicherten** eine **Pauschale** sowie **ergänzende Zu- und Abschläge** – Risikostrukturausgleich genannt – je nach Alter, Geschlecht und Krankheit erhalten.

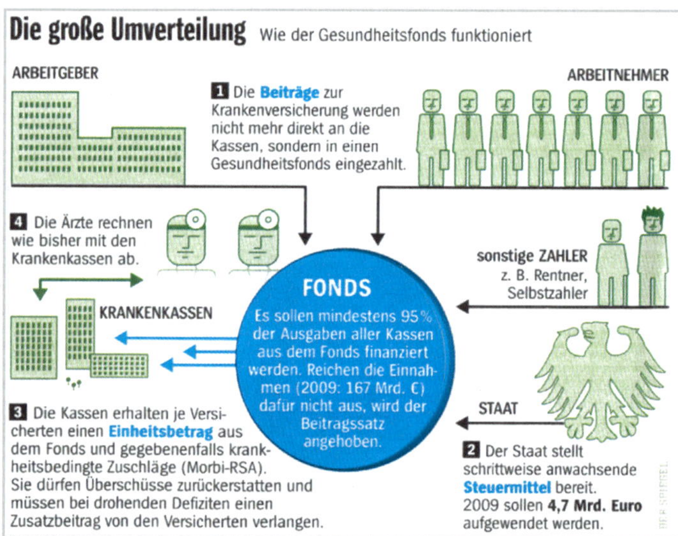

Quelle: DER SPIEGEL Nr. 15/2009

1 In bestimmten Branchen (z.B. Baugewerbe, Gaststätten- und Beherbergungsgewerbe) müssen die Arbeitgeber Sofortmeldung erstatten. Die Sofortmeldungen werden den Ermittlungsbehörden zur Bekämpfung der Schwarzarbeit und der illegalen Beschäftigung zur Verfügung gestellt.

2 Diese **Versicherungspflichtgrenze** gilt für das Jahr 2009. Allerdings sind höherverdienende Arbeitnehmer erst dann **krankenversicherungsfrei** – und können damit selbst entscheiden, ob sie weiterhin freiwillig gesetzlich versichert bleiben oder sich privat krankenversichern wollen –, wenn sie **mindestens drei Kalenderjahre mit ihrem Arbeitsentgelt die Jahresarbeitsentgeltgrenze (JAG) überschritten** haben.

(3) Leistungen

Die Leistungen der gesetzlichen Krankenkassen sind gesetzlich vorgeschrieben (Regelleistungen). Über diese Mindestleistungen hinaus können die Krankenkassen in ihren Satzungen **Mehrleistungen** festlegen. Die nachfolgende Tabelle gibt einen Überblick über die wichtigsten Leistungen der gesetzlichen Krankenversicherung:

Folgende Leistungen werden erbracht:	Beispiele aus dem Leistungskatalog
Vorbeugung gegen Krankheiten	Aufklärung und Beratung über Gesundheitsgefährdungen und Vorbeugungsmaßnahmen gegen Krankheit, z.B. Verhütung von Zahnerkrankungen, Vorsorgekuren. Für das gesundheitsbewusste Verhalten der Versicherten (z.B. Teilnahme an Vorsorge- und Früherkennungsuntersuchungen, Präventionsprogrammen oder betrieblicher Gesundheitsförderung) können die Krankenkassen einen Bonus einräumen.
Früherkennung von Krankheiten	■ Krebsvorsorge für Frauen (ab dem 20. Lebensjahr) und Männer (ab dem 45. Lebensjahr) jährlich einmal. ■ Vorsorgeuntersuchungen für Kinder. ■ Gesundheits-Check-up ab dem 35. Lebensjahr zur Erkennung von Herz-, Kreislauf- und Nierenerkrankungen alle zwei Jahre. (Weitere Beispiele erfragen Sie bitte bei Ihrer Krankenkasse.)
Krankenbehandlung	■ Ärztliche Behandlung. ■ Zahnärztliche Behandlung. ■ Versorgung mit Arznei-, Verband-, Heil- und Hilfsmitteln. ■ Krankenhausbehandlung. ■ Häusliche Krankenpflege und Haushaltshilfe. ■ Maßnahmen zur Rehabilitation.
Krankengeld	Versicherte, die durch eine Krankheit arbeitsunfähig sind oder stationär in einem Krankenhaus oder einer Rehabilitationseinrichtung behandelt werden, haben Anspruch auf Krankengeld, das 70 % des regelmäßig erzielten Arbeitsentgelts beträgt und 90 % des Nettoarbeitsentgelts nicht übersteigen darf.
Bei Schwangerschaft und Mutterschaft	Sie umfassen z.B. die ärztliche Betreuung, Versorgung mit Arznei-, Verband- und Hilfsmitteln, Hebammenhilfe, die stationäre Entbindung, häusliche Pflege, Haushaltshilfe, Zahlung von Mutterschaftsgeld[1] sowie Zahlung von Elterngeld. Die Bezieher von Mutterschaftsgeld sind beitragsfrei sozialversichert, sofern sie schon vorher dort versichert waren und keine anderen beitragspflichtigen Einnahmen haben.
Sonstige Hilfen	Hierzu gehören z.B. alle Leistungen, die im Zusammenhang mit der Empfängnisverhütung, Sterilisation, dem Schwangerschaftsabbruch und der künstlichen Befruchtung stehen.

1 Das Mutterschaftsgeld wird von der Krankenkasse bezahlt und beträgt zurzeit höchstens 13,00 EUR täglich. Beträgt nach den gesetzlichen Abzügen vom Einkommen das tägliche Arbeitsentgelt mehr als 13,00 EUR, bezahlt der Arbeitgeber diesen Unterschied als Zuschuss zum Mutterschaftsgeld.

Auch berufstätige werdende Mütter, die nicht in einer Krankenkasse versichert sind, bekommen während der Schutzfrist Mutterschaftsgeld. Sie erhalten es vom Bundesversicherungsamt.

Während die Frau Mutterschaftsgeld bezieht, bleibt sie beitragsfrei sozialversichert (renten-, pflege-, kranken- und arbeitslosenversichert), sofern sie schon vorher dort versichert war und keine anderen beitragspflichtigen Einnahmen hat.

(4) Zuzahlungen für Leistungen

Bei bestimmten Leistungen haben die Versicherten **Zuzahlungen** zu leisten, wobei die jährliche Eigenbeteiligung der Versicherten **2 % der Bruttoeinkünfte** (bei chronisch Kranken 1 %) nicht überschreiten darf. Kinder und Jugendliche sind bis zum vollendeten **18. Lebensjahr** von **Zuzahlungen befreit.** Die wichtigsten Zuzahlungen können der nachfolgenden Tabelle entnommen werden:

Arztbesuch (Arzt, Zahnarzt oder Psychotherapeut)	Praxisgebühr von 10,00 EUR pro Quartal. Ausnahmen: Überweisungen im selben Quartal; Kontrollbesuche beim Zahnarzt, Vorsorge, Früherkennung, Schutzimpfungen.
Arznei- und Verbandmittel	Zuzahlung von 10 % des Preises, mindestens 5,00 EUR (jedoch nicht mehr als die Kosten des Arznei- oder Verbrauchsmittels), höchstens 10,00 EUR je Mittel; nicht verschreibungspflichtige Mittel müssen selbst bezahlt werden.
Heilmittel (z. B. Massagen, Ergotherapie)	10 % der Kosten und 10,00 EUR je Verordnung.
Häusliche Krankenpflege	10 % der Kosten und 10,00 EUR je Verordnung, max. 28 Tage pro Jahr.
Hilfsmittel (z. B. Hörgerät, Einlagen)	10 % der Kosten, mindestens 5,00 EUR, höchstens 10,00 EUR.
Krankenhaus, stationäre Vorsorge und **Rehabilitation**	10,00 EUR pro Tag, max. 28 Tage pro Jahr.
Brillen (Kinder und Jugendliche sowie schwer Sehbehinderte ausgenommen) **Fahrkosten** zur ambulanten Behandlung	müssen selbst bezahlt werden.

5.2.7 Soziale Pflegeversicherung

(1) Notwendigkeit der Pflegeversicherung

Seit 1995 gibt es eine soziale Pflegeversicherung unter dem Dach der gesetzlichen Krankenversicherung für die häusliche Pflege, seit 1. Juli 1996 auch für die stationäre Pflege in Pflegeheimen.

Notwendig ist die Pflegeversicherung aus mehreren Gründen: Der Anteil der älteren Menschen an der Bevölkerung wächst, die Zahl der Pflegebedürftigen nimmt zu. Gleichzeitig sind die Kosten für Pflegeleistungen, zum Beispiel im Pflegeheim, in den vergangenen Jahren erheblich gestiegen. Wer nur eine kleine Rente hatte, war bisher auf finanzielle Hilfe von Verwandten oder auf Sozialgeld (der Kommunen) angewiesen.

(2) Begriff Pflegebedürftigkeit/Pflegestufen

Merke:

Pflegebedürftig sind Personen, die

- wegen einer körperlichen, geistigen oder seelischen Krankheit oder Behinderung (Lähmungen, Antriebs-, Gedächtnisstörungen, Störung der Sinnesorgane usw.)
- für die gewöhnlichen und regelmäßig wiederkehrenden Verrichtungen im Ablauf des täglichen Lebens (z.B. Waschen, Aufstehen, An- und Auskleiden, Einkaufen, Kochen, Reinigung der Wohnung)
- auf Dauer
- in erheblichem oder höherem Maße

der Hilfe bedürfen.

Bei der Pflegebedürftigkeit wird auf den Hilfebedarf bei den regelmäßig wiederkehrenden Verrichtungen des Lebens abgestellt, nicht jedoch auf einen allgemeinen Betreuungsbedarf. Um dem unterschiedlichen Grad der Pflegebedürftigkeit gerecht zu werden, wird sie in drei Pflegestufen unterteilt.[1]

Hilfebedarf	Pflegestufe 1	Pflegestufe 2	Pflegestufe 3
1. Täglicher Hilfebedarf bei Tätigkeiten aus dem Bereich der Grundpflege (Körperpflege, Ernährung, Mobilität):	mind. einmal täglich für mind. zwei Tätigkeiten	mind. dreimal täglich zu verschiedenen Tageszeiten	rund um die Uhr, auch nachts
2. Wöchentliche Hilfe bei der hauswirtschaftlichen Versorgung:	mehrfach	mehrfach	mehrfach
3. Zeitaufwand für Leistungen im Bereich der Grundpflege und der hauswirtschaftlichen Versorgung im Tagesdurchschnitt:	mind. 90 Minuten	mind. drei Stunden	mind. fünf Stunden
4. Davon (3.) wöchentlicher Zeitaufwand für die Grundpflege im Tagesdurchschnitt:	mehr als 45 Minuten	mind. zwei Stunden	mind. vier Stunden

(3) Versicherungspflicht

Die Versicherungspflicht in der **sozialen Pflegeversicherung** besteht für alle Mitglieder der Krankenversicherung (auch freiwillige), ihre nicht berufstätigen Ehepartner und Kinder. Privatversicherte wie z.B. Beamte müssen eine **private Pflegeversicherung** abschließen.

(4) Leistungen

Die Leistungen der Pflegeversicherung richten sich nach der **Pflegebedürftigkeit.**

1 Ob und in welcher Stufe Pflegebedürftigkeit vorliegt, entscheidet die Pflegekasse aufgrund eines Gutachtens, das Ärzte oder Pflegekräfte des „Medizinischen Dienstes" der Krankenversicherung (MDK) in der Wohnung des möglicherweise Pflegebedürftigen bzw. an dessen ständigen Aufenthaltsort erstellen.

Art der Leistungen	Erläuterungen zu den Leistungen
Bei häuslicher Pflege [§§ 36 – 40 SGB XI]: ■ Pflegehilfe	Pflegebedürftige haben bei häuslicher Pflege Anspruch auf Grundpflege und hauswirtschaftliche Versorgung als **Sachleistung.** Häusliche Pflege wird durch geeignete Pflegekräfte erbracht. Die Höhe der Pflegehilfe hängt von der Pflegebedürftigkeit ab. Sie beträgt monatlich bis zu 420,00 EUR in der Pflegestufe I, bis zu 980,00 EUR in der Pflegestufe II, bis zu 1470,00 EUR in der Pflegestufe III und für besondere Härtefälle bis zu 1918,00 EUR.
■ Pflegegeld	Pflegebedürftige, welche ihre Pflege selbst sicherstellen, können anstelle der häuslichen Pflegehilfe ein nach der Pflegestufe gestaffeltes monatliches Pflegegeld von 215,00 EUR bis 675,00 EUR erhalten.
Teilstationäre Pflege und Kurzzeitpflege [§§ 41, 42 SGB XI]: ■ Tages- und Nachtpflege	Pflegebedürftige haben Anspruch auf teilstationäre Pflege, wenn häusliche Pflege nicht in ausreichendem Umfang möglich ist. Die Höhe der Aufwendungen für Pflege, Betreuung und medizinische Behandlung richtet sich wieder nach der jeweiligen Pflegestufe.
■ Kurzzeitpflege	Kann häusliche Pflege zeitweise nicht, noch nicht oder nicht im erforderlichen Umfang erbracht werden und reicht teilstationäre Pflege nicht aus, kann für eine Übergangszeit von maximal 4 Wochen im Jahr vollstationäre Pflege in Anspruch genommen werden.
Vollstationäre Pflege [§ 43 SGB XI]	Ist häusliche oder teilstationäre Pflege nicht möglich, haben Pflegebedürftige Anspruch auf vollstationäre Pflege. Die Pflegekasse trägt die Aufwendungen für Pflege, Betreuung und medizinische Behandlung bis zu einem monatlichen Höchstbetrag von 1470,00 EUR. Bei einem außergewöhnlich hohen und intensiven Pflegeaufwand können für Pflegebedürftige der Pflegestufe III Aufwendungen bis zu 1750,00 EUR monatlich übernommen werden.

5.2.8 Gesetzliche Arbeitsförderung (Arbeitslosenversicherung)

5.2.8.1 Anmeldung, Versicherungspflicht und Ziele der gesetzlichen Arbeitsförderung

(1) Anmeldung und Versicherungspflicht

Die **Anmeldung** erfolgt durch den **Arbeitgeber**. Die **Versicherungspflicht** umfasst vor allem die Auszubildenden, Angestellten und Arbeiter ohne Rücksicht auf die Höhe ihrer Einkommen.

(2) Ziele

Die Leistungen der Arbeitsförderung sollen dazu beitragen, einen hohen Beschäftigungsstand zu erreichen und die Beschäftigungsstruktur ständig zu verbessern. Sie sollen insbesondere die Entstehung von Arbeitslosigkeit vermeiden und die Dauer der Arbeitslosigkeit verkürzen und dabei die Gleichstellung von Frauen und Männern fördern. Die Bundesregierung und die Bundesagentur für Arbeit können Vereinbarungen über die beschäftigungspolitischen Ziele der Arbeitsförderung treffen. Die Arbeitgeber und Arbeitnehmer haben bei der Vermeidung und Verkürzung der Arbeitslosigkeit eine besondere Verantwortung.

5.2.8.2 Leistungen der gesetzlichen Arbeitsförderung

(1) Berufsberatung und Arbeitsmarktberatung [§§ 3, 29ff. SGB III]

Die Agenturen für Arbeit beraten Jugendliche und Erwachsene, die am Arbeitsleben teilnehmen oder teilnehmen wollen, zum Beispiel über die Berufswahl, die berufliche Entwicklung, über Berufswechsel, über die Lage und Entwicklung des Arbeitsmarkts und der Berufe sowie über die Leistungen der Arbeitsförderung.

Arbeitgeber können sich im Rahmen der **Arbeitsmarktberatung** z.B. über die Lage und Entwicklung des Arbeitsmarkts und der Berufe informieren.

Quelle: www.berufenet.arbeitsagentur.de

(2) Ausbildungs- und Arbeitsvermittlung [§§ 3, 35ff. SGB III]

Die örtliche Agentur für Arbeit bietet Ausbildungsuchenden, Arbeitsuchenden und Arbeitgebern eine grundsätzlich unentgeltliche Ausbildungs- und Arbeitsvermittlung an. Zur **ortsnahen Leistungserbringung** sollen die Leistungen der Arbeitsförderung vorrangig durch die **örtlichen Agenturen für Arbeit** erbracht werden. Als einheitliche Anlaufstelle für alle einen Arbeitsplatz oder Ausbildungsplatz suchenden Personen werden von den Agenturen für Arbeit **Job-Center** eingerichtet. Hier werden diese Personen informiert, der Beratungs- und Betreuungsbedarf geklärt und der erste Eingliederungsschritt in die Arbeit verbindlich vereinbart. Vor allem Langzeitarbeitslose und erwerbsfähige Sozialgeldempfänger sollen hierdurch wieder schneller eine Arbeit vermittelt bekommen.

Jede Agentur für Arbeit kann außerdem Verleihungsunternehmen mit der Einrichtung und dem Betrieb von **Personal-Service-Agenturen (PSA)** beauftragen. Aufgabe der PSA ist insbesondere, die Vermittlung von Arbeitslosen in Arbeit durchzuführen und ihre Beschäftigten in verleihfreien Zeiten zu qualifizieren und weiterzubilden. Zur Einrichtung der PSA schließen die Agenturen für Arbeit namens der Bundesagentur für Arbeit mit Verleihungsunternehmen Verträge.

Zur **vermittlungsorientierten Arbeitnehmerüberlassung** stellen die PSA Arbeitslose ein und verleihen diese an andere Arbeitgeber mit dem Ziel, dass die überlassenen (verliehenen) Arbeitnehmer durch die Entleihunternehmen möglichst bald in Dauerbeschäftigungsverhältnisse übernommen werden. Welche Arbeitslose in einer PSA beschäftigt werden, wird zwischen der Agentur für Arbeit und der PSA vereinbart. Bei Anstellung in der PSA erhalten Arbeitslose einen Arbeitsvertrag, die Zusage einer fairen Entlohnung und den Schutz in der gesetzlichen Sozialversicherung. Die Beschäftigung in der PSA ist auf neun bis zwölf Monate befristet. Die Arbeitsentgelte und die sonstigen Arbeitsbedingungen richten sich nach einem Tarifvertrag für die Zeitarbeitsbranche.

(3) Leistungen an Arbeitnehmer [§§ 3 I, 45 – 216b SGB III]

Leistungen an die Arbeitnehmer sind der nachfolgenden Tabelle zu entnehmen:

Leistungen	Erläuterungen
Unterstützung von Arbeitslosen	Unterstützung von Arbeitslosen und von Arbeitslosigkeit bedrohten Arbeitsuchenden sowie der Ausbildungsuchenden, z. B. durch die Übernahme von Bewerbungs- und Reisekosten.
Hilfen zur Eingliederung in den Arbeitsprozess	**Verbesserung der Eingliederungsaussichten** durch Trainingsmaßnahmen, indem z. B. Maßnahmekosten (Lehrgangskosten, Prüfungsgebühren, Fahrkosten) von der Agentur für Arbeit übernommen werden. **Maßnahmen der Eignungsfeststellung** und **Förderung der Aufnahme einer Beschäftigung,** z. B. durch Leistungen aus dem Vermittlungsbudget, Gründungszuschuss, Förderung der Berufsausbildung, der beruflichen Weiterbildung, berufsvorbereitende Bildungsmaßnahmen und Förderung der Teilnahme behinderter Menschen am Arbeitsleben.
Zahlung von Entgeltersatzleistungen ■ Arbeitslosengeld	Arbeitnehmer haben einen Anspruch auf Arbeitslosengeld bei **Arbeitslosigkeit** oder bei **beruflicher Weiterbildung.** Arbeitnehmer mit vollendetem 65. Lebensjahr haben von Beginn des folgenden Monats an keinen Anspruch mehr auf Arbeitslosengeld. Anspruchsvoraussetzung beim Arbeitslosengeld wegen Arbeitslosigkeit ist, dass sich der arbeitslose Arbeitnehmer bei der Agentur für Arbeit arbeitslos gemeldet und die Anwartschaft erfüllt hat. Der Arbeitslose hat sich persönlich bei der zuständigen Agentur für Arbeit arbeitslos zu melden. Wer einen Arbeitsplatz ohne wichtigen Grund aufgibt, erhält Arbeitslosengeld grundsätzlich erst nach 12 Wochen. Überhaupt kein Arbeitslosengeld erhält, wer einen von der Agentur für Arbeit vermittelten zumutbaren Arbeitsplatz auf Dauer ablehnt.[1] Die Dauer des Anspruchs auf Arbeitslosengeld hängt von der Dauer des Versicherungsverhältnisses und dem Lebensalter der arbeitslosen Person bei der Entstehung des Anspruchs ab. Das Arbeitslosengeld beträgt zurzeit 60 % und für die Arbeitslosen, die z. B. mindestens ein Kind haben, 67 % des für den Bemessungszeitraum berechneten pauschalierten Nettoentgelts.
■ Kurzarbeitergeld	Kurzarbeitergeld erhalten Arbeitnehmer, wenn ein erheblicher Arbeitsausfall mit Entgeltausfall vorliegt. Das Kurzarbeitergeld wird längstens sechs Monate für den Arbeitsausfall während der Bezugsfrist gezahlt. Unter bestimmten Voraussetzungen verlängert sich die Bezugsfrist oder es beginnt eine neue Bezugsfrist. Das Kurzarbeitergeld beträgt für Arbeitnehmer mit dem erhöhten Leistungssatz beim Arbeitslosengeld (z. B. Arbeitnehmer mit mindestens einem Kind) zurzeit 67 % und für die übrigen Arbeitnehmer zurzeit 60 % der sogenannten Nettoentgeltdifferenz im Anspruchszeitraum. Das Kurzarbeitergeld soll als teilweiser Lohnersatz dazu beitragen, den Arbeitnehmern die Arbeitsplätze und den Unternehmern die eingearbeiteten Arbeitskräfte zu erhalten.
■ Insolvenzgeld	Insolvenzgeld[2] erhalten im Inland beschäftigte Arbeitnehmer, wenn sie z. B. bei der Eröffnung des Insolvenzverfahrens über das Vermögen des Arbeitgebers für die dem Insolvenzereignis vorausgehenden drei Monate des Arbeitsverhältnisses noch Ansprüche auf Arbeitsentgelt haben. Das Insolvenzgeld wird in Höhe des **Nettoarbeitsentgelts** geleistet.

1 Die Dauer der **Sperrzeit** wegen Arbeitsablehnung, wegen Ablehnung einer beruflichen Eingliederungsmaßnahme oder wegen Abbruchs einer beruflichen Eingliederungsmaßnahme beträgt drei oder sechs Wochen, bei unzureichenden Eigenbemühungen zur Beendigung der Arbeitslosigkeit zwei Wochen.

2 Als **Insolvenz** bezeichnet man vorübergehende Zahlungsschwierigkeiten oder die dauernde Zahlungsunfähigkeit eines Schuldners.

Förderung bei Transfermaßnahmen	Förderung der Arbeitnehmer, die an Transfermaßnahmen[1] teilnehmen (z. B. durch Zuschüsse und Transferkurzarbeitergeld).
Existenzgründungszuschüsse	Monatliche Existenzgründungszuschüsse für Arbeitnehmer, die durch Aufnahme einer selbstständigen Tätigkeit die Arbeitslosigkeit beenden.

(4) Leistungen an Arbeitgeber [§§ 3 II, 217 – 239 SGB III]

Hierzu gehören beispielsweise Zuschüsse zu den Arbeitsentgelten bei der Eingliederung von Arbeitnehmern mit Vermittlungshemmnissen und von Behinderten, bei Neugründungen, bei der Förderung der beruflichen Weiterbildung durch Vertretung sowie bei der Förderung der beruflichen Weiterbildung beschäftigter Arbeitnehmer. Bezuschusst werden darüber hinaus die Ausbildungsvergütung bei der Durchführung von Maßnahmen während der betrieblichen (beruflichen) Ausbildungszeit sowie weitere Maßnahmen zu einer dauerhaften beruflichen Eingliederung behinderter Menschen.

(5) Weitere Aufgaben der Bundesagentur für Arbeit

Die Bundesagentur für Arbeit beobachtet, untersucht und wertet die Lage und Entwicklung der Beschäftigung und des Arbeitsmarkts im Allgemeinen, nach Berufen, Wirtschaftszweigen und Regionen aus. Hierzu erstellt sie Arbeitsmarktstatistiken (z. B. über die Beschäftigung und Arbeitslosigkeit), betreibt Arbeitsmarkt- und Berufsforschung und erstattet Bericht über die hierbei gewonnenen Ergebnisse. Weitere Aufgaben sind die Erteilung von Arbeitserlaubnissen für Ausländer sowie die Unterstützung der Zollverwaltung bei der Bekämpfung von Leistungsmissbrauch und illegaler Beschäftigung von Ausländern.

5.2.8.3 Grundsicherung für Arbeitsuchende

(1) Aufgabe und Ziel

Die Grundsicherung für Arbeitsuchende soll die Eigenverantwortung der erwerbsfähigen Hilfebedürftigen und von Personen, die mit ihnen in einer Bedarfsgemeinschaft leben, stärken und dazu beitragen, dass diese Personen ihren Lebensunterhalt – unabhängig von der Grundsicherung – aus eigenen Mitteln und Kräften bestreiten können. Die Grundsicherung soll vor allem die erwerbsfähigen Hilfebedürftigen bei der Aufnahme oder Beibehaltung einer Erwerbsfähigkeit unterstützen und deren Lebensunterhalt sichern. Durch die Erhaltung, Verbesserung oder Wiederherstellung der Erwerbsfähigkeit mit anschließender Erwerbsfähigkeit soll die Hilfsbedürftigkeit vermieden oder beseitigt sowie die Dauer der Hilfsbedürftigkeit verkürzt und der Umfang der Hilfsbedürftigkeit verringert werden.

(2) Träger der Grundsicherung

Träger der zu erbringenden Leistungen zur Grundsicherung ist die Bundesagentur für Arbeit (Bundesagentur), soweit nicht die kreisfreien Städte und Kreise (kommunale Träger) zuständig sind [§§ 6, 6a SGB III].[2]

1 Transfermaßnahmen sind alle Maßnahmen zur Eingliederung von Arbeitnehmern in den Arbeitsmarkt, an deren Finanzierung sich Arbeitgeber angemessen beteiligen.

2 Federführend für die Grundsicherung der länger arbeitslosen, aber arbeitsfähigen Personen ist somit die Bundesagentur für Arbeit.

5 Boller u. a. – ISBN 978-3-8120-0596-8

(3) Berechtigte Personen

Leistungen erhalten Personen, die das 15. Lebensjahr vollendet und das 65. Lebensjahr noch nicht vollendet haben, erwerbsfähig und hilfsbedürftig sind und ihren gewöhnlichen Aufenthalt in der Bundesrepublik Deutschland haben **(erwerbsfähige Hilfebedürftige)**. Auch mit erwerbsfähigen Hilfebedürftigen in einer Bedarfsgemeinschaft lebende Personen (z. B. Eltern, Ehepartner, Lebenspartner) können unter bestimmten Voraussetzungen Leistungen erhalten.

Bei den in einer Bedarfsgemeinschaft lebenden Personen ist zur Feststellung der Hilfsbedürftigkeit auch das Einkommen und Vermögen des Partners und bei hilfebedürftigen minderjährigen unverheirateten Kindern auch das Einkommen und Vermögen der Eltern zu berücksichtigen.

(4) Leistungen

Leistungen werden zur Eingliederung in Arbeit und zur Sicherung des Lebensunterhalts gewährt.

■ Leistungen zur Eingliederung in Arbeit

Durch diese Leistungen soll die Eingliederung der erwerbsfähigen Hilfebedürftigen in Arbeit unterstützt werden. Hierzu soll die Agentur für Arbeit z. B. für jeden erwerbsfähigen Hilfebedürftigen einen persönlichen Ansprechpartner benennen [§ 14 SGB II] und mit diesen Personen die für ihre Eingliederung erforderlichen Leistungen vereinbaren **(Eingliederungsvereinbarungen)**. Mögliche Leistungen sind z. B. die zur Sicherung des Lebensunterhalts gewährten verschiedenen Geldleistungen, die Betreuung minderjähriger oder behinderter Kinder, die häusliche Pflege von Angehörigen, die Schuldnerberatung, psychologische Betreuung, Suchtberatung und Leistungen nach dem Altersteilzeitgesetz. Bei der Erbringung ihrer Leistungen arbeiten die Agenturen für Arbeit insbesondere mit den Gemeinden, Kreisen und Bezirken, den Trägern der freien Wohlfahrtspflege, den Vertretern der Arbeitgeber und Arbeitnehmer, den Kammern sowie den berufsständischen Organisationen zusammen [§ 18 I SGB II].[1]

■ Leistungen zur Sicherung des Lebensunterhalts

Zu diesen Leistungen gehören das Arbeitslosengeld II, Sozialgeld, Einstiegsgeld und die Freibeträge bei Erwerbstätigkeit.

- Als **Arbeitslosengeld II** werden vom Staat Leistungen zur **Sicherung des Lebensunterhalts** einschließlich der angemessenen Kosten für Unterkunft und Heizung gewährt. Zu berücksichtigende Einkommen und Vermögen mindern die Geldleistungen der Agentur für Arbeit und kommunalen Träger (z. B. Gemeinden, Kreise) [§ 19 SGB II]. Die **monatlichen Regelleistungen** zur Sicherung des Lebensunterhalts (insbesondere für die Ernährung, Kleidung, Körperpflege, Hausrat, Bedarfe des täglichen Lebens, Beziehungen zur Umwelt und zur Teilnahme am kulturellen Leben) betragen für Personen, die allein stehend oder allein erziehend sind oder

1 Durch die örtliche Zusammenarbeit soll auch ein Leistungsmissbrauch verhindert oder aufgedeckt werden.

deren Partner minderjährig ist, zurzeit 359,00 EUR.[1] Für Jugendliche bis 25 Jahre beträgt das Arbeitslosengeld II 80 % des Normalsatzes. Jeweils zum 1. Juli eines Jahres werden die Regelleistungen der Entwicklung der aktuellen Rentenwerte der gesetzlichen Rentenversicherung entsprechend angepasst [§ 20 I, II SGB II].

- **Leistungen für Unterkunft** und **Heizung** werden in Höhe der tatsächlichen Aufwendungen erbracht, soweit diese angemessen sind.
- **Sozialgeld** erhalten nicht erwerbsfähige Angehörige ohne einen Anspruch auf Sozialhilfe, wenn diese mit erwerbsfähigen Hilfebedürftigen in einer Bedarfsgemeinschaft leben.
- Ein zeitlich befristetes **Einstiegsgeld** (als Zuschuss zum Arbeitslosengeld II) kann arbeitslosen erwerbsfähigen Hilfebedürftigen zur Überwindung ihrer Hilfsbedürftigkeit bei Aufnahme einer Erwerbstätigkeit gezahlt werden.
- **Freibeträge** bei **Erwerbstätigkeit** erhalten erwerbsfähige Hilfebedürftige, die erwerbstätig sind. Von ihrem zu berücksichtigenden Einkommen aus Erwerbstätigkeit werden von der Höhe des Bruttolohns abhängige Freibeträge abgesetzt.

(5) Finanzierung

Die Aufwendungen der Grundsicherung für Arbeitsuchende werden, soweit die Leistungen von der Bundesagentur für Arbeit erbracht werden, vom Bund getragen. Der Bund erstattet der Bundesagentur für Arbeit auch hierfür die Verwaltungskosten.

(6) Anzeige- und Bescheinigungspflicht bei Arbeitsunfähigkeit

Erwerbsfähige Hilfebedürftige, die Leistungen zur Sicherung des Lebensunterhalts beantragt haben oder beziehen, müssen der Agentur für Arbeit eine eingetretene Arbeitsunfähigkeit und deren voraussichtliche Dauer unverzüglich anzeigen und spätestens vor Ablauf des dritten Kalendertags nach dem Eintritt der Arbeitsunfähigkeit eine ärztliche Bescheinigung über die Arbeitsunfähigkeit und deren voraussichtliche Dauer vorlegen.

5.2.9 Gesetzliche Unfallversicherung

Der Unfallschutz der gesetzlichen Unfallversicherung umschließt Unfälle im Betrieb, auf dem Weg zum Betrieb, auf dem Heimweg, auf Heimfahrten an den Wochenenden bzw. auf den Fahrten zum Betrieb zum Wochenbeginn, auf dem Weg zur Berufsschule und auf dem Heimweg von der Berufsschule. Auch Berufskrankheiten (z. B. Staublunge bei Bergarbeitern, Strahlenschäden bei Beschäftigten in Kernkraftwerken) sind versichert. Werden Heimwege vom Betrieb und/oder Hinwege zum Betrieb zur Verrichtung privater Dinge unterbrochen, besteht grundsätzlich kein Unfallschutz.

1 Bestimmten hilfebedürftigen Personen (z. B. werdende Mütter, behinderte Personen) mit einem durch die Regelleistung nicht gedeckten Mehrbedarf ihres Lebensunterhalts können zusätzliche Leistungen gewährt werden. Außerdem wird der Übergang vom regulären Arbeitslosengeld im ersten Jahr der Arbeitslosigkeit zum Arbeitslosengeld II abgemildert. Im ersten Jahr des Arbeitslosengeld-II-Bezugs kann es einen Zuschuss von bis zu 160,00 EUR monatlich geben, im zweiten Jahr gibt es bis zu 80,00 EUR mehr.

(1) Versicherungspflicht

Versicherungspflicht besteht für alle Arbeitnehmer einschließlich Auszubildende, unabhängig von der Höhe ihres Einkommens, für die meisten Unternehmer (Arbeitgeber), Arbeitslose, Heimarbeiter, Hausgewerbetreibende, Kinder während des Besuchs von Kindergärten, Schüler, Entwicklungshelfer und Personen während der Rehabilitation. Unternehmer, die nicht kraft Gesetzes oder kraft Satzung einer Berufsgenossenschaft pflichtversichert sind, können sich freiwillig versichern. Versicherungsfreiheit besteht z.B. für Personen, für die beamtenrechtliche Unfallfürsorgevorschriften gelten.

(2) Leistungen

Die Leistungen der Unfallversicherung bestehen vor allem in der **Unfallverhütung** (die Berufsgenossenschaften erlassen Unfallverhütungsvorschriften) und in den finanziellen Leistungen bei **Unfallfolgen.**

Leistungen	Erläuterungen
Unfallverhütung	Die Unfallverhütungsvorschriften verpflichten den Unternehmer (Arbeitgeber), die Arbeitsplätze so einzurichten und zu erhalten, dass die Arbeitskräfte im Rahmen des Möglichen gegen Unfälle und Berufskrankheiten geschützt sind. Die Arbeitnehmer und Arbeitgeber sind verpflichtet, die Unfallverhütungsvorschriften einzuhalten. Diese sind vom Arbeitgeber den Belegschaftsmitgliedern in geeigneter Form bekannt zu geben.
Finanzielle Leistungen bei Unfallfolgen	▪ **Heilbehandlung.** Hierzu gehören vor allem die Kosten für ärztliche und zahnärztliche Behandlung, Arznei- und Verbandmittel, sonstige Hilfsmittel, stationäre Behandlung in Krankenhäusern oder Spezialkliniken. ▪ **Leistungen zur Teilhabe am Arbeitsleben.** Diese umfassen z.B. Leistungen zur Erhaltung und Erlangung eines Arbeitsplatzes einschließlich der Leistungen zur Förderung der Arbeitsaufnahme, zur beruflichen Anpassung, Fortbildung, Ausbildung und Umschulung. ▪ **Leistungen zur Teilnahme am Leben in der Gemeinschaft und ergänzende Leistungen.** Hierzu gehören z.B. die Kraftfahrzeughilfe, Wohnungshilfe, Haushaltshilfe, Reisekosten, Beratung sowie sozialpädagogische und psychosoziale Betreuung. ▪ **Leistungen bei Pflegebedürftigkeit.** Wenn der Versicherte infolge eines Versicherungsfalls so hilflos ist, dass er für die gewöhnlichen und regelmäßig wiederkehrenden Verrichtungen im täglichen Leben in erheblichem Umfang einer Hilfe bedarf, wird Pflegegeld gezahlt, eine Pflegekraft gestellt oder Heimpflege gewährt. ▪ **Geldleistungen während der Heilbehandlung und Leistungen zur Teilnahme am Arbeitsleben.** Hierzu gehören das **Verletztengeld,** das der Versicherte z.B. erhält, wenn er infolge des Versicherungsfalls arbeitsunfähig ist oder wegen einer Maßnahme der Heilbehandlung keine ganztägige Erwerbstätigkeit ausüben kann und das **Übergangsgeld.** ▪ **Rentenzahlungen.** Renten an Versicherte bei Minderung ihrer Erwerbsfähigkeit infolge eines Versicherungsfalls um mindestens 20 vom Hundert, an Hinterbliebene als Witwen- und Witwerrente und als Waisenrente für Kinder von verstorbenen Versicherten. ▪ **Sterbegeld und Erstattung von Überführungskosten,** z.B. beim Tod infolge eines Versicherungsfalls sowie **Abfindung mit einer Gesamtvergütung.**

5.2.10 Gesetzliche Rentenversicherung

(1) Anmeldung und Versicherungspflicht

Die **Anmeldung** beim Rentenversicherungsträger erfolgt durch den Arbeitgeber binnen 14 Tagen vom Arbeitsantritt an über die Krankenkasse.

Die **Versicherungspflicht** umfasst vor allem alle Auszubildenden, Arbeiter und Angestellten **ohne Rücksicht auf die Höhe ihres Einkommens.** Pflichtversichert sind u.a. auch Hausgehilfinnen, Hausgewerbetreibende, Heimarbeiter, Wehr- und Ersatzdienstleistende und bestimmte selbstständig Tätige. Wer aus einem Arbeitsverhältnis ausscheidet (z.B. Frauen, die sich ihrer Familie widmen möchten), kann sich freiwillig weiterversichern lassen. Versicherungsfreiheit besteht z.B. für Beamte, Richter auf Lebenszeit und Berufssoldaten.

(2) Leistungen

Die Leistungen der Rentenversicherung sind vielfältig. Sie reichen von der Gesundheitsaufklärung, Information und Beratung, Forschung (z.B. Bereitstellung finanzieller Mittel zur Krebsforschung) und vom Bau von Heimen (z.B. Altenheimen) über die Zahlung von Kuraufenthalten (Maßnahmen zur Wiederherstellung der Arbeits- oder Berufsfähigkeit: Rehabilitation) bis hin zur Zahlung verschiedener Renten.

Die wichtigste Leistungsart der Rentenversicherung ist die Auszahlung der verschiedenen Rentenarten. Wichtige Rentenarten sind z.B. die Regelaltersrente, die Rente wegen verminderter Erwerbsfähigkeit oder die Rente wegen Todes (siehe Übersicht auf Seite 70).

(3) Dynamisierung[1] der Renten

Die Rentenhöhe ist nicht für alle Zeiten absolut festgelegt. Erhöht sich der durchschnittliche Nettoarbeitsverdienst aller Arbeitnehmer, so erhöhen sich grundsätzlich die Renten entsprechend. Die in gewissen Zeitabständen durch **Rentenanpassungsgesetze** erfolgte Anpassung der Renten an die allgemeine Lohnentwicklung ist die sog. **Rentendynamisierung.** Die zunehmende Zahl der Rentner, die steigende Lebenserwartung der Versicherten und die abnehmende Zahl der Versicherungspflichtigen (Geburtenrückgänge, Arbeitslosigkeit) bringt den Trägern der Rentenversicherung in den nächsten Jahrzehnten Finanzierungsprobleme.

Um die zunehmenden Finanzierungslücken zu decken, können z.B. folgende Maßnahmen ergriffen werden: Erhöhung der Rentenversicherungsbeiträge, vermehrte Zuschüsse des Staates, Kürzung der Leistungen der Rentenversicherungsträger, Zuschüsse des Staates zur privaten Vorsorge (Rentenversicherung) z.B. durch Steuervergünstigungen. Dem gleichen Zweck dienen (trotz gestiegener Nettolöhne) nicht erfolgte Rentenerhöhungen und der die Rentensteigerung begrenzende sogenannte **Nachhaltigkeitsfaktor.**

Dem deutschen Rentensystem liegt der sogenannte **Generationenvertrag** zugrunde. Dieser fiktive[2] „Vertrag" besagt, dass die jeweils arbeitende Generation die Renten der nicht mehr im Arbeitsleben stehenden Personen (in Form von Rentenversicherungsbeiträgen) und den Unterhalt für die Kinder und noch nicht berufstätigen Jugendlichen aufbringen muss.

---

1 Dynamisch: beweglich, sich entwickelnd.

2 Fiktiv (lat.): angenommen, lediglich als Idee existierend.

Rentenart	Erläuterungen
Regelaltersrente	Versicherte haben Anspruch auf Altersrente, wenn sie das 65. Lebensjahr vollendet und eine Versicherungszeit von fünf Jahren (allgemeine Wartezeit genannt) erfüllt haben.
Rente wegen teilweiser Erwerbsminderung	Bis zur Vollendung des 65. Lebensjahrs haben Versicherte einen Anspruch auf eine **Rente wegen teilweiser Erwerbsminderung,** wenn sie teilweise erwerbsgemindert sind, in den letzten fünf Jahren vor Eintritt der Erwerbsminderung drei Jahre Pflichtbeiträge für eine versicherte Beschäftigung oder Tätigkeit bezahlt haben und vor dem Eintritt der Erwerbsminderung die allgemeine Wartezeit von fünf Jahren erfüllt haben. Eine teilweise Erwerbsminderung liegt vor, wenn die Versicherten wegen ihrer Krankheit oder Behinderung auf nicht absehbare Zeit außerstande sind, unter den üblichen Bedingungen des allgemeinen Arbeitsmarktes mindestens sechs Stunden täglich erwerbstätig zu sein.
Rente wegen voller Erwerbsminderung[1]	Einen Anspruch auf eine **Rente wegen voller Erwerbsminderung** haben Versicherte bis zur Vollendung des 65. Lebensjahrs, wenn sie voll erwerbsgemindert sind, in den letzten fünf Jahren vor Eintritt der Erwerbsminderung drei Jahre Pflichtbeiträge für eine versicherte Beschäftigung oder Tätigkeit bezahlt haben und vor dem Eintritt der Erwerbsminderung die allgemeine Wartezeit von fünf Jahren erfüllt haben. Versicherte sind grundsätzlich voll erwerbsgemindert, wenn diese wegen ihrer Krankheit oder Behinderung auf nicht absehbare Zeit außerstande sind, unter den üblichen Bedingungen des allgemeinen Arbeitsmarkts mindestens drei Stunden täglich erwerbstätig zu sein.
Renten wegen Todes	Renten an Hinterbliebene werden als große oder kleine **Witwen- bzw. Witwerrenten,** als **Erziehungsrente** (bei Tod des geschiedenen Ehegatten, wenn ein eigenes oder ein Kind des geschiedenen Ehegatten erzogen wird) und als **Waisenrente** bezahlt. Die allgemeine Wartezeit beträgt 5 Jahre. Für alle Renten muss eine bestimmte **Wartezeit** erfüllt sein.[2] Die **Höhe der Rente** ist vor allem von der **Höhe** der während des Versicherungslebens durch Beiträge versicherten **Arbeitsentgelte (Arbeitseinkommen)** und von den **rentenrechtlichen Zeiten** abhängig.

Neben der gesetzlichen Rentenversicherung als Pflichtversicherung fördert der Staat die private Altersvorsorge, indem er für bestimmte **freiwillige Vorsorgemaßnahmen** des Einzelnen **staatliche Zulagen** gewährt (z. B. für Betriebsrenten bzw. für die sogenannte Riesterrente, siehe S. 73f.). Als dritte Maßnahme der Altersvorsorge hat der Einzelne die Möglichkeit, durch Abschluss einer **privaten (staatlich nicht geförderten) Versicherung** sein Einkommen im Alter oder bei Berufs- oder Erwerbsunfähigkeit abzusichern (siehe S. 75).

---

1 Renten wegen Erwerbsminderung werden auf Zeit (befristet) geleistet.

2 Die Wartezeit ist eine Art „Mindestversicherungszeit", die (neben anderen Voraussetzungen) für einen Rentenanspruch erfüllt sein muss und vor allem aus den Beitragszeiten, Anrechnungszeiten, einer Zurechnungszeit, Ersatzzeiten und Berücksichtigungszeiten bestehen kann (sogenannte rentenrechtliche Zeiten).

Ersatzzeiten sind z. B. die Zeiten eines militärischen oder militärähnlichen Dienstes und einer Kriegsgefangenschaft.

Anrechnungszeiten sind z. B. die Zeiten einer Krankheit mit Arbeitsunfähigkeit, die Zeiten einer Schwangerschaft oder Mutterschaft während der Schutzfristen nach dem Mutterschutzgesetz (wenn während dieser Zeit keine versicherte Beschäftigung ausgeübt wurde), die Zeiten einer Arbeitslosigkeit sowie Zeiten von berufsvorbereitenden Bildungsmaßnahmen.

Die **Zurechnungszeit** ist die Zeit, die bei einer Rente wegen Erwerbsminderung oder einer Rente wegen Todes hinzugerechnet wird, wenn der Versicherte das 60. Lebensjahr noch nicht vollendet hat.

Berücksichtigungszeiten können z. B. Kindererziehungszeiten für die Erziehung eines Kindes bis zu dessen vollendeten zehnten Lebensjahr und die Zeiten einer nicht erwerbsmäßigen häuslichen Pflege eines Pflegebedürftigen sein.

Diese drei Formen der Altersvorsorge – gesetzliche Rentenversicherung als Pflichtversicherung, staatlich geförderte, aber freiwillige Altersvorsorge und freiwillige private Altersvorsorge ohne staatliche Förderung – bezeichnet man als **Dreischichtenmodell.**

Deutschlands Bevölkerungszahl wird bis zum Jahr 2050 deutlich sinken. Nach Berechnungen des Deutschen Instituts für Wirtschaftsforschung (Berlin) wird sich die Einwohnerzahl zwischen 79 und 83 Millionen bewegen – je nach Höhe der Zuwanderung und Entwicklung der durchschnittlichen Lebenserwartung. Das Schrumpfen der Einwohnerzahl bleibt nicht ohne schwerwiegende Auswirkungen auf die Gesellschaft: Das zahlenmäßige Verhältnis zwischen älteren und jüngeren Menschen wird sich drastisch zugunsten der Älteren verschieben. Sind heute 24 von je 100 Personen im Rentenalter (über 60 Jahre), so werden es im Jahr 2050 zwischen 36 und 37 sein – eine Entwicklung, der unsere sozialen Sicherungssysteme Rechnung tragen müssen.

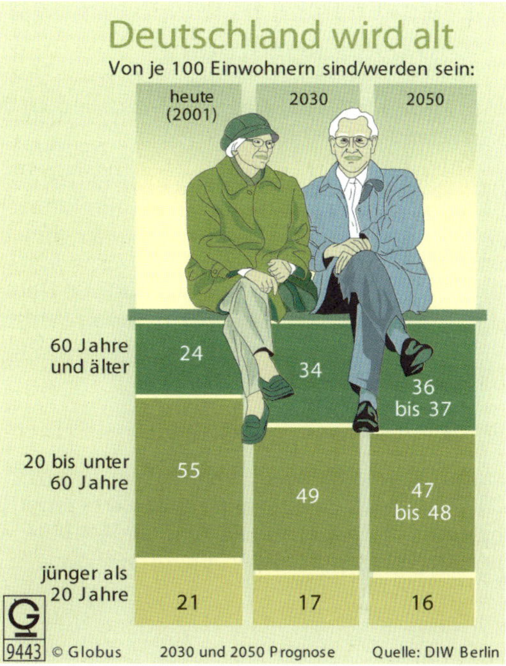

6 Dreischichtenmodell

6.1 Grundlegendes

In der Bundesrepublik Deutschland gibt es ein dichtes Netz an sozialen Leistungen. Sie umfassen zunächst die klassischen Systeme der Sozialversicherung, die eine **Grundversorgung** gegen viele Lebensrisiken, die durch Krankheit, Alter, Unfall, Arbeitslosigkeit und Pflegebedürftigkeit entstehen, bieten.

Hinzu kommen weitere Maßnahmen, die einen sozialen Ausgleich herstellen sollen (z.B. Kinder- und Jugendhilfe, Hilfe für schwangere Frauen und für Familien in Notlagen, Elterngeld, Elternzeit). Es handelt sich hier um zusätzliche Hilfen außerhalb des Sozialhilferechts **(Zusatzversorgung).**

Neben den sozialen Leistungen, die die Gemeinschaft erbringt, ist es notwendig, dass jeder Einzelne noch eine zusätzliche private Vorsorge trifft (z.B. für Berufsunfähigkeit oder das Renteneinkommen), um auch in Notlagen bzw. im Alter den gewohnten Lebensstandard aufrechterhalten zu können **(private Absicherung).** Grundversorgung, Zusatzversorgung und private Absicherung stellen die **drei Säulen der sozialen Absicherung** dar.

6.2 Zusätzliche Hilfe außerhalb des Sozialhilferechts (Zusatzversorgung)

(1) Hilfen für schwangere Frauen und für Familien in Notlagen

Frauen, die sich in Zusammenhang mit ihrer Schwangerschaft in einer Notlage befinden, können über die anerkannten Beratungsstellen (allgemeine Schwangerschaftsberatungsstellen, Schwangerschaftskonfliktberatungsstellen) Hilfe aus Mitteln der Bundesstiftung „Mutter und Kind – Schutz des ungeborenen Lebens" erhalten. Voraussetzung für die Hilfe ist: Beratung und Antragstellung während der Schwangerschaft, das Vorliegen einer Notlage, Wohnsitz in der Bundesrepublik Deutschland sowie keine Möglichkeit der Hilfe durch andere Sozialleistungen. Baden-Württemberg hat eine eigene Landesstiftung, die schwangeren Frauen und Familien, die in Not geraten sind, zusätzlich hilft.

(2) Kinder- und Jugendhilfe

Jugendhilfe unterstützt die Eltern in ihrem Erziehungsauftrag. Sie steht bereit, wenn Konflikte zwischen Eltern und Jugendlichen der Lösung bedürfen – auf freiwilliger Basis. Sie hilft Familien, wenn ein Partner ausfällt oder wenn die Eltern sich trennen. Sie will Kindern und Jugendlichen, deren Eltern auf längere Zeit ihren Aufgaben nicht nachkommen, in Pflegefamilien und Heimen Entwicklungsmöglichkeiten geben.

(3) Hilfe bei einem Rechtsstreit

Wer sich in einem rechtlichen Streitfall nicht selbst helfen und einen Rechtsbeistand nicht bezahlen kann, hat Anspruch auf Beratungshilfe. Sie ist Sozialhilfe als Hilfe in besonderen Lebenslagen im Bereich der Rechtspflege. Falls ein Gericht mit dem Rechtsstreit befasst werden muss, kann Prozesskostenhilfe in Anspruch genommen werden. Sie wird jedoch nur gewährt, wenn die Prozessführung hinreichende Aussicht auf Erfolg hat und nicht mutwillig erscheint.

(4) Elterngeld

Elterngeld kann in der Zeit vom Tag der Geburt bis zur Vollendung des 14. Lebensmonats des Kindes bezogen werden [§41 BEEG]. Für diesen Zeitraum erhalten Mütter und Väter, die für die Kinderbetreuung im Beruf aussetzen, 67 Prozent des Nettoeinkommens. Gezahlt werden allerdings höchstens 1800,00 EUR monatlich.

Eine zeitliche Einschränkung gibt es: Mütter und Väter, die die vollen 14 Monate nutzen wollen, müssen sich abwechseln. Kümmert sich nur ein Elternteil um das Kind, gibt es das Elterngeld nur 12 Monate.

Mütter und Väter, die nicht berufstätig sind, erhalten auch Elterngeld. Für sie gibt es einen so genannten Sockelbetrag von 300,00 EUR monatlich. Dieser Betrag wird auch nicht auf Sozialleistungen wie das Arbeitslosengeld II angerechnet. Diesen Sockelbetrag erhalten auch Familien für die Monate 13 und 14, die die beiden „Vätermonate" nicht nutzen. Alleinerziehende erhalten das Elterngeld in jedem Fall 14 Monate lang. Das Elterngeld kann über zwei Jahre hinweg gezahlt werden.

(5) Elternzeit

Mütter und Väter (auch anteilig oder gleichzeitig) haben bis zur Vollendung des dritten Lebensjahres eines Kindes Anspruch auf Elternzeit. Die Zeit der Mutterschutzfrist wird auf diese zeitliche Begrenzung angerechnet. Die Elternzeit muss, wenn sie unmittelbar nach der Geburt des Kindes oder nach der Mutterschutzfrist beginnen soll, spätestens sieben Wochen vor Beginn schriftlich beim Arbeitgeber angemeldet werden [§ 16 BEEG].[1] Die Elternzeit kann auf zwei Zeitabschnitte verteilt werden. Eine Verteilung auf weitere Zeitabschnitte ist nur mit Zustimmung des Arbeitgebers möglich.

Während der Elternzeit besteht Kündigungsschutz [§ 18 BEEG]. Der Arbeitgeber kann das Arbeitsverhältnis jedoch zum Ende der Elternzeit unter Einhaltung einer Frist von mindestens drei Monaten kündigen. Die Elternzeit wird in der Rentenversicherung angerechnet.

(6) Unterhaltsvorschuss

Ein Kind erhält für maximal 72 Monate einen Unterhaltsvorschuss, wenn es in Deutschland bei einem **allein erziehenden Elternteil** lebt und von dem anderen Elternteil nicht mindestens Unterhalt in Höhe des maßgeblichen Regelsatzes erhält und das 12. Lebensjahr noch nicht vollendet hat. Der Unterhaltsvorschuss kann auch bezahlt werden, wenn der andere Elternteil verstorben ist. Die Unterhaltsvorschussleistung beträgt für Kinder unter 6 Jahren höchstens 117,00 EUR monatlich, für ältere Kinder unter 12 Jahren höchstens 158,00 EUR monatlich.

(7) Hilfe in außergewöhnlichen Notlagen

Es gibt Menschen, bei denen besondere Lebensverhältnisse wie z.B. Obdachlosigkeit oder Haftentlastung zu sozialen Schwierigkeiten führen, zu deren Überwindung die Betroffenen aus eigener Kraft nicht in der Lage sind. Diese Menschen haben Anspruch auf die Angebote der „Hilfe zur Überwindung besonderer sozialer Schwierigkeiten", die die Sozialhilfe bereitstellt.

6.3 Private Vorsorge für das Alter sowie Erwerbs- und Berufsunfähigkeit

6.3.1 Staatlich geförderte private Altersvorsorge

(1) Problemstellung

Weil das derzeitige Rentenniveau in der gesetzlichen Rentenversicherung langfristig abgesenkt werden muss, steigt die Bedeutung der privaten Altersvorsorge. Der „Einstieg" in eine **staatlich geförderte private Altersvorsorge** (sogenannte **„Riesterrente"**) erfolgte durch das Altersvermögensgesetz (AVmG).

---

1 Bei dringenden Gründen ist ausnahmsweise eine angemessene kürzere Frist möglich.

(2) Voraussetzungen für die Erlangung einer Altersvorsorgezulage

Der Anspruch auf eine vom Staat geleistete Altersvorsorgezulage[1] besteht für zulageberechtigte Personen (Begünstigte) unter folgenden Voraussetzungen:

- Grundvoraussetzung ist, dass die pflichtversicherten Personen Altersvorsorgebeiträge (Mindesteigenbeiträge) zugunsten eines auf ihren Namen lautenden **Altersvorsorgevertrags** leisten.
- Im Altersvorsorgevertrag muss sich der Vertragspartner z.B. verpflichten, in der Ansparphase laufend freiwillige Aufwendungen (Altersvorsorgebeiträge) zu leisten.
- Die Leistungen für den Vertragspartner zur Altersversorgung dürfen auch nicht vor Vollendung des 60. Lebensjahrs erbracht werden.
- Die Altersvorsorgebeiträge, die erwirtschafteten Erträge und Veräußerungsgewinne müssen in bestimmte Anlagen (Produkte) wie z.B. in Rentenversicherungen, Bankguthaben mit Zinsansammlung oder in Anteilen an Investmentfonds angelegt sein.
- Der Anbieter muss zusagen, dass zu Beginn der Auszahlung **mindestens die eingezahlten Altersvorsorgebeiträge** für die Auszahlungsphase zur Verfügung stehen.
- Auszahlungen müssen in Form einer **lebenslangen gleich bleibenden** oder **steigenden monatlichen Leibrente oder** eines **Auszahlungsplans** mit einer anschließenden **Teilkapitalverrentung** ab dem **85.** Lebensjahr erfolgen.
- Die **Abschluss- und Vertriebskosten** müssen gleichmäßig über einen Zeitraum von **mindestens fünf Jahren** verteilt werden, soweit sie nicht als Vomhundertsatz von den Altersvorsorgebeiträgen abgezogen werden.
- Der Vertragspartner muss die Möglichkeit haben, den **Vertrag** während der Ansparphase **ruhen zu lassen, zu kündigen,** eine andere Altesvorsorgeanlage zu wählen **oder Auszahlung** zu verlangen.
- Die von den Anbietern[2] der Altersvorsorgeverträge gegebenen Leistungszusagen müssen **zertifizierungsfähig**[3] sein.

(3) Grund- und Kinderzulage[4]

Abhängig von den geleisteten Altersvorsorgebeiträgen erhalten die Zulageberechtigten auf Antrag eine Zulage, die sich aus einer **Grundzulage** und einer **Kinderzulage** zusammensetzt.

Die **Grundzulage** beträgt seit 2008 154,00 EUR. Die **Kinderzulage** beträgt für jedes Kind, für das dem Zulageberechtigten Kindergeld ausgezahlt wird, seit 2008 185,00 EUR.

Um die vollen Altersvorsorgezulagen zu erhalten, muss der Zulageberechtigte einen **Mindesteigenbeitrag** leisten, der seit dem Jahr 2008 4 % der beitragspflichtigen Einnahmen des Versicherungspflichtigen beträgt. In jedem Fall muss vom „Vorsorgesparer" ein so genannter **Sockelbeitrag** geleistet werden.

---

1 Die Berechtigten haben damit die Möglichkeit, ein **kapitalgedecktes Altersvorsorgevermögen** zu bilden.

2 Anbieter von Altersvorsorgeverträgen sind die im § 1 II AltZertG genannten Unternehmen (vor allem Lebensversicherungsunternehmen).

3 Die Zertifizierung eines Altersvorsorgevertrags ist die Feststellung, dass die Vertragsbedingungen des Altersvorsorgevertrags des Anbieters den gesetzlichen Anforderungen entsprechen [§ 1 III AltZertG]. Zweck der Zertifizierung ist der Schutz der Vertragspartner vor unseriösen Anbietern und Versicherungsverträgen.

4 Zentrale Stelle für die Ermittlung des Zulageanspruchs und Auszahlung der Zulagen an die Anbieter zugunsten der Zulageberechtigten ist die zentrale Zulagenstelle für Altersvermögen bei der Deutschen Rentenversicherung Bund (ZfA).

6.3.2 Private Vorsorge für Erwerbs- und Berufsunfähigkeit[1]

Die finanzielle Sicherheit und Unabhängigkeit vieler Menschen (vor allem der Arbeitnehmer) hängt allein von deren Erwerbs- und Berufstätigkeit ab. Sowohl bei der Ausübung des Berufs (bei der Erwerbstätigkeit) als auch im privaten Bereich (z.B. beim Sport) besteht das ständige Risiko (die Gefahr), z.B. durch eine schwere Krankheit und/oder einen Unfall, berufs- und/oder erwerbsunfähig zu werden.

Es ist daher sinnvoll, sich gegen die Folgen einer Berufs- und Erwerbsunfähigkeit abzusichern. Vor allem Berufsanfänger benötigen eine **Berufsunfähigkeitsversicherung,** da sie gerade in der Anfangsphase ihrer Berufstätigkeit nur unzureichend finanziell versorgt sind.

Die Berufsunfähigkeitsversicherung sichert das finanzielle Risiko der Berufs- und Erwerbsunfähigkeit ab. In der Regel sind die Versicherungsverträge so abgefasst, dass der Versicherte die vereinbarte Leistung aus der Berufsunfähigkeitsversicherung (z.B. Rente) erhält, wenn er zumindest 50 Prozent berufsunfähig ist. Generell mitversichert ist heute der Pflegefall. Die Versicherungs- und Beitragszahlungsdauer kann auf ein bestimmtes Alter – zum Beispiel 45 Jahre – beschränkt werden. In der Regel werden Leistungen aus der Berufsunfähigkeitsversicherung nicht über das 65. Lebensjahr hinaus erbracht.

Berufsunfähigkeitsversicherungen können als Zusatzversicherung zu renten- und kapitalbildenden Lebensversicherungen (Hauptversicherung) oder als selbstständige Hauptversicherung abgeschlossen werden.

Wegen der strengen Anforderungen an die gesetzlichen Renten wegen verminderter Erwerbsfähigkeit und deren relativ niedrigen Höhe wird die Bedeutung, sich auch gegen die finanziellen Risiken einer Erwerbs- und Berufsunfähigkeit privat abzusichern, weiter zunehmen.

Zusammenfassung

- **Grundprinzipien** der Sozialversicherung sind das **Solidaritätsprinzip,** die **Pflichtmitgliedschaft,** die **Beitragsbemessung nach der Höhe des Einkommens** und die **gesetzliche Festlegung** der **meisten Leistungen.**
- Zur Sozialversicherung gehören die **gesetzliche Krankenversicherung,** die **soziale Pflegeversicherung,** die **gesetzliche Rentenversicherung,** die **gesetzliche Arbeitsförderung** und die **gesetzliche Unfallversicherung.**
- Die **Träger der Sozialversicherung** sind rechtsfähige Körperschaften des öffentlichen Rechts mit Selbstverwaltungsrecht.
- Die **Beiträge zur gesetzlichen Unfallversicherung** trägt der **Arbeitgeber allein,** die **Beiträge zu den übrigen Sozialversicherungszweigen** (ausgenommen die Sonderbeiträge der Arbeitnehmer) tragen die **Arbeitnehmer und Arbeitgeber grundsätzlich je zur Hälfte.**
- Die vielfältigen **personellen Leistungen** (z.B. Aufklärung und Beratung der Versicherten), Sachleistungen (z.B. Übernahme der Krankenbehandlungskosten durch die gesetzlichen Krankenkassen) und **finanziellen Leistungen** (z.B. Rentenzahlungen der gesetzlichen Arbeitsförderung und gesetzlichen Unfallversicherung) bezwecken vor allem eine **soziale Absicherung der Versicherten** und ihrer **mitversicherten Angehörigen** bei Krankheit, Pflegebedürftigkeit, Arbeitslosigkeit, Berufsunfällen, Berufskrankheiten und im Alter.

1 Während bei der Berufsunfähigkeit nur der erlernte Beruf nicht mehr ausgeübt werden kann, ist bei der (vollen) Erwerbsunfähigkeit überhaupt keine Erwerbstätigkeit (keine Berufstätigkeit) mehr möglich.

- Die **Grundsicherung für Arbeitsuchende** hat das Ziel, dass diese Personen ihren Lebensunterhalt – unabhängig von der Grundsicherung – aus eigenen Mitteln und Kräften bestreiten können.
- Wichtige **Hilfen der Zusatzvorsorge** sind: Hilfe für schwangere Frauen und Familien in Notlagen, Kinder- und Jugendhilfe, Hilfe bei einem Rechtsstreit, Elterngeld, Elternzeit, Unterhaltsvorschuss, Hilfe in außergewöhnlichen Notlagen.
- Die Leistungen der Grundsicherung sind: **Leistungen zur Eingliederung in Arbeit** und **Leistungen zur Sicherung des Lebensunterhalts.**
- Die Folgen einer Berufs- und Erwerbsunfähigkeit sollten durch eine **Berufsunfähigkeitsversicherung** abgesichert werden.

Übungsaufgabe

9

1. Aus welchen Zweigen besteht das Sozialversicherungssystem der Bundesrepublik Deutschland?
2. Nennen Sie wichtige Träger der Sozialversicherung!
3. Unterscheiden Sie die Begriffe Beitragsbemessungsgrenze und Versicherungspflichtgrenze!
4. Nennen Sie die wichtigsten Personengruppen, die in den einzelnen Zweigen der Sozialversicherung versicherungspflichtig sind!
5. Kalle Bloom beginnt am 1. März bei der Puppenfabrik Johann Rupp GmbH zu arbeiten. Der Arbeitgeber versäumt es, ihn bei der Krankenkasse anzumelden. Am 16. März wird Kalle ernstlich krank.

   Aufgabe:

   Hat Kalle Bloom Anspruch auf die Leistungen der Krankenkasse? Begründen Sie Ihre Meinung!
6. Irmgard Klein, kaufmännische Angestellte, wird krank. Sie freut sich, denn jetzt – so meint sie – erhält sie 6 Wochen lang das volle Gehalt und das Krankengeld.

   Aufgabe:

   Was meinen Sie hierzu?
7. Welche wichtigen Leistungen erbringen die einzelnen Zweige der Sozialversicherung?
8. Emil Pfender ist nicht der Fleißigste. Als Buchhalter unterhält er sich lieber mit den Kollegen und Kolleginnen. Als ihn sein Abteilungsleiter zurechtweist, geht Pfender wütend ins Personalbüro, kündigt fristlos und lässt sich seine Papiere geben. Am nächsten Tag beantragt er bei der Agentur für Arbeit Arbeitslosengeld.

   Aufgabe:

   Wird Emil Pfender Arbeitslosengeld erhalten? Wenn nein, warum nicht? Wenn ja, ab wann?
9. Frau Schussel, Chefsekretärin, fällt im Büro von der Leiter, als sie vom obersten Regal einen Aktenordner herunterholen will. Sie verletzt sich so schwer, dass sie stationär behandelt werden muss.

   Aufgaben:

   9.1 Welche Versicherung ist dafür zuständig?

   9.2 Welche Leistungen sind von dieser Versicherung zu erbringen?
10. Wie werden die einzelnen Sozialversicherungszweige finanziert?
11. Erläutern Sie die Grundkonzeption des Generationenvertrags!

12. Fräulein Ilse Fröhlich ist Sekretärin in einem Unternehmen. Nach Geschäftsschluss geht sie in ein Kino. Auf dem Nachhauseweg fällt sie bei Glatteis hin und bricht sich ein Bein. Deshalb will sie die Leistungen der gesetzlichen Unfallversicherung in Anspruch nehmen. Diese lehnt ab. Fräulein Fröhlich erhebt Widerspruch, der ebenfalls abschlägig beschieden wird. Sie möchte im Anschluss daran beim Sozialgericht klagen.

Aufgabe:

Wird Ilse Fröhlich Erfolg haben? Begründen Sie Ihre Antwort!

13. Die Angestellte Simone Künne (Lohnsteuerklasse I, ohne Kinder) erhält am 31. Oktober 20.. ihre erste Gehaltsabrechnung:

Name	Bruttogehalt	Abzüge			Abzüge insgesamt	Nettogehalt (Auszahlungsbetrag)
		Lohnst./ Soli-Zuschl.	Kirchensteuer	Sozialversicherung		
Simone Künne	1 940,00	263,30	19,96	408,37	691,63	1 248,37

Der größte Posten bei den Abzügen ist der Beitrag zur Sozialversicherung.

Aufgaben:

13.1 Welche Bereiche der Sozialversicherung sind in dem Betrag enthalten, der Frau Künne abgezogen wird?

13.2 Wer zahlt den Beitrag zur gesetzlichen Unfallversicherung?

13.3 Was bedeutet im Zusammenhang mit der gesetzlichen Altersversorgung der Begriff „Generationenvertrag"?

13.4 13.4.1 Welches Problem zeigt dieses Schaubild?

13.4.2 Beschreiben Sie drei Ursachen für diese Entwicklung.

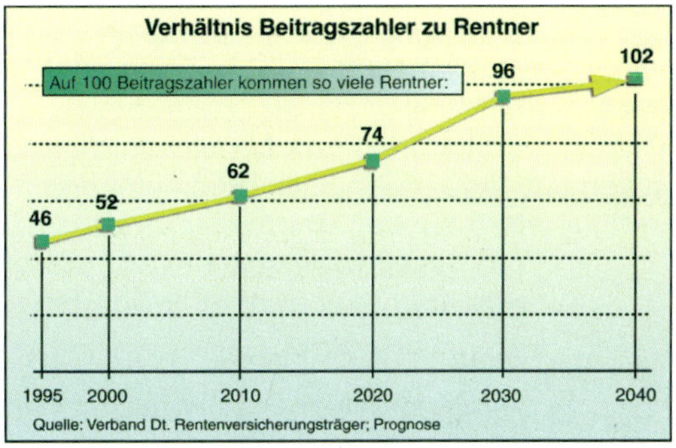

13.5 Die Angestellte Simone Künne will eine wahrscheinliche Versorgungslücke mit einer privaten Altersversorgung abdecken. Welche private Altersvorsorge würden Sie ihr empfehlen?

14. Die Mitarbeiter der Farbenfabrik Karin Krause KG sind alle sozialversichert.

Aufgabe:

Wodurch unterscheidet sich die gesetzliche Sozialversicherung von der Individualversicherung?

15. 15.1 Begründen Sie, warum der Staat eine kapitalgedeckte private Altersvorsorge durch finanzielle Anreize zu fördern sucht?

15.2 Wodurch unterscheidet sich prinzipiell die staatlich geförderte kapitalgedeckte private Altersvorsorge von der gesetzlichen Rentenversicherung?

16. Erfragen Sie in Gruppen bei verschiedenen gesetzlichen Krankenkassen aktuelle Probleme der Sozialversicherung. Führen Sie die Argumente im Klassenverband in einem Arbeitspapier zusammen und diskutieren Sie über mögliche Lösungsansätze!

Lehrplaneinheit 2: Wirtschaftliches Handeln in der sozialen Marktwirtschaft der Bundesrepublik Deutschland

1 Idealtypische Wirtschaftsordnungen

1.1 Begriff der Wirtschaftsordnung

(1) Problemstellung

Betrachtet man das Wirtschaftsgeschehen der Vielzahl der in einer Volkswirtschaft (miteinander) agierenden Wirtschaftssubjekte, so lassen sich sehr leicht gewisse Parallelen zu einem Ameisenbau ziehen. Auf den ersten Blick herrscht dort ein wildes Durcheinander Zigtausender von Ameisen. Bei längerer Beobachtung aber kann man erkennen, dass auf bestimmten Wegen ein systematisches Kommen und Gehen stattfindet, das scheinbar planlose Gewirr also insgeheim ein geordnetes Ganzes bildet.

Nicht weniger faszinierend ist die Wirtschaftsordnung eines Staates mit 2, 50 oder 300 Millionen Einwohnern, die gewährleistet, dass die von den Einwohnern gewünschten Güter und Dienstleistungen in dem erforderlichen Umfang zur gewünschten Zeit am richtigen Ort zur Verfügung stehen.

Fast jeden Tag aufs Neue erleben wir, dass – von wenigen Ausnahmen abgesehen – geplante Einkaufswünsche realisiert werden können. Dieser für viele als **selbstverständlich** empfundene Umstand ist jedoch umso **erstaunlicher,** wenn man darüber nachdenkt, dass hierzulande **Millionen** von Menschen täglich die unterschiedlichsten Konsumpläne aufstellen und diese dann auch durch entsprechende Produkt- und Dienstleistungsangebote erfüllt werden können. Bemerkenswert ist dabei insbesondere, dass die meisten Pläne von den Verbrauchern **„insgeheim"** aufgestellt werden, die Anbieter also im Vorfeld von den konkreten Kaufwünschen ihrer Kunden nichts wissen.

Beispiel:

An einem Samstagmorgen geht die 18-jährige Lena einkaufen. Zunächst besorgt sie für die Familie beim Bäcker einige Brötchen und Croissants. Danach kauft sie beim Metzger etwas Wurstaufschnitt sowie für die am Abend geplante Grillparty verschiedenartiges Grillgut. Auf dem Nachhauseweg beschafft sie schließlich noch bei dem örtlichen Fachhändler verschiedene Getränke. Nach dem Frühstück fährt Lena in die Stadt. Hier kauft sie dann neben einem dringend benötigten Paar neuer Schuhe noch einige T-Shirts sowie zwei Hosen und den neuen Roman von Harry Potter. Am Ende der Einkaufstour gönnt sie sich schließlich noch einen Besuch beim Frisör sowie in der Eisdiele.

(2) Notwendigkeit eines staatlichen Ordnungsrahmens

Wie kommt das zustande? Wer trifft letztlich die **Entscheidungen** über die **Verwendung** und **Verteilung** knapper Ressourcen und Güter und wer behält den **Überblick** bei den unzähligen wechselseitigen Abhängigkeiten dieses komplexen Geschehens?

Die Antwort ist relativ einfach; denn keine Volkswirtschaft kann funktionieren, wenn keine **sinnvolle Planung** betrieben wird. Gegensätzlich sind jedoch die Auffassungen darüber, wer dieses komplexe Geschehen planen soll. Hierbei bestehen grundsätzlich **zwei Möglichkeiten,** entweder man lässt die **einzelnen Wirtschaftssubjekte,** also die Konsumenten und die Produzenten, **selber planen und entscheiden** oder man überträgt die Planungen auf eine übergeordnete **zentrale Behörde.**

Merke:

- Fällt die Entscheidung über die Organisation der Gesamtwirtschaft zugunsten jedes Einzelnen aus, so erhält man ein System **dezentraler Planung.**
- Will man die Lenkung durch eine zentrale Entscheidungsbehörde, so liegt ein System **zentraler Planung** vor.

Unabhängig davon, wie die Entscheidung auch ausfallen mag, es handelt sich in beiden Fällen um ein Ordnungsgefüge, welches das Wirtschaftsgeschehen steuert.

Merke:

Unter **Wirtschaftsordnung** versteht man die Herstellung von Rahmenbedingungen im Sinne eines **Ordnungsgefüges,** das die **Beziehungen der Wirtschaftssubjekte untereinander regelt** und die **wirtschaftlichen Handlungen** der Wirtschaftssubjekte miteinander **koordiniert.**

Die Aufgabe einer solchen Ordnung besteht vor allem darin, die **zentralen Grundfragen** jeder Gesellschaft im Bereich des Wirtschaftslebens zu beantworten:

Grundfragen des wirtschaftlichen Zusammenlebens
■ **Welche Güterarten** und **Gütermengen** sollen produziert werden?
■ **Wie** sollen diese Güter produziert werden?
■ **Wann** und **für wen** sollen diese Güter produziert werden?

Die Wirtschaftsordnung ist somit Grundvoraussetzung für die knappheitsmindernde Wirkung einer arbeitsteiligen Volkswirtschaft und fester Bestandteil der **Gesellschaftsordnung.**

1.2 Idealtypen von Wirtschaftsordnungen

1.2.1 Grundlegendes

Bei den **beiden** idealtypischen Wirtschaftsordnungen der **Zentralverwaltungswirtschaft** und der **Marktwirtschaft** handelt es sich um die beiden **gedanklichen (ideellen) Grundmodelle** aller real existierenden Wirtschaftsordnungen. In der nachfolgend dargestellten Ausprägung hat es diese beiden ideellen Wirtschaftsordnungen bisher in keiner Volkswirtschaft gegeben.

(1) Gesellschaften mit der Grundausrichtung Individualprinzip

Es liegt nahe, dass Gesellschaften mit traditionell **liberalem** Hintergrund, bei denen das **Individualprinzip** dominiert, die Freiheit und Selbstverwirklichung des Individuums in der Werteskala ganz vorne ansiedeln. Diese Volkswirtschaften setzen verstärkt auf die **dezen-**

trale Planung und Steuerung der Wirtschaft sowie auf **Privateigentum** und verfügen somit über eine eher marktwirtschaftlich ausgerichtete Wirtschaftsordnung. Der Antriebsmotor für die Selbststeuerung des Wirtschaftsgeschehens liegt in den Wünschen und Bestrebungen der einzelnen Wirtschaftssubjekte. Diese versuchen, ihre „egoistischen" Vorstellungen am Markt durchzusetzen, wobei sie allerdings in Rivalität zu den anderen Wirtschaftseinheiten stehen. Der Wettbewerb „zwingt" sie schließlich zu Leistungsangeboten, die außer ihren eigenen Zielen auch dem Allgemeinwohl im Sinne einer günstigen Verbraucherversorgung dienen. **Der Eigennutz** als Antriebsmotor für das wirtschaftliche Handeln **dient** somit zwangsläufig **dem Gemeinnutz**.

(2) Gesellschaften mit der Grundausrichtung Sozial- und Kollektivprinzip

Andere Gesellschaften hingegen betonen vor allem das **Sozial- bzw. Kollektivprinzip** und richten ihr Wertesystem seit jeher verstärkt darauf aus, das Wohl des Einzelnen dem Wohl der Gesamtheit unterzuordnen. Als Folge hieraus werden Planungsprozesse durch „kollektive" Willensbildung zentral gesteuert und **Eigentumsrechte** überwiegend **der Gemeinschaft zugewiesen,** was dem Idealtyp der Zentralverwaltungswirtschaft nahekommt.

Wie **gegensätzlich** von den Befürwortern der beiden idealtypischen Wirtschaftsordnungen beispielsweise das Bild der **privatwirtschaftlichen Unternehmer** gekennzeichnet wird, verdeutlicht nachfolgende Ausführungen.

So verschieden kann das Bild der Unternehmer sein:

... als Ausbeuter bei Karl Marx

Die moderne Industrie hat die kleine Werkstube des patriarchalischen Meisters in die große Fabrik des industriellen Kapitalisten verwandelt. Arbeitermassen, in der Fabrik zusammengedrängt, werden soldatisch organisiert. [...] Sie sind nicht nur Knechte der Bourgeoisklasse, des Bourgeoisstaates, sie sind täglich und stündlich geknechtet von der Maschine, von dem Aufseher und vor allem von den einzelnen fabrizierenden Bourgeois selbst. [...] Ist die Ausbeutung des Arbeiters durch den Fabrikanten so weit beendigt, dass er seinen Arbeitslohn bar ausgezahlt erhält, so fallen die anderen Teile der Bourgeoisie über ihn her, der Hausbesitzer, der Krämer, der Pfandleiher usw. Die bisherigen kleinen Mittelstände, die kleinen Industriellen, Kaufleute und Rentiers, die Handwerker und Bauern, alle diese Klassen fallen ins Proletariat hinab, teils dadurch, daß ihr kleines Kapital für den Betrieb der großen Industrie nicht ausreicht und der Konkurrenz mit den größeren Kapitalisten erliegt, teils dadurch, daß ihre Geschicklichkeit von neuen Produktionsweisen entwertet wird. [...] Man hat eingewendet, mit der Aufhebung des Privateigentums werde alle Tätigkeit aufhören und eine allgemeine Faulheit einreißen. Hiernach müsste die Bürgerliche Gesellschaft längst an ihrer Trägheit zugrundegegangen sein; denn die in ihr arbeiten, erwerben nicht, und die in ihr erwerben, arbeiten nicht [...]

Karl Marx/Friedrich Engels, Manifest der Kommunistischen Partei (1848), Berlin 1980, S. 53ff.

... als Innovatoren bei Joseph Schumpeter

Einkommenserzielung und -verwendung sind solange stationäre Prozesse, bis dynamische Unternehmer Neuerungen entdecken und durchsetzen, das sind z. B.

1. Herstellung eines neuen, d. h. dem Konsumentenkreise noch nicht vertrauten Gutes oder einer neuen Qualität eines Gutes.
2. Einführung einer neuen, d. h. dem betreffenden Industriezweig noch nicht praktisch bekannten Produktionsmethode, [...]
3. Erschließung eines neuen Absatzmarktes [...]
4. Eroberung einer neuen Bezugsquelle von Rohstoffen oder Halbfabrikaten [...]
5. Durchführung einer Neuorganisation, wie Schaffung einer Monopolstellung [...] oder Durchbrechen eines Monopols [...]

Unternehmer (nennen wir) die Wirtschaftssubjekte, deren Funktion die Durchsetzung neuer Kombinationen ist und die dabei das aktive Element sind. [...] Der typische Unternehmer frägt sich nicht, ob jede Anstrengung, der er sich unterzieht, auch einen ausreichenden „Genußüberschuß" verspricht. Wenig kümmert er sich um die hedonistischen Früchte seiner Taten. Er schafft rastlos, weil er nicht anders kann, er lebt nicht dazu, um sich des Erworbenen genießend zu erfreuen. [...]

Seine Motivationen sind: [...] der Traum und der Wille, ein privates Reich zu gründen, [...] der Siegerwille [...] und die [...] Freude am Gestalten. [...]

Joseph Schumpeter, Theorie der wirtschaftlichen Entwicklung (1912), Berlin 1997, S. 100 ff.

Quelle: Informationen zur politischen Bildung Nr. 293/2006.

(3) Abhängigkeiten zwischen wirtschaftlicher und politischer Ordnung

Zwischen der **wirtschaftlichen** und **politischen Ordnung** eines Landes bestehen **Abhängigkeiten.** Wie eng die Zusammenhänge zwischen dem Idealtyp einer Wirtschaftsordnung und dem politischen System einer Volkswirtschaft sind, zeigt die nachfolgende Übersicht. So lassen sich die Staatsform einer Demokratie und die Zentralverwaltungswirtschaft dauerhaft ebenso wenig miteinander vereinbaren wie totalitäre Staatsformen und die Marktwirtschaft. Wie die Übersicht verdeutlicht, wird sich in demokratischen Staaten langfristig eine eher marktwirtschaftliche Wirtschaftsordnung durchsetzen, wohingegen totalitäre politische Systeme auf lange Sicht zu einer Zentralverwaltungswirtschaft neigen.

Interdependenzen[1] zwischen Wirtschaftsordnung und politischem System

Wirtschaftsordnung \ Politisches System	demokratisch	totalitär
Marktwirtschaft	stabil ↑	labil ↓
Zentralverwaltungswirtschaft	labil	stabil

1.2.2 Zentralverwaltungswirtschaft als idealtypische Wirtschaftsordnung

(1) Funktionsweise des Modells

Merke:

Die **Zentralverwaltungswirtschaft[2]** ist eine Wirtschaftsordnung, in der Produktion (Gütererzeugung) und Konsumtion (Verbrauch) durch **zentrale staatliche Stellen** geplant werden.

Dabei ist zwischen kurzfristiger und langfristiger Planung zu unterscheiden. Die kurzfristige Planung (Jahrespläne) wird als **Operativplanung,** die langfristige Planung (Fünf- und Zehnjahrespläne) als **Perspektivplanung** bezeichnet. In diesem Grenzmodell gibt es keine Märkte, also weder Preis-, Lohn- noch Zinsmechanismus. Das Geld hat nur die Aufgabe, Verrechnungseinheit zu sein.

- Will der Staat die **Produktion planen,** muss er sich ein genaues Bild über die einsetzbaren Faktormengen, d.h. über Boden, Bodenschätze und Arbeitskräfte einerseits und Fabrikanlagen, Transportmittel und Rohstoffe andererseits machen. Die Güte des Produktionsplans hängt damit weitgehend vom Stand der Statistik ab.
- Noch schwieriger als die zentrale Produktionsplanung ist die **Planung des Konsums.** Die Planungsbehörde muss sich vollkommen über die Verbraucherwünsche im Klaren sein, es sei denn, sie setzt von sich aus fest, was der Einzelne zu verbrauchen hat bzw. verbrauchen darf. Will sie das nicht, ist eine Orientierung beispielsweise über Verbrau-

1 Interdependenz: gegenseitige Abhängigkeit.

2 Statt Zentralverwaltungswirtschaft werden auch folgende Begriffe gebraucht: Zentralwirtschaft, zentral gelenkte Wirtschaft, Gemeinwirtschaft, Planwirtschaft, Kommandowirtschaft.

6 Boller u.a. – ISBN 978-3-8120-0596-8

cherbefragungen möglich, wenn Fehlplanungen vermieden werden sollen. Fehlplanungen im Konsumgüterbereich bedeuten, dass entweder ein Teil der Produktion nicht absetzbar ist (die Nachfrage ist zu gering) oder das Angebot nicht ausreicht (die Nachfrage ist zu groß). Im letzteren Fall muss das Angebot rationiert werden, d.h., jeder erhält eine von der Planungsbehörde festgelegte Zuteilung (Gutschein- oder Bezugsscheinsystem).

Merke:

Die **Zentralverwaltungswirtschaft** ist durch **zentrale Entscheidung, Planung** und **Kontrolle** gekennzeichnet.

(2) Ordnungsmerkmale (Grundvoraussetzungen) des Modells

Damit eine zentralgesteuerte Wirtschaft funktionsfähig sein kann, müssen folgende Ordnungsmerkmale gegeben sein:

- Eine **zentrale Planungsbehörde** (eine staatliche Behörde) plant Verbrauchs- und Produktionsmengen.
- Die **Verteilung** der zu erstellenden Gütermengen und Dienstleistungen wird zeitlich und örtlich **vorausgeplant.**
- Die Produzenten können keine Entscheidungen darüber treffen, ob, was und wie viel sie produzieren wollen **(keine Produktionsfreiheit, keine Gewerbefreiheit, keine Niederlassungsfreiheit).**
- Ebenso können die Verbraucher keine Entscheidungen darüber treffen, was und wie viel sie verbrauchen wollen (**keine Konsumfreiheit,** sondern **Zuteilungssystem**).
- Weder Unternehmen noch Haushalte können darüber entscheiden, ob und wie viel sie importieren oder exportieren wollen (**kein Freihandel,** sondern **staatlicher Außenhandel; Devisenzwangswirtschaft**).
- Keine Vertragsfreiheit.
- Da der Staat die Produktions- und Konsumentscheidungen trifft, kann es **kein Privateigentum** an den Produktionsmitteln geben. Die Produktionsmittel sind verstaatlicht (in **Kollektiveigentum** überführt d.h. sozialisiert).
- **Keine freie Berufswahl, keine Arbeitsplatzwahl** und **keine Freizügigkeit,** weil die Planerfüllung verlangt, dass die Arbeitskräfte dort eingesetzt werden, wo sie am dringendsten benötigt werden.

1.2.3 Marktwirtschaft als idealtypische Wirtschaftsordnung

(1) Funktionsweise des Modells

Sowohl in der freien Marktwirtschaft als auch in der Zentralverwaltungswirtschaft wird geplant, denn ohne Planung ist – wie wir wissen – wirtschaftliches Handeln nicht möglich. Der Unterschied zwischen den beiden Wirtschaftsordnungen besteht darin, dass in der freien Marktwirtschaft nicht von einer zentralen Stelle aus, sondern von autonomen, d.h. in ihrer Handlungsfreiheit unbeeinträchtigten Unternehmen und Haushalten Pläne erstellt und durchgeführt werden.

Merke:

Das **Modell der freien Marktwirtschaft** ist durch **dezentrale**[1] **Entscheidungsfindung** gekennzeichnet.

Die **Haushalte** treten auf den **Faktormärkten**[2] als Anbieter der beiden Produktionsfaktoren **Arbeit** und **Boden** auf, die von den Unternehmen nachgefragt werden. Die Unternehmen bieten auf den **Konsumgütermärkten** ihre Fertigerzeugnisse an, die die Haushalte aufkaufen. Umgekehrt fließen den Haushalten für Arbeitsleistungen und zur Verfügung gestellte Bodennutzungen **Einkommen** zu. Die Einnahmen aus dem Verkauf der Fertigerzeugnisse stellen für die Unternehmen **Umsatzerlöse** dar. Den Leistungs- und Güterströmen entsprechen also entgegenlaufende Geldströme (monetäre Ströme). Dies gilt auch für die **Kreditmärkte**: Den Banken fließen u.a. die Ersparnisse der Haushalte zu, es entstehen Forderungen der Haushalte an die Banken. Die Unternehmen erhalten Kredite, es entstehen Verbindlichkeiten der Unternehmen gegenüber den Banken.

Modell der freien Marktwirtschaft

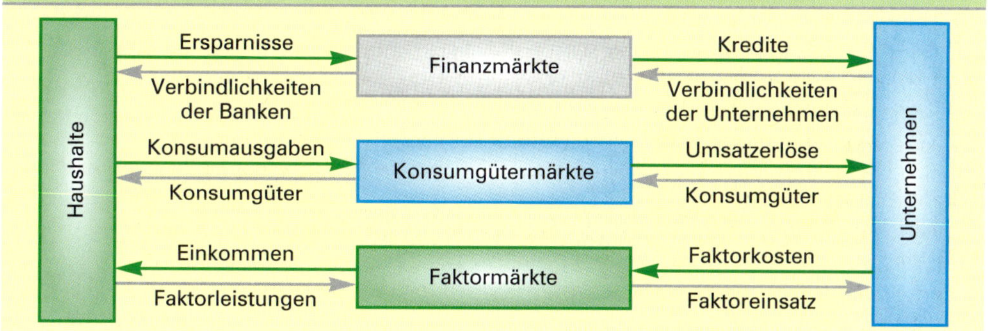

(2) Ordnungsmerkmale (Grundvoraussetzungen) des Modells

Damit eine marktgesteuerte Wirtschaft funktionsfähig sein kann, müssen folgende Ordnungsmerkmale gegeben sein:

- Der Staat greift überhaupt **nicht** in das Wirtschaftsgeschehen ein. Er hat lediglich die Aufgabe, die marktwirtschaftliche Grundordnung zu erhalten, die äußere Sicherheit zu gewährleisten und die Einhaltung der Spielregeln zu überwachen **(Nachtwächterstaat)**.
- Die Entscheidung darüber, was, wo und wie viel produziert wird, liegt **ausschließlich** bei den Unternehmen **(Produktionsfreiheit, Gewerbefreiheit, Niederlassungsfreiheit)**.
- Die Entscheidung darüber, was und wie viel gekauft wird, liegt ausschließlich bei den Konsumenten **(Konsumfreiheit)**.
- Es bleibt den Unternehmen und Haushalten überlassen, ob und wie viel sie importieren oder exportieren wollen **(Freihandel)**.
- Die Ausgestaltung der Verträge (Kauf-, Miet-, Pacht-, Kartellverträge usw.) wird den Vertragsparteien überlassen **(Vertragsfreiheit)**.

1 Dezentral: nicht von einer zentralen Stelle aus.

2 Märkte, auf denen Produktionsfaktoren gehandelt werden.

- Die Steuerung der Wirtschaft über den Preis setzt das Vorhandensein eines allgemein anerkannten Zahlungsmittels, also von Geld, voraus **(Geldwirtschaft).**
- Das **Privateigentum an den Produktionsmitteln** (am „Kapital", daher „Kapitalismus") muss gewährleistet sein.
- **Freie Berufswahl, Arbeitsplatzwahl** und **Freizügigkeit** müssen garantiert sein (andernfalls kann der „Lohnmechanismus" nicht wirken).

Merke:

Das Modell der freien Marktwirtschaft ist durch eine **freiheitliche Rechtsordnung,** das **Privateigentum,** die **Vertragsfreiheit** und die **Freiheit der wirtschaftlichen Betätigung** gekennzeichnet.

Zusammenfassung

- Die **Wirtschaftsordnung** ist ein **Ordnungsgefüge,** das die **Beziehungen der Wirtschaftssubjekte untereinander regelt** und die **wirtschaftlichen Handlungen** der Wirtschaftssubjekte miteinander **koordiniert.**
- Die beiden theoretischen Modelle von Wirtschaftsordnungen lassen sich anhand von Vergleichskriterien voneinander abgrenzen.

Vergleichskriterien	Marktwirtschaft	Zentralverwaltungswirtschaft
Planungssystem	dezentrale Planung	zentrale Planung
Koordinationssystem	Märkte mittels Preismechanismus	Salden der Planbilanzen
Motivationssystem	Haushalte: Nutzen Unternehmen: Gewinn	Haushalte: Bedarfsdeckung Unternehmen: Grad der Planerfüllung
Eigentumsordnung	Privateigentum	Kollektiveigentum
Vertragsfreiheit	ja	nein
Gewerbefreiheit	ja	nein
Konsumfreiheit	ja	stark eingeschränkt
Funktion des Staates	Festlegung eines Ordnungsrahmens	umfangreiche Planungs- und Steuerungsfunktion
Festsetzung der Löhne und Gehälter	Einzel- bzw. Kollektivverträge (Tarifverträge)	Festsetzung durch Plan

Übungsaufgabe

10 1. Halten Sie eine Volkswirtschaft für denkbar, bei der die Bedürfnisse der Bevölkerung ohne Planung gedeckt werden könnten?

2. Welche grundsätzlichen Lösungsmöglichkeiten gibt es für die Fragen was, wie, wann und für wen produziert werden soll?

3. Wodurch erfolgt die Steuerung der Marktwirtschaft?

4. Ist eine Marktwirtschaft ohne Privateigentum an Produktionsmitteln realistisch?

5. Wie erfahren die Wirtschaftssubjekte in einer Marktwirtschaft, ob ein Gut knapp ist?

6. Wodurch wird in der Marktwirtschaft vermieden, dass es zu wirtschaftlicher Macht kommt?

7. Gibt es die Marktwirtschaft unter den aufgeführten Bedingungen in der Wirklichkeit?

8. Lesen Sie den folgenden Zeitungsausschnitt und beantworten Sie die anschließenden Fragen!

Verstaatlichung – ein neues Patentrezept

Die konjunkturellen und strukturellen Krisen der vergangenen Jahre und ihre Folgen (Unternehmenspleiten, Betriebsstilllegungen, die rapide Zunahme der Zahl der Arbeitslosen) haben auch Ideen und Rezepten wieder Aufwind gegeben, die lange Zeit in Vergessenheit geraten waren: Besonders in den Reihen der Gewerkschaften und bei ihren wissenschaftlichen Ratgebern werden immer lauter Forderungen nach einer verstärkten staatlichen Wirtschaftslenkung bis hin zu einer Verstaatlichung der von der Krise besonders gebeutelten Großunternehmen vorgebracht. Wäre dies ein Patentrezept zur Lösung unserer Probleme? Sind etwa die Manager eines staatlichen Unternehmens prinzipiell besser in der Lage, eine Unterauslastung der sachlichen und menschlichen Kapazitäten mit dadurch drohender Arbeitslosigkeit zu verhindern, als ihre Kollegen in einem privatwirtschaftlichen Unternehmen? Können sie allein aufgrund des staatlichen Eigentums an ihrem Unternehmen eine bessere Absatz-, Einkaufs-, Finanz-, Produktionspolitik usw. betreiben?

Aufgaben:

8.1 Wie würden Sie die am Ende dieses Artikels gestellten Fragen beantworten?

8.2 Welche Auswirkungen hätte es auf den Markt, wenn Großunternehmen verstaatlicht würden?

8.3 Welche Konsequenzen hätte eine Verstaatlichung von Großunternehmen für Klein- und Mittelbetriebe?

8.4 Welche Konsequenzen hätte eine Verstaatlichung von Großunternehmen für die Verbraucher?

8.5 Für wen brächte eine Verstaatlichung von Großunternehmen Vorteile?

9. Erläutern Sie den Zusammenhang zwischen der Wirtschaftsordnung eines Landes und der jeweiligen Staatsform!

10. Entscheiden Sie, welche der nachfolgenden Aussagen für die Grundmodelle von Wirtschaftsordnungen zutreffen!

Notieren Sie bitte als Lösung eine
(1), wenn diese Aussage nur für das Modell der Marktwirtschaft gilt,
(2), wenn diese Aussagen nur für das Modell der Zentralverwaltungswirtschaft gilt,
(3), wenn diese Aussage für beide Modelle gilt,
(4), wenn diese Aussage für keines der beiden Modelle gilt!

10.1 Die Produktionsmittel befinden sich zum größten Teil in staatlicher Hand.

10.2 Diese Wirtschaftsordnung ist gekennzeichnet durch eine Mehrplanwirtschaft mit Wettbewerbssteuerung.

10.3 Die individuelle Freiheit des Einzelnen findet besondere Beachtung.

10.4 Löhne und Gehälter werden zwischen Arbeitgeber und Arbeitnehmer grundsätzlich individuell vereinbart.

10.5 Der Import ausländischer Güter ist jedem Unternehmen freigestellt.

10.6 Die Regierungen können Rechtsnormen erlassen, die das wirtschaftliche Miteinander regeln.

10.7 Diese Wirtschaftsordnung stellt sicher, dass jedes Wirtschaftssubjekt seine Pläne erfüllen kann.

10.8 Eigentum des Staates ist bei dieser Wirtschaftsordnung nicht vorgesehen.

10.9 Unternehmen verfügen über eine Unternehmensleitung.

10.10 Oberstes Ziel der Unternehmen ist die Gewinnmaximierung.

10.11 Der Staat garantiert eine erstklassige Versorgung der Haushalte mit allen Produkten des alltäglichen Bedarfs.

10.12 Die Wünsche und Vorstellungen des Einzelnen sind nicht so wichtig wie das Wohl der Gemeinschaft.

10.13 Im Wesentlichen werden die Preise staatlich fixiert.

10.14 Die Planung der Produktion erfolgt in den Unternehmen.

11. Beide idealtypischen Wirtschaftsordnungen bringen Vor- und Nachteile mit sich.
Kennzeichnen Sie als Lösung nachfolgende Aussagen mit einer
(1), wenn es sich um einen Vorteil der Marktwirtschaft handelt,
(2), wenn es sich um einen Nachteil der Marktwirtschaft handelt,
(3), wenn es sich um einen Vorteil der Zentralverwaltungswirtschaft handelt,
(4), wenn es sich um einen Nachteil der Zentralverwaltungswirtschaft handelt.
Tragen Sie eine (9) ein, wenn keine Zuordnung möglich erscheint!

11.1 Die Durchsetzung individueller Interessen kann zu Lasten des Gemeinwohls gehen.

11.2 Die Eigeninitiative der Wirtschaftssubjekte ist kaum vorhanden.

11.3 Die Produktionsfaktoren werden in gewinnbringende Sektoren gelenkt.

11.4 Die tatsächliche Knappheit der Güter spiegelt sich kaum mehr in den Preisen wider.

11.5 Für die Mitglieder der Gesellschaft besteht die Möglichkeit zur Selbstverwirklichung.

11.6 Die Machtbefugnisse des Staates im Wirtschaftsleben sind sehr umfangreich.

11.7 Die Entscheidung zur bedarfsdeckenden Versorgung orientiert sich nicht ausschließlich am Gewinn.

11.8 „Schwächere" Wirtschaftssubjekte werden durch den fehlenden Wettbewerb nicht an den Rand ihrer Existenz gedrängt.

11.9 Jedes Mitglied der Gesellschaft handelt nach dem Minimalprinzip.

11.10 Die Handlungen der Wirtschaftssubjekte werden durch einen Ordnungsrahmen koordiniert.

11.11 Es werden wenig öffentliche Güter angeboten.

11.12 Das Risiko der Arbeitslosigkeit ist – insbesondere bei schlechter Konjunkturlage – sehr hoch.

11.13 Der technische Fortschritt kann sich nicht voll entfalten.

11.14 Es kommt zu einer Überforderung von Zentralbehörden.

11.15 Ein wesentliches Ordnungsmerkmal dieser Wirtschaftsordnung ist die Konsumfreiheit.

11.16 Es kann zu Machtkonzentrationen und Monopolisierungen und somit zumindest kurzfristig zur Ausbeutung schwächerer Marktteilnehmer kommen.

11.17 Für breite Bevölkerungskreise besteht – wenn auch auf einem vergleichsweise niedrigen Niveau – Versorgungssicherheit.

2 Markt und Marktformen

2.1 Begriff Markt

In einer marktwirtschaftlich orientierten Wirtschaftsordnung stellen alle Wirtschaftssubjekte – also die **Haushalte** (in der Regel als **Nachfrager**) sowie die **Unternehmen** (zumeist in der Rolle der **Anbieter**) – ihrem **Eigeninteresse** folgend **selbstständig** Wirtschaftspläne auf. Dabei versuchen die **Anbieter** (Unternehmen) ihre Pläne am Ziel der **Gewinnmaximierung** auszurichten, wohingegen sich die **Nachfrager** (Haushalte) bei ihren Planungen überwiegend an dem Ziel der **Nutzenmaximierung** orientieren. Die **Gegensätzlichkeit** dieser Planungsgrundlage wird deutlich, wenn man sich vor Augen führt, dass die **Anbieter** im Rahmen ihrer Zielsetzung bemüht sein werden, entsprechend **hohe Preise** durchzusetzen. Die **Nachfrager** demgegenüber versuchen, mit den ihnen zur Verfügung stehenden Mitteln (Budgetgerade) ein möglichst hohes Nutzenniveau zu realisieren, also zu möglichst **niedrigen Preisen** ihren Bedarf zu decken.

Beide „Parteien" sind bestrebt, ihre individuellen Planungen am Markt zu realisieren.

- So ermöglicht der Markt den **Anbietern,** ihre Güter entsprechend ihren Zielvorstellungen anzubieten und sich über die Nachfrage zu informieren.
- Den **Nachfragern** hingegen bietet der Markt die Möglichkeit, sich über das Angebot zu informieren und ihre Kaufentscheidung unter Berücksichtigung der Nutzenmaximierung zu treffen.

Merke:

- Ökonomisch betrachtet versteht man unter **Markt** den Ort, an dem Angebot und Nachfrage aufeinandertreffen.
- Die **Nachfrage** setzt sich aus der Summe aller mit Kaufkraft ausgestatteten Kaufwünsche der Wirtschaftssubjekte zusammen.
- Das **Angebot** setzt sich aus der Summe aller Verkaufswünsche der Wirtschaftssubjekte zusammen.

Letztlich erfolgt über den Markt ein **Ausgleich** zwischen den **entgegengesetzten** Interessen von Anbietern und Nachfragern, da sich als Ergebnis des Marktgeschehens **ein** Preis (der sogenannte **Gleichgewichtspreis**) bildet, über den die unterschiedlichen Zielsetzungen der Marktteilnehmer „ausbalanciert" werden **(Selbststeuerungsmechanismus des Marktes).**

2.2 Marktformen

In einer Volkswirtschaft gibt es nicht nur einen Markt, sondern eine **Vielzahl** von Märkten, die sich nach verschiedenen Kriterien untergliedern. Im Folgenden beschränken wir uns aufgrund des Lehrplans auf zwei Gliederungskriterien: die Gliederung des Marktes **nach dem Vollkommenheitsgrad** und nach der **Anzahl der Anbieter und Nachfrager**.

(1) Gliederung des Marktes nach dem Vollkommenheitsgrad

Vollkommener Markt

Für das Vorliegen eines **vollkommenen Marktes** müssen nachfolgende Voraussetzungen erfüllt sein:

Voraussetzungen:	Beispiele:
Ein Einheitspreis entwickelt sich nur dann, wenn auf dem Markt vollkommen gleichartige Güter gehandelt werden: Die **Güter** müssen **homogen** sein.	Banknoten, Aktien einer bestimmten Aktiengesellschaft, Edelmetalle, Baumwolle eines bestimmten Standards.
Angebot und Nachfrage müssen gleichzeitig an einem bestimmten Ort aufeinandertreffen **(Punktmarkt).**	Nur die an einem bestimmten Tag bei einem Börsenmakler zusammenlaufenden Kauf- und Verkaufsaufträge bestimmen den Kurs (den Preis) des Tages.
Anbieter und Nachfrager müssen eine vollständige Marktübersicht **(Markttransparenz)** besitzen.	Eine Hausfrau hat dann eine vollständige Marktübersicht, wenn sie die Preise und Qualitäten aller angebotenen Waren kennt. – Ein Anbieter besitzt die vollkommene Marktübersicht, wenn ihm die Kaufabsichten der Kunden bekannt sind. (Vollständige Markttransparenz findet sich folglich nur an der Börse.)
Anbieter und Nachfrager müssen **sofort** auf Änderungen der Marktsituation **reagieren können.**	Der Börsenspekulant hat jederzeit die Möglichkeit, sich telefonisch an der Börse über den Stand der Nachfrage, des Angebots und der Kurse zu informieren (Markttransparenz). Zugleich hat er die Möglichkeit, z. B. bei steigenden Kursen mehr anzubieten oder weniger nachzufragen (schnelle Reaktionsfähigkeit).
Käufer und Verkäufer dürfen sich nicht gegenseitig bevorzugen **(keine Präferenzen[1]).**	Eine **sachliche Präferenz** liegt vor, wenn ein Käufer der Meinung ist, dass das Produkt des Herstellers A besser als das des Herstellers B ist, auch wenn beide Produkte objektiv gleich (homogen) sind. – Eine **zeitliche Präferenz** ist gegeben, wenn z. B. ein Käufer den Lieferer A bevorzugt, weil dieser schneller liefern kann oder ein Kinobesucher am Wochenende bereit ist, einen höheren Preis zu zahlen als während der Woche. – Von **räumlicher Präferenz** spricht man z. B., wenn die räumliche Nähe des Marktpartners zu Bevorzugungen führt. – **Persönliche Präferenzen** bestehen z. B. dann, wenn ein Kunde ein Geschäft aufgrund besonders kulanter und freundlicher Bedienung bevorzugt.

1 Präferenz: Vorrang, Bevorzugung.

Unvollkommener Markt

Fehlt **eine** der Voraussetzungen des vollkommenen Marktes, so spricht man von einem **unvollkommenen Markt.** Annähernd vollkommene Märkte sind die Ausnahmen, unvollkommene Märkte die Regel.

Während es auf dem **vollkommenen Markt** nur einen **einheitlichen Preis (Gleichgewichtspreis)**[1] für ein bestimmtes Gut geben kann, gibt es auf **unvollkommenen Märkten** für ein bestimmtes Gut **unterschiedliche Preise.**

(2) Gliederung des Marktes nach der Anzahl der Anbieter und Nachfrager

Polypolistische Märkte[2]	Vollständige Konkurrenz, d.h., unzählige Anbieter und Nachfrager treten auf dem Markt auf.
Oligopolistische Märkte[3]	Märkte, bei denen auf einer und/oder beiden Marktseiten wenige Konkurrenten vorhanden sind.
Monopolistische Märkte[4]	Märkte, bei denen sich auf einer und/oder beiden Marktseiten nur ein Marktbeteiligter befindet.

Die einzelnen Märkte lassen sich nach der **Anzahl** der jeweiligen **Marktteilnehmer** untergliedern. Strukturiert man die Anzahl der Anbieter und Nachfrager auf einem Markt in **quantitativer** Hinsicht in die Kategorien „einer“, „wenige“ und „viele“, so erhält man folgendes Grundschema mit insgesamt **neun** verschiedenen **Marktformen.**

Zahl der Nachfrager / Zahl der Anbieter	**einer**	**wenige**	**viele**
einer	zweiseitiges Monopol	Angebotsmonopol mit oligopolistischer Nachfrage	Angebotsmonopol
wenige	Nachfragemonopol mit oligopolistischem Angebot	zweiseitiges Oligopol	Angebotsoligopol
viele	Nachfragemonopol	Nachfrageoligopol	vollständige (polypolistische) Konkurrenz

vollkommene Märkte — unvollkommene Märkte

Aufgrund dieser Matrixdarstellung erhält man 9 verschiedene Marktformen. Beachtet man, dass (theoretisch) **jede** Marktform **vollkommen** oder **unvollkommen** sein kann, ergeben sich 18 Marktformen.

Aus dieser Untergliederung ergeben sich in erster Linie Konsequenzen für die Verteilung der **Marktmacht** zwischen Anbietern und Nachfragern. So dürfte die Marktmacht zwischen Anbietern und Nachfragern bei einem Angebotsmonopol anders verteilt sein als

1 Vgl. hierzu die Ausführungen in Kapitel 3, S. 91ff.
2 Die Vorsilbe poly... bedeutet in Fremdwörtern „viel“, z.B. in „Polygamie“ die Vielehe.
3 Die Vorsilbe olig... bedeutet in Fremdwörtern „wenig“, z.B. in „Oligarchie“ die Herrschaft weniger.
4 Die Vorsilbe mono... bedeutet in Fremdwörtern „ein“, z.B. in „Monotonie“ die Eintönigkeit.

bei einem Nachfragemonopol. Während im ersten Fall die stärkere Verhandlungsposition wegen fehlender Alternativen für die Nachfrager auf Seiten des Anbieters liegt **(Verkäufermarkt)**, ist bei der zweiten Marktform der Nachfrager in der besseren Position **(Käufermarkt)**. Diese ungleiche Verteilung von Marktmacht bleibt nicht ohne Folgen für den Preisbildungsprozess am Markt.

Wie sich die Preisbildung in den einzelnen Marktformen vollzieht, ist jedoch nicht zuletzt auch stark abhängig von den **qualitativen** Komponenten eines Marktes und hierbei insbesondere von dem Vollkommenheitsgrad.

Die quantitativen und qualitativen Kriterien zur Markteinteilung lassen sich miteinander kombinieren, wodurch eine Vielzahl unterschiedlicher Märkte gegeneinander abgegrenzt werden kann.

Um den **Preisbildungsprozess** bei unterschiedlichen Marktformen differenzierter zu betrachten, soll der **Grad der Vollkommenheit eines Marktes** nachfolgend mit in die Überlegungen zur Preisbildung einbezogen werden.

Zahl der Anbieter / **Vollkommenheitsgrad**	**einer**	**wenige**	**viele**
vollkommener Markt	vollkommenes Angebotsmonopol	vollkommenes Angebotsoligopol[1]	vollkommen polypolistische Konkurrenz
unvollkommener Markt	unvollkommenes Angebotsmonopol[1]	unvollkommenes Angebotsoligopol[1]	unvollkommene polypolistische Konkurrenz[1]

Zusammenfassung

- Unter **Markt** versteht man den ökonomischen Ort, an dem sich Angebot und Nachfrage treffen.
- Unter **Nachfrage** versteht man den auf dem Markt erscheinenden Bedarf.
- Unter **Angebot** versteht man die auf dem Markt erscheinenden Kaufwünsche der Wirtschaftssubjekte.
- Nach der **Anzahl der Anbieter und Nachfrager** unterscheidet man in:
  - polypolistische Märkte,
  - oligopolistische Märkte,
  - monopolistische Märkte.
- Nach dem **Vollkommenheitsgrad** unterscheidet man in:
  - vollkommene Märkte und
  - unvollkommene Märkte.
- Einen Überblick über die **wichtigsten Marktformen** bietet das Schema auf S. 89.

1 Diese Marktformen werden im Folgenden aufgrund des Lehrplans nicht dargestellt.

Übungsaufgabe

11 1. Unterscheiden Sie die Begriffe
   1.1 vollkommener Markt – unvollkommener Markt;
   1.2 polypolistischer Markt – oligopolistischer Markt – monopolistischer Markt!
2. Nennen Sie die einzelnen Prämissen des vollkommenen Marktes und begründen Sie, warum die einzelnen Prämissen erfüllt sein müssen, wenn für ein Gut nur ein Gleichgewichtspreis (Einheitspreis) existieren soll!
3. Charakterisieren Sie das Wesen des vollkommenen polypolistischen Markts und begründen Sie, warum das vollkommene Polypol einen theoretischen Grenzfall darstellt!

3 Preisbildung auf vollkommenen Märkten

3.1 Preisbildung bei vollständiger polypolistischer Konkurrenz (vollkommenes Polypol)

3.1.1 Gleichgewichtspreis

Um uns den Vorgang der **Preisbildung auf einem vollkommenen polypolistischen Markt** zu verdeutlichen, greifen wir zu einem einfachen Beispiel.

Beispiel:

Die Warenbörsen erhalten von den Käufern und Verkäufern Kauf- oder Verkaufsaufträge. Dabei können Käufer und Verkäufer ihre Aufträge limitieren, d.h. begrenzen. Ein Käufer kann z.B. den Warenmakler[1] beauftragen, eine bestimmte Warenmenge *höchstens* zu 62,00 EUR je Gewichtseinheit zu kaufen. Sollte der Kurs (der an der Börse festgelegte Preis) am Kauftag höher sein, wird der Auftrag nicht ausgeführt.

Ein Verkäufer kann den Warenmakler beauftragen, eine bestimmte Warenmenge zu *mindestens* 61,00 EUR zu verkaufen. Ist der Kurs (Preis) am Verkaufstag niedriger, wird der Auftrag ebenfalls nicht ausgeführt.

Werden die Kauf- und Verkaufsaufträge nicht limitiert, werden die zum Kauf nachgefragten bzw. die zum Verkauf angebotenen Waren „bestens", d.h. zu dem am Abschlusstag gültigen Kurs (Preis) ge- oder verkauft.

---

1 Ein Makler ist ein Kaufmann, der Geschäfte für andere vermittelt. Für seine Tätigkeit erhält er eine Maklergebühr (Courtage), die von beiden Vertragspartnern (Käufer, Verkäufer) je zur Hälfte zu zahlen ist.

Angenommen nun, bei einem Warenmakler laufen für eine Weichweizensorte einheitlicher Qualität folgende Aufträge ein:

Kaufaufträge (Nachfrage)	Verkaufsaufträge (Angebot)
50 dt[1] bestens 45 dt zu 61,00 EUR höchstens 20 dt zu 62,00 EUR höchstens 70 dt zu 63,00 EUR höchstens 20 dt zu 64,00 EUR höchstens	30 dt bestens 45 dt zu 61,00 EUR mindestens 85 dt zu 62,00 EUR mindestens 40 dt zu 63,00 EUR mindestens 35 dt zu 64,00 EUR mindestens

Der Warenmakler hat nun die Aufgabe festzustellen, bei welchem Preis (Kurs) der höchste Umsatz erzielt werden kann.

Dazu muss festgestellt werden, welche Umsätze (Menge · Preis) bei den einzelnen Preisen möglich sind:

Mögliche Preise (Kurse)	Durchführbare Kaufaufträge (Nachfrage)	Durchführbare Verkaufsaufträge (Angebot)	Umsetzbare Menge
60,00 EUR	205 dt[2]	30 dt[4]	30 dt
61,00 EUR	205 dt	75 dt	75 dt
62,00 EUR	160 dt[3]	160 dt	160 dt
63,00 EUR	140 dt	200 dt	140 dt
64,00 EUR	70 dt	235 dt	70 dt

In diesem Beispiel beträgt der vom Makler festgesetzte Preis 62,00 EUR je dt, weil hier der größtmögliche Umsatz getätigt werden kann. Man spricht vom **Gleichgewichtspreis.**

Merke:

Der **Gleichgewichtspreis** bringt Angebot und Nachfrage zum Ausgleich, er „räumt den Markt".

3.1.2 Auswirkungen des Gleichgewichtspreises

Der Gleichgewichtspreis ist in der Lage, die **unterschiedlichen Interessen** der **Anbieter** und **Nachfrager** auszugleichen. Die **Anbieter** haben ein Interesse daran, möglichst **hohe Preise** zu erzielen. Das Interesse der **Nachfrager** hingegen besteht darin, die nachgefragten Güter zu möglichst **niedrigen Preisen** zu erhalten.

Zu beachten ist, dass die **Anbieter,** die einen **höheren Preis als den Gleichgewichtspreis** (Marktpreis) erzielen wollen, und die **Nachfrager,** die nur einen **niedrigeren Preis als den Gleichgewichtspreis** bezahlen wollen, **leer ausgehen.**

1 1 dt: Dezitonne (100 kg).

2 Bei einem Preis (Kurs) von 60,00 EUR wollen alle Auftraggeber kaufen, auch diejenigen, die eigentlich einen höheren Kurs zu zahlen bereit sind.

3 Bei einem Preis von 62,00 EUR kaufen die Auftraggeber nicht mehr, die höchstens 61,00 EUR anlegen wollten. Die Käufer, die nicht limitiert haben, kaufen jedoch zu jedem Kurs.

4 Es verkaufen nur die Auftraggeber, die nicht limitiert haben. Alle anderen wollten einen höheren Preis erzielen.

Die Marktteilnehmer jedoch, die zum Zuge kommen, befinden sich in unterschiedlichen Situationen.

- Diejenigen Anbieter, die auch zu einem niedrigeren Preis als zu dem Gleichgewichtspreis verkaufen würden, erzielen einen zusätzlichen Gewinn, den man als **Anbieterrente** bezeichnet. Handelt es sich bei diesen Anbietern um Hersteller bzw. Verkäufer von Produkten, deren Produktion Kosten verursacht hat, spricht man von **Produzentenrente.**
- Die Käufer hingegen, die auch einen höheren Preis als den Gleichgewichtspreis zu zahlen gewillt wären, erzielen eine **Nachfragerrente.** Handelt es sich um Nachfrager nach Konsumgütern, spricht man von der **Konsumentenrente.** Sie stellt für die Nachfrager nach Konsumgütern (also vor allem die privaten Haushalte) einen **Nutzengewinn** dar.

Beachte:

Handelt es sich um reproduzierbare Güter (immer wieder neu herstellbare Güter),[1] kommt in den Preisforderungen der Anbieter die Höhe ihrer Produktionskosten[2] zum Ausdruck. Je höher die Produktionskosten jedes einzelnen Anbieters sind, desto höher wird i. d. R. auch seine Preisforderung sein. In den Preisvorstellungen der Käufer kommen, falls es sich um Konsumgüter handelt, ihre individuellen Nutzenvorstellungen zum Ausdruck. Je höher der individuelle Nutzen des nachgefragten Gutes ist, desto mehr ist der einzelne Nachfrager zu zahlen bereit.

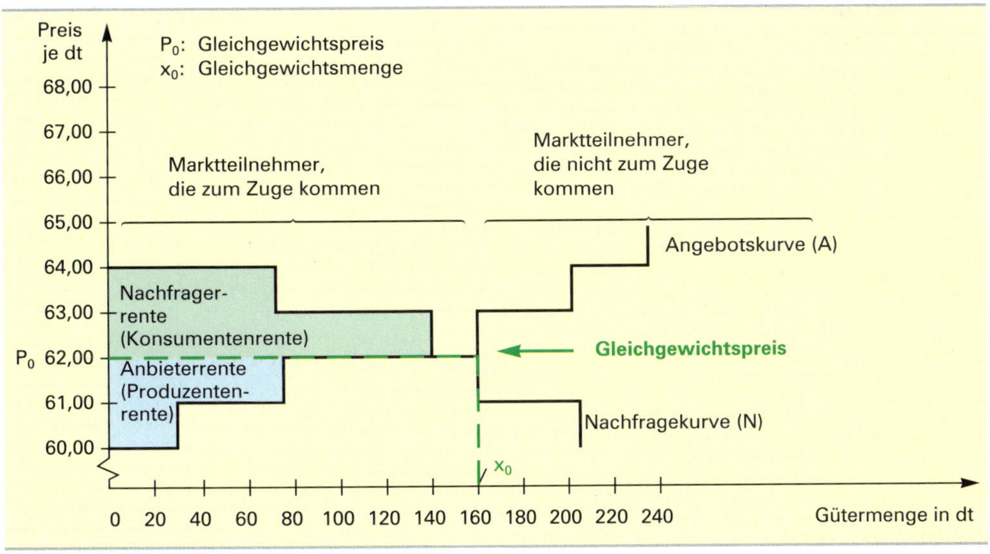

1 Bei **nicht reproduzierbaren Gütern** (z. B. Sammlungen von Mineralien, Versteinerungen oder Briefmarken, Kunstgegenständen und Boden) spielen die Anschaffungskosten als objektive Größe für die Anbieter nur eine geringe Rolle. Ihre Preisvorstellungen sind mehr oder weniger subjektiv bestimmt.

2 In den **Produktionskosten** ist ein angemessener Unternehmergewinn, Zinsen für das investierte Eigenkapital, eine Risikoprämie und ein Unternehmerlohn für die geleistete Arbeit enthalten. Die „Produzentenrente“ stellt also einen Zusatzgewinn dar.

Wenn man sich nun vorstellt, dass sehr viele (theoretisch „unendlich" viele) Anbieter und Nachfrager auf dem Markt sind, verschwinden die „Treppen" aus der Angebots- und aus der Nachfragekurve. Es ergibt sich folgendes Bild:

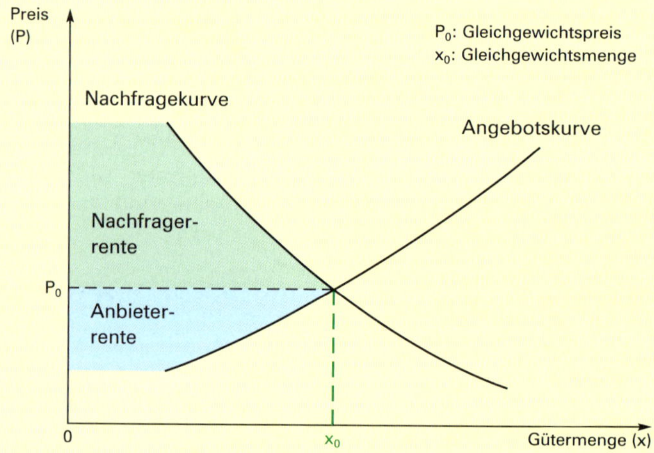

3.1.3 Auswirkungen anderer Preise als des Gleichgewichtspreises

Ganz wesentlich ist die Erkenntnis, dass jeder andere als der Gleichgewichtspreis (Einheitspreis) den Markt nicht räumen kann. Setzt der Warenmakler beispielsweise einen Kurs von 61,00 EUR je dt fest, beträgt die Nachfrage 205 dt, das Angebot nur 75 dt (Unterangebot bzw. Übernachfrage: **Angebotslücke**).[1] Der Börsenmakler wird also den **Preis heraufsetzen.**

Merke:

Ist bei einem gegebenen Preis das Angebot kleiner als die Nachfrage **(Angebotslücke),** wird der Preis steigen.

Umgekehrt ist es, wenn der Warenmakler beispielsweise einen Preis von 63,00 EUR je dt bestimmt. Dann beläuft sich das Angebot auf 200 dt, die Nachfrage lediglich auf 140 dt (Überangebot bzw. Unternachfrage: **Nachfragelücke**).[2] Der Makler wird also den **Preis herabsetzen.**

Merke:

Ist bei einem gegebenen Preis die Nachfrage kleiner als das Angebot **(Nachfragelücke),** wird der Preis sinken.

1 Siehe Tabelle auf Seite 92.
2 Siehe Tabelle auf Seite 92.

3.1.4 Änderungen des Gleichgewichtspreises – Preismechanismus

(1) Preisgesetze

Weder Angebot noch Nachfrage bleiben im Laufe der Zeit unverändert. So mag es z.B. sein, dass die **Nachfrage** nach bestimmten Gütern und Dienstleistungen bei einem gegebenen Preis **zunimmt,** weil die Einkommen der Nachfrager gestiegen sind oder weil die Nachfrager künftige Preissteigerungen erwarten. Umgekehrt kann die **Nachfrage** zu einem bestimmten Preis **abnehmen,** weil die Einkommen gesunken sind (z.B. aufgrund von Arbeitslosigkeit) oder die Nachfrager Preissenkungen erwarten.

Eine **Zunahme der Nachfrage** wirkt sich in einer Verschiebung der Nachfragekurve nach **„rechts“** aus, eine **Abnahme der Nachfrage** in einer Verschiebung der Nachfragekurve nach **„links“**.

Zunehmende Nachfrage

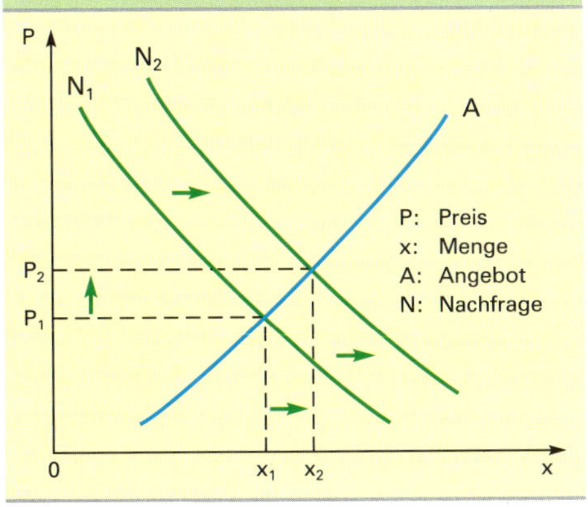

Abnehmende Nachfrage

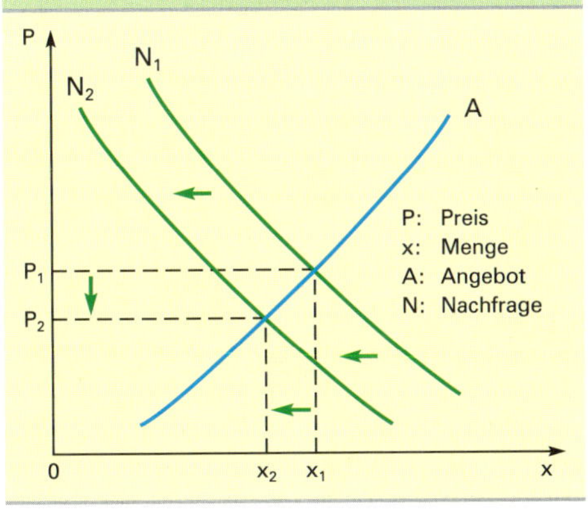

Merke:

Im Normalfall gelten auf vollkommenen polypolistischen Märkten folgende **„Preisgesetze“**:

- Bei **gleichbleibendem** Güterangebot führt die **Zunahme** der Nachfrage zu **steigenden** Preisen.
- Bei **gleichbleibendem** Güterangebot führt die **Abnahme** der Nachfrage zu **fallenden** Preisen.

Desgleichen kann der Fall eintreten, dass das Angebot bei einem bestimmten Preis und bei gleichbleibender Nachfrage zu- oder abnimmt. So geht z.B. das Angebot landwirtschaftlicher Produkte bei Missernten zurück, während es bei Rekordernten zunimmt.

Die **Zunahme des Angebots** wirkt sich in einer Verschiebung der Angebotskurve nach **„rechts“** aus, eine **Abnahme des Angebots** in einer Verschiebung der Angebotskurve nach **„links“**.

Zunehmendes Angebot

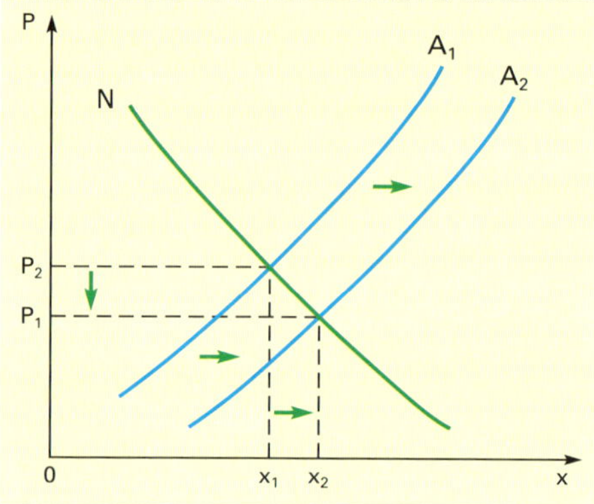

Abnehmendes Angebot

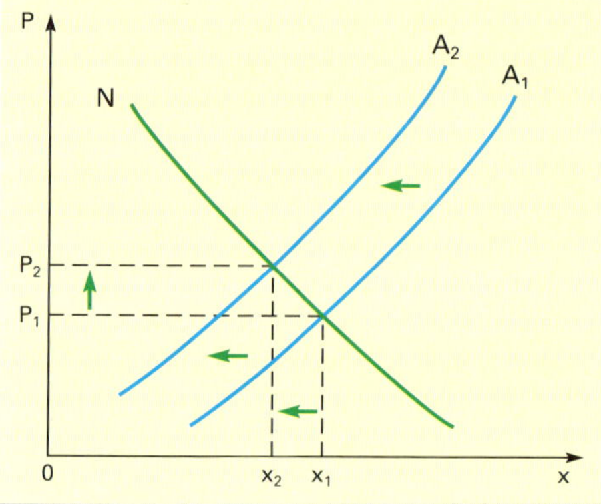

Merke:

Im Normalfall gelten bei vollkommen polypolistischer Konkurrenz folgende **„Preisgesetze"**:

- Bei **gleichbleibender** Nachfrage führt die **Zunahme** des Angebots zu **sinkenden** Preisen.
- Bei **gleichbleibender** Nachfrage führt die **Abnahme** des Angebots zu **steigenden** Preisen.

Diese so genannten **Preisgesetze** werden jedoch nur dann wirksam, wenn man von einer normalen Nachfragekurve (also vom Gesetz der Nachfrage) und von einer normalen Angebotskurve (also vom Gesetz des Angebots) ausgeht.

(2) Bedeutung der Preisgesetze

Die bisherigen Überlegungen zeigen, dass in einer freien Marktwirtschaft Preis, Angebot und Nachfrage, kurz: die **Märkte,** die Volkswirtschaft **selbsttätig** (automatisch) **steuern.** Was für die Güterpreise gilt, trifft im Modell auch auf die übrigen Marktpreise zu. So wird der **Arbeitsmarkt** über die **Löhne** (Preise für die Arbeitskraft) reguliert. Ist das Arbeitsangebot hoch und die Arbeitsnachfrage niedrig, wird eben der Lohn so lange sinken, bis der „Markt geräumt" ist. Gleichermaßen werden die **Kreditmärkte** mit Hilfe des **Zinsmechanismus** gesteuert. Ist das Kreditangebot niedrig, die Kreditnachfrage hoch, wird der Zins so lange steigen, bis auch hier die Kreditnachfrage dem Kreditangebot entspricht. Somit erübrigen sich jegliche staatliche Eingriffe in das Marktgeschehen.

Zusammenfassung

- Der **Preisbildungsprozess** hängt im Wesentlichen von der Marktform ab.
- Der **Gleichgewichtspreis** räumt den Markt.
- Bei **gleichbleibendem** Angebot führt eine Zunahme der Nachfrage zu **steigenden,** eine Abnahme der Nachfrage hingegen zu **sinkenden** Preisen.
- Bei **gleichbleibender** Nachfrage führt die Zunahme des Angebots zu **sinkenden,** eine Abnahme des Angebots hingegen zu **steigenden** Preisen.

Übungsaufgabe

12 1. Auf dem Markt für Vitamine herrscht bezüglich einer bestimmten Vitaminart folgende Nachfrage- und Angebotssituation:

Preis der Vitaminart in EUR:	30,00	25,00	20,00	15,00	10,00	5,00
Nachgefragte Stücke in 100:	0	1	3	5	7	9
Angebotene Stücke in 100:	6,5	5,5	4,5	3,5	2,5	1,5

Lösungshinweis: Zeichnen Sie die Angebots- und Nachfragekurve je 5,00 EUR bzw. je 100 Stück ≙ 1 cm und bestimmen Sie den Gleichgewichtspreis und die zu diesem Preis umsetzbaren Stückzahlen!

Aufgaben:

1.1 Wie viel EUR beträgt der Gleichgewichtspreis?

1.2 Begründen Sie das Zustandekommen des Gleichgewichtspreises!

2. Die Polypolpreisbildung stellt einen Ausgleichsmechanismus zwischen den gegensätzlichen Interessen der Anbieter und Nachfrager dar.

Aufgaben:

2.1 Welches sind die gegensätzlichen Interessen der Anbieter und Nachfrager?

2.2 Begründen Sie, warum es sich bei der Polypolpreisbildung um einen Mechanismus, d. h. um ein sich selbstständig regelndes System, handelt!

3. Begründen Sie, wie sich folgende Datenänderungen auf den Gleichgewichtspreis bei vollständiger und vollkommener Konkurrenz auswirken! Es wird unterstellt, dass sich alle übrigen Bedingungen nicht ändern. Angebot und Nachfrage verhalten sich normal.

Aufgaben:

3.1 Die Gewerkschaften setzen Arbeitszeitverkürzungen bei vollem Lohnausgleich durch. Die Unternehmer ersetzen die ausgefallenen Arbeitsstunden vollständig durch Neueinstellungen.

3.2 Die Nachfrage nach Kalbfleisch geht zurück, weil die Verbraucher fürchten, dass die Züchter die Tiere mit gesundheitsschädlichen Stoffen mästen.

3.3 Der Staat senkt die Kostensteuern.

3.4 Rationalisierungsmaßnahmen der Unternehmer führen zu steigender Produktivität.

3.5 Die Verbraucher fürchten Preiserhöhungen; sie sparen deshalb weniger.

4. Bei einem Makler an einer Warenbörse gehen folgende Kauf- und Verkaufsaufträge ein:

Kaufaufträge	Verkaufsaufträge
10 t bestens	15 t bestens
15 t zu 80,00 EUR höchstens	10 t zu 81,00 EUR mindestens
5 t zu 81,00 EUR höchstens	20 t zu 82,00 EUR mindestens
20 t zu 82,00 EUR höchstens	5 t zu 83,00 EUR mindestens
30 t zu 83,00 EUR höchstens	25 t zu 84,00 EUR mindestens
25 t zu 84,00 EUR höchstens	30 t zu 85,00 EUR mindestens

Aufgabe:

Welchen Kurs legt der Warenmakler fest?

7 Boller u. a. – ISBN 978-3-8120-0596-8

5. Angenommen, auf einem Wochenmarkt treten folgende Anbieter frischer und absolut gleichwertiger Pfifferlinge auf, wobei jeder Anbieter 10 kg auf den Markt bringt. Die Mindestpreisvorstellungen der Anbieter sind:

Anbieter:	A	B	C	D	E	F
Preis je kg in EUR:	10,00	11,00	12,00	13,00	14,00	15,00

Als Nachfrager treten 50 Hausfrauen auf, die höchstens Folgendes ausgeben und je 1 kg kaufen wollen:

Hausfrauen:	1 – 10	11 – 20	21 – 30	31 – 40	41 – 50
Preisvorstellung je kg in EUR:	13,00	12,50	12,00	11,50	11,00

Aufgaben:

5.1 Zeichnen Sie die Angebots- und Nachfragekurve! Stellen Sie den Gleichgewichtspreis fest!

5.2 In diesem Beispiel haben wir zwar so getan, als ob es sich um einen vollkommenen polypolistischen Markt handle. In Wirklichkeit ist dies jedoch nicht der Fall. Warum nicht?

6. Eine Bedingung für „vollständige Konkurrenz" ist, dass die Marktteilnehmer keine sachlichen, zeitlichen, räumlichen oder persönlichen Präferenzen haben.

Aufgaben:

Kennzeichnen Sie als Lösung die nachfolgenden Fälle mit einer

(1), wenn sachliche Präferenzen vorliegen,

(2), wenn zeitliche Präferenzen vorliegen,

(3), wenn räumliche Präferenzen vorliegen,

(4), wenn persönliche Präferenzen vorliegen,

(9), wenn keine Präferenzen vorliegen.

6.1 Karl Müller möchte 100 000,00 EUR auf einem Sparkonto anlegen. Aus mehreren Angeboten entscheidet er sich für das Institut, das ihm die beste Verzinsung garantiert.

6.2 Die Schülerin Anke Engelke möchte sich einen neuen Sportwagen kaufen. Dabei entscheidet sie sich wegen der längeren Lieferzeit nicht für das günstigste Angebot.

6.3 Die Autoversicherung für ihr neues Auto schließt Frau Engelke – ohne weitere Informationen einzuholen – bei ihrem Bekannten ab.

6.4 Fritz Schwabe beauftragt eine Preisagentur mit dem Kauf einer Brockhaus-Enzyklopädie.

6.5 Aufgrund seiner Bewerbungen für eine Ausbildung zum Bankkaufmann erhält Carsten Clever mehrere Zusagen. Um Fahrtkosten zu sparen, entscheidet er sich für den Ausbildungsbetrieb in seinem Wohnort.

6.6 Der Informatiker Bernd Bits möchte seine Bankgeschäfte von zu Haus aus erledigen. Aus mehreren Angeboten, die alle den gleichen Service bieten, wählt er das kostengünstigste aus.

6.7 Nachdem Carsten seine Ausbildungsstelle bei der Ulmer Volksbank angetreten hat, eröffnen seine Eltern dort ein Depot.

7. Angenommen, in dem Beispiel auf S. 92 würden alle Anbieter „bestens" verkaufen wollen.
   Aufgabe:
   Wie hoch ist dann der Gleichgewichtspreis (Kurs)?
8. Welche Aussagen lassen sich treffen, wenn das Angebot und die Nachfrage gleichzeitig zu- oder abnehmen? (Begründen Sie Ihre Antworten zeichnerisch, d.h. mithilfe der Angebots- und Nachfragekurven!)

3.2 Preisbildung des vollkommenen Angebotsmonopols

3.2.1 Begriff vollkommenes Angebotsmonopol

Im Sprachgebrauch werden alle marktbeherrschenden Unternehmen bzw. staatlichen Betriebe als „Monopole" bezeichnet. Theoretisch liegt ein Monopol jedoch nur dann vor, wenn ein einziger Anbieter oder Nachfrager auf dem Markt ist.[1] Wir wollen uns im Folgenden auf das Angebotsmonopol beschränken.

Merke:

- Ein **Angebotsmonopol** liegt vor, wenn einem **einzigen Anbieter** eine **Vielzahl von Nachfragern** gegenübersteht.
- Ein **vollkommenes Angebotsmonopol** ist gegeben, wenn der Monopolist nur **ein homogenes Gut** anbietet und darüber hinaus alle sonstigen Bedingungen des **vollkommenen Marktes** gegeben sind.

Das vollkommene Monopol ist somit ein theoretischer Grenzfall. Unter den Bedingungen des vollkommenen Marktes kann es nur **einen einheitlichen Monopolpreis** geben, ein Fall, der in Wirklichkeit nur äußerst selten anzutreffen sein wird. In der Regel sind nämlich die Angebotsmonopolisten in der Lage, **Preisdifferenzierung** zu betreiben, d.h. für ein und dasselbe Gut unterschiedliche Preise zu verlangen.

1 Bei einem **Nachfragemonopol** sieht sich ein Nachfrager zahlreichen Anbietern gegenüber (z.B. Bundeswehr – Zuliefererbetriebe). Ein zweiseitiges Monopol (bilaterales Monopol) weist nur einen Anbieter und einen Nachfrager auf (z.B. näherungsweise Arbeitgeber einerseits und Gewerkschaften andererseits).

3.2.2 Ziele und Marktverhalten des Angebotsmonopols

Mögliche **Ziele eines Angebotsmonopolisten** sind:

- Kurzfristige Gewinnmaximierung.
- Langfristige Gewinnmaximierung.
- Umsatzmaximierung.
- Kostendeckung (z. B. ein mögliches Ziel öffentlicher Wasserwerke).
- Höchstmögliche Bedarfsdeckung (ein mögliches Ziel der staatlichen Monopole, z.B. des öffentlichen Personenverkehrs).

Die **unterschiedlichen Marktverhaltensweisen** eines Angebotsmonopolisten hängen vor allem von seinen **Zielsetzungen** ab:

- Steht das **Gewinnmaximierungsziel** an oberster Stelle, setzt der Monopolist den **Preis oder die Absatzmenge** fest, bei dem bzw. bei der der Unterschiedsbetrag zwischen Umsatz und Kosten kurz- oder langfristig am größten ist.
- Soll der **Umsatz maximiert** werden, wird der **Preis oder die Absatzmenge** festgelegt, bei dem bzw. bei der das Produkt aus Absatzmenge und Absatzpreis am höchsten ist.
- Ist die **Kostendeckung** das Oberziel, wird der **Preis oder die Absatzmenge** gewählt, bei dem bzw. bei der gerade die Stückkosten gedeckt sind.
- Beim **Bedarfsdeckungsmonopol** wird die **Absatzmenge** festgelegt. Dabei wird ein Preis verlangt, der als sozial verträglich gilt. Mögliche Verluste werden mit öffentlichen Mitteln ausgeglichen.

3.2.3 Monopolpreisbildung

Da der Angebotsmonopolist definitionsgemäß der alleinige Anbieter eines Gutes ist, vereinigt er die **Gesamtnachfrage** nach einem Gut auf sich. Dies bedeutet, dass er sich der Gesamtnachfragekurve gegenübersieht.[1] Diese Gesamtnachfragekurve wird auch als **Preis-Absatz-Kurve** bezeichnet, weil aus ihr ablesbar ist, welche **Gütermengen** die Käufer bei **alternativen Monopolpreisen** zu kaufen beabsichtigen.

In der Realität kennt der Monopolist das Nachfrageverhalten seiner Kunden nicht genau, wenngleich mithilfe der heutigen Marktforschungsmethoden Aussagen darüber gemacht werden können, wie die Nachfrager auf geplante Preis- oder Angebotsmengenänderungen eines Monopolisten voraussichtlich reagieren werden.

Im Gegensatz zum polypolistischen Anbieter, der aufgrund seiner verschwindend geringen Marktmacht den Absatzpreis als gegeben, d.h. als „Datum" hinnehmen muss, kann der Angebotsmonopolist den Absatzpreis für das von ihm angebotene Gut frei **(autonom)** bestimmen: Er kann **Preispolitik** betreiben.

Natürlich ist für den Monopolisten auch **Mengenpolitik** möglich. Dann allerdings muss er den Preis hinnehmen, der sich auf dem Markt bildet. Die **Festsetzung** von **Preis und Angebotsmenge** zugleich ist **nicht möglich**.

---

1 In den folgenden Überlegungen unterstellen wir, dass die Gesamtnachfrage für ein Gut linear verläuft, d.h., dass mit steigendem Preis weniger, mit sinkendem Preis mehr nachgefragt wird.

Beispiel:

Angenommen, die Erdöl exportierenden Staaten (OPEC) setzen den Preis für Erdöl, nicht aber die Fördermengen fest. In diesem Fall müssen sie abwarten, welche Mengen bei dem gegebenen Preis auf dem Weltmarkt absetzbar sind. Vereinbaren sie hingegen bestimmte Fördermengen, müssen sie die Preisbildung dem Weltmarkt überlassen.

Unterstellt, sie würden Preis und Fördermengen (Angebotsmengen) festlegen. Dann ergeben sich zwei Möglichkeiten, wenn man von dem unwahrscheinlichen Fall absieht, dass sie den Preis getroffen haben, zu dem die Käufer genau die geförderten Mengen zu kaufen bereit sind.

Fall 1: Der autonom festgelegte Monopolpreis ist in Bezug auf die geförderten (angebotenen) Mengen zu hoch: Die Erdölproduzenten bleiben auf einem Teil ihrer Fördermengen „sitzen". Wollen sie diese absetzen, müssen sie die überschüssigen Mengen auf freien Märkten (den „Spot-Märkten") zu niedrigeren Preisen verkaufen.

Fall 2: Der gewählte Preis ist in Bezug auf die geförderten (angebotenen) Mengen zu niedrig. Es entsteht eine Angebotslücke, sodass der Weltmarktpreis auch ohne Zutun der Produzenten steigt. Soll eine Preissteigerung vermieden werden, muss die Fördermenge gesteigert werden.

Um feststellen zu können, welchen Preis ein Monopolist festlegen muss, um seinen Gewinn zu maximieren bzw. seinen Verlust zu minimieren, greifen wir zu einem vereinfachenden Beispiel. Folgende Voraussetzungen sollen gelten:

- Es herrschen die Bedingungen des vollkommenen Markts.
- Dem Monopolisten ist die Preis-Absatz-Kurve bekannt. Sie verläuft linear.
- Es entstehen fixe und proportional-variable Kosten.
- Der Monopolist richtet sich nach dem (kurzfristigen) Gewinnmaximierungsprinzip.
- Lager werden nicht gebildet (Produktionsmenge entspricht der Angebotsmenge).

Beispiel:

Die Preis-Absatz-Funktion eines vollkommenen Monopols lautet: $x = \frac{8000 - 2P}{1000}$

Dabei bedeuten x: hergestellte sowie angebotene Menge (Produktionseinheiten) und P: Preis. Die fixen Kosten belaufen sich auf 1500 Geldeinheiten (GE) je Periode, die proportional-variablen Kosten auf 1000 GE je Produktionseinheit (x).

Ausbringungsmenge (x)	Preis (P)	Umsatz (U = P · x)	Gesamtkosten (K)	Gewinn bzw. Verlust (U – K)	Grenzkosten (K')	Grenzumsatz (U')	Kritische Punkte
0	4000	—	1500	– 1500			
1	3500	3500	2500	1000	1000	3500	Gewinnschwelle
2	3000	6000	3500	2500	1000	2500	
3	2500	7500	4500	3000	1000	1500	Gewinnmaximum
4	2000	8000	5500	2500	1000	500	
5	1500	7500	6500	1000	1000	– 500	
6	1000	6000	7500	– 1500	1000	– 1500	Gewinngrenze
7	500	3500	8500	– 5000	1000	– 2500	
8	—	—	9500	– 9500	1000	– 3500	

Kosten und Leistung des vollkommenen Angebotsmonopols in der Gesamt- und Stückbetrachtung

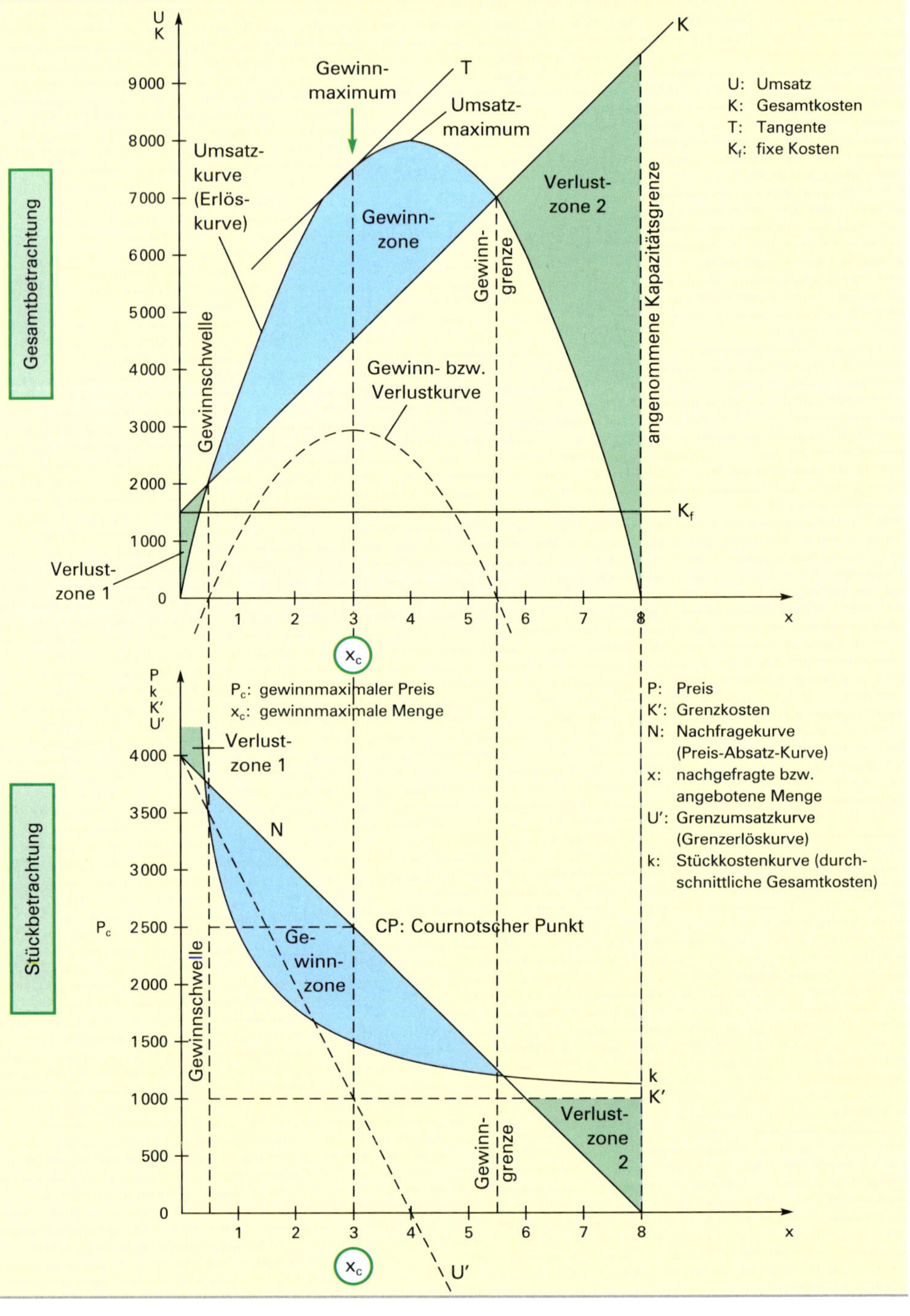

Erläuterungen zur Tabelle (S. 101) und zur Abbildung (S. 102):

Unter den Bedingungen des vollkommenen Angebotsmonopols erhält man folgende Ergebnisse:

- Variiert der Monopolist den Absatzpreis, hängt die Umsatzentwicklung von der jeweiligen Nachfrageelastizität[1] ab. Ist die **Elastizität größer als 1,** so führen **Preissenkungen** zu **steigenden Umsätzen** und **Preiserhöhungen** zu **sinkenden Umsätzen.** Ist die **Elastizität** hingegen **kleiner als 1,** so führen **Preissenkungen** zu **sinkenden Umsätzen, Preiserhöhungen** jedoch zu **steigenden Umsätzen.** Das **Umsatzmaximum** ist erreicht, wenn die Elastizität der Nachfrage 1 beträgt.
- Der **Umsatz** ergibt sich, indem man den Absatzpreis (P) mit der bei diesem Preis nachgefragten Menge (x) multipliziert.
- Der **Grenzumsatz** ergibt sich, indem man den **Umsatzzuwachs je Produktionseinheit** errechnet.

Merke:

Der Grenzumsatz (Grenzerlös) ist der zusätzliche Erlös je Produktionseinheit.

- Bei einer Ausbringungsmenge von 0,5 Produktionseinheiten erzielt der Monopolist Kostendeckung **(Gewinnschwelle).**
- Dehnt der Monopolist seine Beschäftigung (seine Ausbringungsmenge) weiter aus *oder* senkt er weiterhin seinen Absatzpreis, tritt er in die **Gewinnzone** ein. Hier ist der Umsatz höher als die Gesamtkosten (Gesamtbetrachtung).
- Das **Gewinnmaximum** ist erreicht, wenn die Differenz zwischen Umsatz und Gesamtkosten am größten ist, im Beispiel also bei 3 Produktionseinheiten.
- Die **Grenzkosten** erhält man, indem man den **Kostenzuwachs je Produktionseinheit** errechnet.

Merke:

Unter **Grenzkosten** sind die zusätzlichen Kosten zu verstehen, die dann entstehen, wenn die Beschäftigung des Betriebs um eine Produktionseinheit erhöht wird.

Bei einem **linearen Gesamtkostenverlauf** sind die **variablen Stückkosten den Grenzkosten gleich.**

- Aus der Stückbetrachtung lässt sich entnehmen, dass im Gewinnmaximum die **Grenzkosten** dem **Grenzumsatz** (Grenzerlös) gleich sein müssen.

  Dies ist leicht einzusehen. Ist der **zusätzliche Umsatz höher als die zusätzlichen Kosten,** muss bei weiterer Ausbringung der **Gesamtgewinn steigen.** Betragen z.B. der zusätzliche Umsatz (der Grenzumsatz) 1500 GE, die zusätzlichen Kosten (die Grenzkosten) jedoch nur 1000 GE, so nimmt der Gesamtgewinn um 500 GE zu (bzw. der Gesamtverlust um 500 GE ab). Wird die Beschäftigung (die Ausbringung) weiter erhöht, steigt der Gesamtgewinn so lange, bis der Grenzumsatz den Grenzkosten gleich ist. Ist der **zusätzliche Umsatz jedoch niedriger als die zusätzlichen Kosten,** muss der **Gesamtgewinn sinken.**

  Betragen z.B. der zusätzliche Umsatz (der Grenzumsatz) 500 GE, die zusätzlichen Kosten (die Grenzkosten) 1000 GE, nimmt der Gesamtgewinn um 500 GE ab (bzw. der Gesamtverlust um 500 GE zu).

---

1 Unter der (direkten) **Preiseleastizität der Nachfrage** versteht man das **Verhältnis** einer **prozentualen Nachfrageänderung** (Mengenänderung Δx) nach einem bestimmten Gut zu einer **prozentualen Preisänderung** (ΔP) dieses Gutes.
- Sind die Änderungen der nachgefragten Menge prozentual (relativ) größer als die prozentualen Preisänderungen (die Elastizität ist größer als 1), spricht am von **elastischer Nachfrage.**
- Sind die Änderungen der nachgefragten Menge prozentual (relativ) kleiner als die prozentualen Preisänderungen (die Elastizität ist kleiner als 1), spricht man von **unelastischer Nachfrage.**

Die **Preiselastizität der Nachfrage** ist im **Normalfall negativ,** weil Preiserhöhungen ein (stärkeres) Sinken bzw. Preissenkungen ein (stärkeres) Steigen der mengenmäßigen Nachfrage nach sich ziehen.

Merke:

Das **Gewinnmaximum** des vollkommenen Angebotsmonopols ist erreicht, wenn die Grenzkosten dem Grenzumsatz gleich sind (Gewinnmaximierungsregel).

- Projiziert man den Schnittpunkt von Grenzumsatz- und Grenzkostenkurve auf die Preis-Absatz-Kurve, erhält man den **Cournotschen Punkt.**[1] Der Cournotsche Punkt (CP) ordnet den **gewinnmaximalen Preis** (P_c) der **gewinnmaximalen Ausbringungsmenge** (x_c) zu.

3.2.4 Bedeutung des Angebotsmonopols

Angenommen, die Unternehmen mit einer monopolartigen Marktstellung kalkulieren mit Stückkosten, dann gilt: Mit zunehmender Kapazitätsauslastung werden zunächst die Stückkosten sinken, falls der Markt die Mehrproduktion aufnimmt. Es kommt zu „inversen" (umgekehrten) Preisreaktionen: Mit zunehmender Nachfrage sinkt der Preis, mit abnehmender Nachfrage steigt der Preis **(anomale Angebotskurve).**

Beispiel:

Angenommen, ein Industriebetrieb stellt Elektromotoren her. Die fixen Kosten je Monat betragen 200 000,00 GE, die proportional-variablen Kosten je Stück 300,00 GE. Nachstehende Tabelle zeigt die Entwicklung der Stückkosten bei zunehmender bzw. abnehmender Produktion.

Stückzahl	Fixe Kosten	Variable Kosten	Gesamtkosten	Stückkosten
2 000	200 000,00	600 000,00	800 000,00	400,00
2 100	200 000,00	630 000,00	830 000,00	395,00
2 200	200 000,00	660 000,00	860 000,00	391,00
2 300	200 000,00	690 000,00	890 000,00	387,00
2 400	200 000,00	720 000,00	920 000,00	383,00
2 500	200 000,00	750 000,00	950 000,00	380,00
2 600	200 000,00	780 000,00	980 000,00	377,00
2 700	200 000,00	810 000,00	1 010 000,00	374,00
2 800	200 000,00	840 000,00	1 040 000,00	371,00
2 900	200 000,00	870 000,00	1 070 000,00	369,00
3 000	200 000,00	900 000,00	1 100 000,00	367,00

Nehmen wir weiterhin an, dass unser Industriebetrieb die Stückkosten als Preisuntergrenze ansieht. Dann muss er beispielsweise 400,00 GE je Stück verlangen, wenn er nur 2000 Stück absetzen kann. Nimmt die Nachfrage jedoch um 1 000 Stück auf 3 000 Stück je Monat zu, kann er den Stückpreis auf 367,00 GE senken. Seine Angebotskurve entspricht in diesem Fall dem Verlauf der Stückkostenkurve.

1 ANTOINE AUGUSTIN COURNOT, 1801–1877, war französischer Wirtschaftswissenschaftler. Er gilt als wichtigster Begründer der mathematischen Schule der Volkswirtschaftslehre. COURNOT untersuchte vor allem die Preisbildung des Monopols und Oligopols.

Das Beispiel auf S. 104 liefert **eine** mögliche Erklärung dafür, dass in hoch entwickelten Volkswirtschaften mit monopolistischen und oligopolistischen Märkten bei Nachfragerückgängen die Preise nicht sinken, sondern sogar steigen.

Beispiel:

Im Rezessionsjahr[1] 1993 stiegen trotz (besser: wegen) der Nachfragerückgänge die Preise um 4,5 %.

Umgekehrt erklärt sich auch, dass bei steigender Nachfrage die Preise bestimmter Massengüter im Laufe der Jahre absolut sinken.

Nachfragerückgang führt zu steigenden Preisen

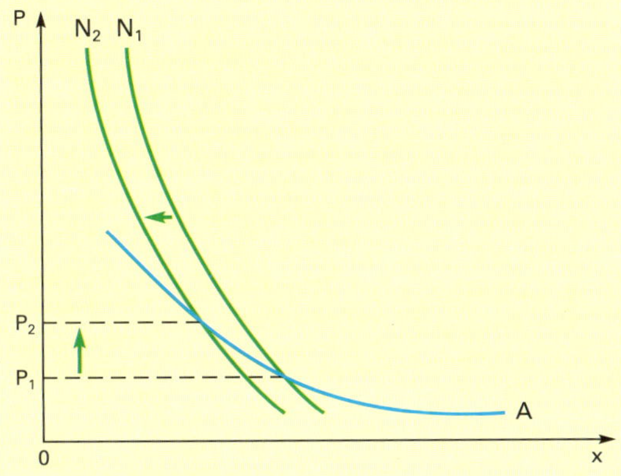

Beispiele:

Kühlschränke, Radiogeräte, Fernsehgeräte, Waschmaschinen, Spülmaschinen, Taschenrechner, Personalcomputer.

Zusammenfassung

- Ein **vollkommenes Angebotsmonopol** liegt vor, wenn einem einzelnen Anbieter eines homogenen Produkts eine sehr große Zahl von Nachfragern gegenübersteht.
- Unterstellt man, dass der Monopolist nach dem Gewinnmaximierungsprinzip handelt, setzt er für sein Produkt einen Absatzpreis fest, bei dem der Grenzerlös den Grenzkosten gleich ist **(Gewinnmaximierungsregel).**
- Statt **Preispolitik** kann der Monopolist auch **Mengenpolitik** betreiben, d. h., er legt die Absatzmenge fest, bei der die Gewinnmaximierungsregel erfüllt ist.
- Bei Volkswirtschaften mit monopolistischen und oligopolistischen Märkten kann folgende Entwicklung eintreten:
  - bei Nachfragerückgängen kommt es zu einem Anstieg der Preise,
  - bei Nachfragesteigerungen kommt es zu einem Absinken der Preise.

1 Rezession: Rückgang der wirtschaftlichen Aktivitäten, d. h. vor allem der Nachfrage.

Übungsaufgabe

13 1. Definieren Sie den Begriff Angebotsmonopol!

2. Warum ist das vollkommene Angebotsmonopol als ein theoretischer Grenzfall zu bezeichnen?

3. Warum erzielt der Angebotsmonopolist sein Gewinnmaximum dann, wenn der Grenzerlös (Grenzumsatz) den Grenzkosten entspricht?

4. Hohe Monopolpreise führen in der Regel dazu, dass Substitutionskonkurrenz aufkommt. Dies aber bedeutet, dass die Nachfrage nach dem Monopolgut elastischer wird. Die Folge ist, dass die Marktmacht des Monopolisten abnimmt.

Aufgabe:

Interpretieren Sie diese Aussagen!

5.

Ausbringungsmenge (x)	Preis (P)	Umsatz (U = P · x)	Gesamtkosten (K)	Gewinn bzw. Verlust (U – K)	Grenzkosten (K')	Grenzumsatz (U')	Kritische Punkte
0	60000		450000		15000		
15	52500				15000		
30	45000				15000		
45	37500				15000		
60	30000				15000		
75	22500				15000		
90	15000				15000		
105	7500				15000		
120	—						

Aufgabe:

Vervollständigen Sie die obige Tabelle und berechnen Sie die Gewinnschwelle, das Gewinnmaximum sowie die Gewinngrenze!

4 Funktionen des Preises in einer Marktwirtschaft

(1) Funktionen des Preises im Modell des vollkommenen polypolistischen Marktes

- **Ausgleichsfunktion.** Der Gleichgewichtspreis ist der Preis, bei dem der höchstmögliche Umsatz erzielt wird. Alle Nachfrager, die den Gleichgewichtspreis bezahlen wollen (oder können), und alle Anbieter, die zum Gleichgewichtspreis verkaufen wollen (oder können), kommen zum Zuge. „Der freie Preis räumt den Markt".
- **Signalfunktion.** Sie äußert sich darin, dass der freie Marktpreis den Knappheitsgrad eines Gutes anzeigt (signalisiert). Steigt der Preis, so wird erkennbar, dass (1) sich entweder das Güterangebot bei gleichbleibender Nachfrage verknappt hat, (2) sich die Nachfrage bei gleichbleibendem Güterangebot erhöht hat oder (3) die Nachfrage schneller als das Güterangebot gestiegen ist. Der fallende Preis zeigt die gegenteilige Marktsituation an.
- **Lenkungsfunktion.** Der freie Marktpreis steuert das Angebot und damit die Produktion auf diejenigen Märkte hin, auf denen die größte Nachfrage herrscht und folglich die höchsten Preise (und damit Gewinne) erzielt werden können.

Beispiel:

Sinkt die Nachfrage nach Rindfleisch zugunsten der Nachfrage nach Geflügelfleisch, werden die Rindfleischpreise sinken und die Geflügelpreise steigen. Die Landwirte stellen sich auf die Produktion von Geflügelfleisch um und schränken die Produktion von Rindfleisch ein.

- **Erziehungsfunktion.** Da der Preis bei vollkommener polypolistischer Konkurrenz vom einzelnen Nachfrager nicht beeinflussbar ist, zwingt er die Produzenten, ihre Kosten zu senken, wenn sie rentabel anbieten wollen. Die Verbraucher werden dazu erzogen, möglichst sparsam (möglichst preisgünstig) einzukaufen, wenn sie ihren Nutzen maximieren wollen.

(2) Einschränkung der Preisfunktionen auf monopolistischen Märkten

Die genannten Preisfunktionen werden durch Monopole und Oligopole ganz oder teilweise außer Kraft gesetzt.

Ausgleichsfunktion. Die Ausgleichsfunktion kann aufgehoben werden, weil ein Monopolist den Preis so festsetzen kann, dass ein Nachfrageüberhang entsteht (der Preis ist zu niedrig), sodass Auftragsbestände und Lieferfristen entstehen.

Es ist aber auch möglich, dass der Monopolist den Preis so hoch festlegt, dass bei Aufrechterhaltung der Mindestkapazitätsausnutzung auf Lager gearbeitet werden muss. Sowohl im Fall des zu hohen als auch im Fall des zu niedrigen Preises wird der Markt durch den Preis **nicht geräumt.**

Signalfunktion. Auch die Signalfunktion der Preise auf monopolistischen Märkten ist eingeschränkt, da der Monopolpreis autonom von den marktbeherrschenden Unternehmen festgesetzt wird. So muss z. B. eine Monopolpreiserhöhung nicht unbedingt auf eine Zunahme der Nachfrage zurückzuführen sein. Es ist vielmehr möglich, dass die Monopolpreiserhöhung auf eine künstliche Verknappung des Angebots durch den Monopolisten (z. B. durch ein Kartell) zurückzuführen ist.

Lenkungsfunktion. In der Regel kann von einer Lenkungsfunktion des Preises auf monopolistischen Märkten ebenfalls nicht gesprochen werden. Bei polypolistischer Konkurrenz soll z. B. eine zunehmende Nachfrage über eine zunächst stattfindende Preiserhöhung zu einer Zunahme des Angebots führen. Wird die zusätzliche Nachfrage vom Monopolisten jedoch nur zur Erhöhung des Stückgewinns bei gleichbleibender Produktionsmenge (Absatzmenge) ausgenutzt, wird die Lenkungsfunktion des Preises ausgeschaltet.

Erziehungsfunktion. Ähnliches gilt für die Erziehungsfunktion des Preises. Der polypolistische Wettbewerb zwingt die Unternehmen zum wirtschaftlichsten Einsatz der Produktionsfaktoren und zur Produktion qualitativ einwandfreier Erzeugnisse. Ob ein Monopolist unter diesem Zwang steht, ist anzuzweifeln. Da er in seiner Absatzpolitik nur von den Nachfragern, nicht aber von Mitbewerbern abhängig ist, kann er durchaus versuchen, hohe Kosten, die auf schlechter Organisation und mangelnder Rationalisierung beruhen, durch hohe Preise auf die Kunden abzuwälzen.

Zusammenfassung

- Im Modell der vollkommenen polypolistischen Konkurrenz hat der **Preis** folgende **Funktionen:**

Ausgleichsfunktion	Signalfunktion	Lenkungsfunktion	Erziehungsfunktion
Der Markt wird geräumt.	Der Knappheitsgrad des Gutes wird angezeigt.	Die Produktion wird in die rentabelsten Bereiche gelenkt.	Die Marktteilnehmer werden zur Sparsamkeit „erzogen".

- Auf monopolistischen Märkten wirken die Preisfunktionen nur teilweise oder werden ganz aufgehoben.

Übungsaufgaben

14 **Text 1:**[1]

Es gibt auf die Dauer weder unverkäufliche Mengen bei den Produzenten (kein Angebotsüberhang) noch eine Nachfrage, die bei diesem Preis nicht befriedigt wird (kein Nachfrageüberhang).

Man muss dabei aber sehen, dass die Koordination durch den Preis in einem bestimmten Sinn unsozial ist: Ein steigender Preis „rationiert" die Nachfrage und beschränkt in der Tendenz die Nachfrage der weniger Kaufkräftigen. Wegen dieser unsozialen Rationierungsfunktion des Preises werden bei der Koordination der Wirtschaftspläne von Produzenten und Konsumenten also eher die Bedürfnisse der kaufkräftigen Nachfrager berücksichtigt als die Wünsche aller Verbraucher. So wird teures Hundefutter produziert, während manche Menschen sich kein Fleisch kaufen können.

1 Textauszüge aus Basseler/Heinrich/Koch: Grundlagen der Volkswirtschaft, 11. Aufl. 1988, S. 212.

Text 2:

Der Preis ist weiterhin ein ideales Instrument, die für die Entscheidungen von Produzenten und Konsumenten notwendigen Informationen zu liefern. Verschiebt sich z. B. die Nachfragekurve nach rechts (Erhöhung der Nachfrage), so wird bei dem alten Preis ein Nachfrageüberhang entstehen und die Konkurrenz unter den Nachfragern wird den Preis in die Höhe treiben ...

Text 3:

Die Information durch den Preis genügt jedoch nicht, es muss auch erreicht werden, dass die Produzenten das Gewünschte produzieren. Dazu ist ein Sanktionssystem erforderlich, das in einer Marktwirtschaft durch die freie Verfügbarkeit der erzielten Gewinne geschaffen wird. Anbieter, die sich einer veränderten Marktlage schneller anpassen als ihre Konkurrenten, werden durch vorübergehend höhere Gewinne oder geringere Verluste belohnt.

Aufgaben:

1. Welche Preisfunktion wird im Text 1 beschrieben?
2. Welche Kritik üben die Autoren dieses Textes an der beschriebenen Preisfunktion?
3. Von welcher Preisfunktion ist im Text 2 die Rede?
4. Erläutern Sie das Sanktionssystem in einer Marktwirtschaft!

15

1. Erklären Sie die Ausgleichs-, Signal-, Lenkungs- und Erziehungsfunktion des Preises auf vollkommenen polypolistischen Märkten!
2. Nennen Sie eigene Beispiele zu den einzelnen Preisfunktionen!
3. Zeigen Sie, wie die einzelnen Preisfunktionen auf monopolistischen Märkten eingeschränkt bzw. aufgehoben werden!

5 Fehlentwicklungen in einer rein marktwirtschaftlichen Ordnung

Das Modell der freien Wirtschaft war am ehesten im **Kapitalismus**[1] des 19. und des frühen 20. Jahrhunderts verwirklicht. Dieser brachte krasse **soziale Missstände** mit sich.

Dazu gehören u. a. eine heute in Europa nicht mehr vorstellbare Ausbeutung der Arbeitskraft bei niedrigsten Löhnen, Wirtschaftskrisen und eine Konzentration der Vermögen (und damit der Macht) bei wenigen.

Nach dem **Modell der freien Marktwirtschaft** hätte sich die kapitalistische Wirtschaft ohne Störungen entwickeln müssen. Die egoistische Verfolgung der Einzelziele hätte dem Wohl aller dienen müssen. In Wirklichkeit war dies nicht der Fall. Warum? Hierfür gibt es mehrere Gründe.

1 Im Allgemeinen wird eine Wirtschaftsordnung dann als „kapitalistisch" bezeichnet, wenn sich die Produktionsmittel, also das Kapital im volkswirtschaftlichen Sinne, in Privathand (also in Händen der „Kapitalisten") befinden. Dies ist ein wesentliches Ordnungsmerkmal einer freien Marktwirtschaft.

- Zunächst könnte man meinen, die freie Marktwirtschaft entlohne die Produktionsfaktoren nach ihrer Leistung, weil sich der Preis für die Güter, für die Arbeit und für das Kapital nach Angebot und Nachfrage richtet. Selbst wenn man das **Leistungsprinzip** als „gerechte" Lösungsmöglichkeit des Verteilungsproblems ansieht, muss man feststellen, dass der Preis an sich weder gerecht noch ungerecht sein kann. Er ist vielmehr eine objektive Größe, die sich aufgrund der Knappheitsverhältnisse herausbildet.

Beispiel:

In der freien Marktwirtschaft ist auch der Arbeitsmarkt sich selbst überlassen. Der Lohn als Preis für Arbeit schwankt je nach Arbeitsangebot und Arbeitsnachfrage. Besteht ein Überangebot von Arbeitskräften (besteht also Arbeitslosigkeit), sinken die Löhne. Hunger und Krankheit sorgen für eine Dezimierung (Verminderung) der besitzlosen Arbeitnehmer (Proletarier). Der Lohn wird erst wieder steigen, wenn die Arbeitskräfte im Verhältnis zur Arbeitsnachfrage wieder knapp geworden sind.

Das System der freien Marktwirtschaft führt somit zu einer **starken Abhängigkeit der Arbeitnehmer**.

- Bleibt eine freie Marktwirtschaft sich selbst überlassen, bilden sich in kurzer Zeit Kartelle und andere Konzentrationsformen (z.B. Konzerne, Trusts)[1] heraus mit dem Ziel, den freien Wettbewerb einzuschränken oder auszuschalten. Die unbeschränkte, durch keinerlei staatliche Kontrolle gehinderte Freiheit der Wirtschaftssubjekte (der Staat soll bekanntlich nur ein „Nachtwächterstaat" sein) gibt nicht nur den Intelligenten, Fähigen, Fleißigen und Starken eine Chance (Leistungsprinzip), sondern auch den Rücksichts- und Skrupellosen. Monopolbildungen aber heben die Steuerungsfunktion des Preises weitgehend auf: Die **Preise** werden nicht mehr von den natürlichen Gegebenheiten des Marktes bestimmt, sondern sie werden von den **monopolistischen Machtgebilden diktiert**.

- Da marktstarke Unternehmen (Monopole, Oligopole) in der Lage sind, ihre Absatzpreise höher als die anzusetzen, die sich bei freier Konkurrenz ergeben würden, führen die überhöhten Gewinne der Unternehmen im Lauf der Zeit zu einer **Vermögenskonzentration bei den wenigen Produzenten** auf Kosten der abhängigen und vermögenslosen Arbeitnehmer.

- Da in der freien Marktwirtschaft die Anbieter lediglich dann produzieren, wenn sie Gewinn erwarten (rentabilitätsorientierte Produktion), bleiben **Kollektivbedürfnisse**[2] **in vielen Fällen unbefriedigt**.

Zu einer kritischen Würdigung des Kapitalismus jener Zeit gehört aber auch, dass er zu großen Leistungen geführt hat, eine Tatsache, die auch seine Gegner anerkennen. In diese Zeit fallen Industriealisierung, Massenproduktion, Kanalisierung, Schaffung von Eisenbahnlinien und die Erschließung neuer Märkte in Übersee. Die Privilegien (Vorrechte) des Adels wurden beseitigt. Das Bürgertum erhielt die Chance des sozialen (gesellschaftlichen) Aufstiegs.

---

1 Vgl. hierzu die Ausführungen im Kapitel 6.4.2, Seite 124ff.

2 Kollektivbedürfnisse werden mit Gütern befriedigt, die von allen Mitgliedern der Gesellschaft genutzt werden können (z.B. Straßen, Schulen, öffentliche Verkehrsmittel, saubere Umwelt).

MARX und ENGELS[1] schrieben 1848 im Kommunistischen Manifest:

„Die Bourgeoisie[2] hat in ihrer kaum hundertjährigen Klassenherrschaft massenhaftere und kolossalere Produktionskräfte geschaffen als alle vergangenen Generationen zusammen. Unterjochung der Naturkräfte, Maschinerie, Anwendung der Chemie auf Industrie und Ackerbau, Dampfschifffahrt, Eisenbahnen, elektrische Telegrafen, Urbarmachung ganzer Weltteile, Schiffbarmachung der Flüsse, ganze, aus dem Boden hervorgestampfte Bevölkerungen - welches frühere Jahrhundert ahnte, dass solche Produktionskräfte im Schoß der gesellschaftlichen Arbeit schlummerten."[3]

Zusammenfassung

- Das Modell der **freien Marktwirtschaft** führt insbesondere zu **folgenden Missständen**:
  - Starke **Abhängigkeit der Arbeitnehmer** vom Kapital.
  - Bildung von **monopolistischen Machtgebilden.**
  - **Vermögenskonzentration** auf Kosten der abhängigen und vermögenslosen Arbeitnehmer.
  - **Kollektivbedürfnisse** werden **vernachlässigt.**

6 Grundlagen und Ordnungsmerkmale der sozialen Marktwirtschaft

6.1 Entstehung der sozialen Marktwirtschaft in der Bundesrepublik Deutschland

Die soziale Marktwirtschaft prägt bereits seit der Währungsreform im Jahr 1948 das wirtschaftliche Geschehen in der Bundesrepublik Deutschland und entstand vor dem Hintergrund **negativer Erfahrungen** der jüngeren Vergangenheit.

So waren einerseits die nachteiligen Auswirkungen eines Systems der **staatlichen Wirtschaftslenkung** während der Zeit der nationalsozialistischen Herrschaft noch allgegenwärtig. Andererseits waren aber auch die Schattenseiten einer **staatslosen liberalen Wirtschaftsordnung** im Sinne einer „Laissez-faire-Wirtschaft" aus der Zeit des Beginns der Wirtschaftskrise in den zwanziger Jahren des vorigen Jahrhunderts hinreichend bekannt.

Zu diesen Nachteilen zählten u.a. die **starken Konzentrationstendenzen** bei den Unternehmen, die den Wettbewerb weitgehend außer Kraft setzten, einhergehend mit einer **stetig ansteigenden Arbeitslosigkeit** sowie **vielfältigen sozialen Problemen,** die zumeist ungelöst blieben. Der Staat reagierte in dieser Krisensituation sogar mit rapidem **Sozialabbau,** was bei weiterer Zunahme **sozialer Spannungen** zu einer **Radikalisierung der Politik** beitrug und schließlich den Aufstieg des Nationalsozialismus begünstigte.

Merke:

Der **Begriff der sozialen Marktwirtschaft** wurde 1947 von dem Ökonomen **Alfred Müller-Armack** geprägt und von **Ludwig Erhard,** dem ersten Wirtschaftsminister der

1 Karl MARX (1818–1883) ging es als erstem Vertreter des wissenschaftlichen Sozialismus vor allem darum, zu beweisen, dass der Sozialismus eine zwangsläufige Phase der gesellschaftlichen Entwicklung ist.
Friedrich ENGELS (1820–1895) war engster Mitarbeiter von Karl MARX. Sein Werk „Die arbeitenden Klassen in England" wurde zu einem grundlegenden Werk des wissenschaftlichen Sozialismus.

2 Bourgeoisie: Bürgertum (hier: Klasse der Kapitalisten und ihre Interessenvertreter).

3 MARX/ENGELS: Manifest der Kommunistischen Partei, 1848, zitiert in: BECHER, J. u.a.: Politische Ökonomie des Kapitalismus und des Sozialismus, Lehrbuch für das marxistisch-leninistische Grundlagenstudium, Berlin (Ost), 1974, S. 110.

Bundesrepublik Deutschland, durch eine entsprechend ausgerichtete Wirtschaftspolitik mit Leben gefüllt.

Ludwig Erhard war einer der beliebtesten Politiker der 50er Jahre. Er galt als Schöpfer des deutschen Wirtschaftswunders und legte in seinem populären Buch „Wohlstand für alle" seine Vorstellungen allgemeinverständlich dar. Erhard selbst lehnte den Begriff „Wirtschaftswunder" allerdings ab („Es gibt keine Wunder") und bestand darauf, dass das Wirtschaftswachstum Ergebnis einer erfolgreichen marktwirtschaftlichen Politik sei.

Viel mehr als nur eine effiziente Wirtschaftsordnung

Verbindung zwischen marktwirtschaftlichen und sozialen Zielen

Ludwig Erhard, der erste Wirtschaftsminister der Bundesrepublik Deutschland, verwendete den Begriff der „Sozialen Marktwirtschaft", als er nach 1948 in mutigen Schritten die Marktwirtschaft in der Bundesrepublik einführte und damit die Zwangswirtschaft der ersten Nachkriegsjahre ablöste. Der Begriff „Soziale Marktwirtschaft" selbst stammt von seinem Mitarbeiter, dem Staatssekretär Alfred Müller-Armack.

Für Erhard und Müller-Armack war die soziale Marktwirtschaft mehr als nur eine effiziente Wirtschaftsordnung mit sozialen Korrekturen. Sie verstanden die soziale Marktwirtschaft als eine ordnungspolitische Idee, als ein gesellschaftspolitisches Ordnungskonzept. Durch die soziale Marktwirtschaft sollte auf der Basis der Ideale einer liberalen Wirtschaftsordnung und auf der Basis wirtschaftlicher Freiheit gleichzeitig die Verwirklichung sozialer Ziele möglich werden. Dieses Leitbild der sozialen Marktwirtschaft bildet seit nunmehr gut einem halben Jahrhundert die Grundlage der deutschen Wirtschafts- und Sozialpolitik.

Sie war in den zurückliegenden Jahrzehnten Garant für die Realisierbarkeit eines erfolgreichen und gleichzeitig menschlichen Wirtschaftssystems. Die „Soziale Marktwirtschaft" ist nicht nur in Deutschland, sondern in vielen Mitgliedstaaten der Europäischen Union Leitbild wirtschafts- und gesellschaftspolitischer Gestaltung. Auch wenn die Sozialsysteme in Europa starke Unterschiede aufweisen, ist es durchaus gerechtfertigt, von einem kontinentaleuropäischen Leitbild der „Sozialen Marktwirtschaft" zu sprechen.

In Kontinentaleuropa existiert ein breiter gesellschafticher Konsens darüber, dass ökonomische Effizienz und soziale Gerechtigkeit zusammen gedacht werden müssen. Ein weiteres wesentliches Merkmal des kontinentaleuropäischen Sozialmodells ist die ausgeprägte soziale Präsenz des Staates. Sie zeigt sich:

- durch überwiegend staatlich organisierte Bildungssysteme, die vergleichbare und qualitativ hochwertige Bildungsabschlüsse ermöglichen,
- durch umfassend ausgebaute Systeme des Arbeitnehmerschutzes,
- durch einen Sockel an arbeitsrechtlichen Vorschriften, durch ausgebaute Systeme der sozialen Sicherheit gegen die großen sozialen Lebensrisiken Krankheit, Alter, Arbeitslosigkeit und Invalidität sowie
- durch die Gewährleistung sozialpartnerschaftlicher Strukturen, die mit dem Staat kooperieren.

Die ausgeprägte soziale Präsenz des Staates spiegelt sich beispielsweise in den Sozialausgaben wider. Nach Zahlen der OECD lag in Deutschland 1995 der Anteil der staatlichen Sozialleistungen bei rund 25,9 Prozent des Bruttoinlandsprodukts. In den USA waren es nur rund 17,5 Prozent …

Trotz der weitgehend unbestrittenen Erfolge der sozialen Marktwirtschaft geriet dieses Sozialmodell mit wachsender Arbeitslosigkeit und einem zwischenzeitlichen Paradigmawechsel hin zur Angebotspolitik unter zunehmende Kritik. Die wirtschaftlichen Schwierigkeiten der neunziger Jahre in Kontinentaleuropa und die Diskussion über die wirtschaftliche Globalisierung und über die Frage nach der Wettbewerbsfähigkeit der europäischen Wirtschaft spitzten die Debatte über den Sozialstaat weiter zu.

Quelle: Die SparkassenZeitung vom 25.08.2000.

6.2 Dualismus als geistige Grundlage der sozialen Marktwirtschaft

(1) Begriff und geistige Grundlagen der sozialen Marktwirtschaft

Der sozialen Marktwirtschaft liegt ein **dualistisches Menschenbild** zugrunde, d.h., der Mensch wird sowohl als **Individual-** als auch als **Kollektivwesen** gesehen. (Man spricht deswegen auch von der dualistischen oder auch von der personalistischen Gesellschaftsauffassung.) Hieraus folgt bereits, dass die soziale Marktwirtschaft zwischen den beiden extremen Modellen der freien Marktwirtschaft einerseits und der Zentralverwaltungswirtschaft andererseits stehen muss. Schlagwortartig könnte man das Grundziel dieser Wirtschafts- und Gesellschaftsordnung wie folgt umreißen: „So viel Freiheit wie möglich, so viel staatlichen Zwang wie nötig", wobei man sich freilich immer darüber streiten kann, was möglich bzw. was nötig ist.

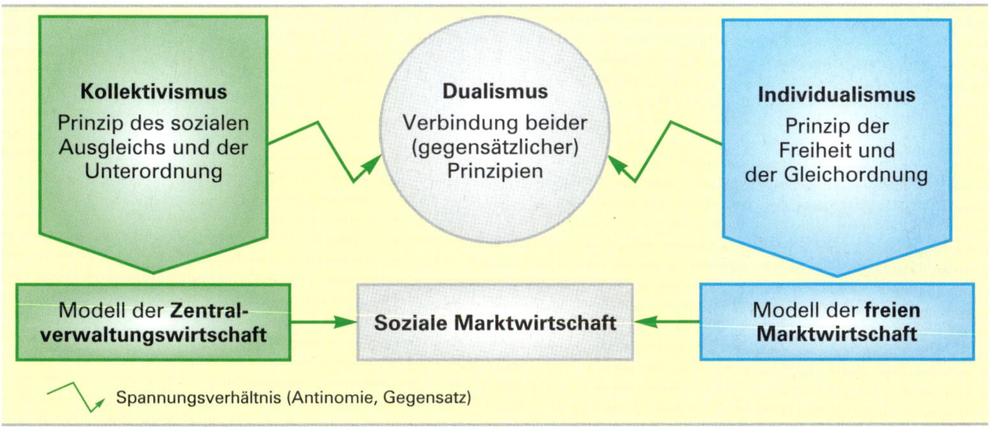

Merke:

Die **soziale Marktwirtschaft** in der Bundesrepublik Deutschland ist eine in der Wirklichkeit existierende Wirtschaftsform (Realform). Sie steht im **Spannungsverhältnis** zwischen den Forderungen nach **größtmöglicher Freiheit** einerseits und sozialer **Gerechtigkeit** andererseits.

(2) Freiheit der Märkte und sozialer Ausgleich als Grundlage der sozialen Marktwirtschaft

Die **Freiheit der Märkte** einerseits und der **soziale Ausgleich** andererseits bilden zusammen das **Konzept der sozialen Marktwirtschaft.** Der Staat legt die sozialen Schutzrechte und den Rahmen für die sozialen Sicherungssysteme (z.B. die Sozialversicherung[1]) fest, die dem Einzelnen den Lebensunterhalt auch dann sichern sollen, wenn er nicht in der Lage ist, für sich selbst zu sorgen. Die schwierigste Aufgabe der Sozialpolitik[2] ist die der „richtigen" Dosierung. Die Spanne zwischen notwendiger sozialer Sicherheit und einem leistungshemmenden **Versorgungsstaat** ist gering.

1 Siehe hierzu Lehrplaneinheit 1, Kapitel 5.

2 Näheres siehe Kapitel 6.5.2, S. 129ff.

8 Boller u.a. – ISBN 978-3-8120-0596-8

Bei der sozialen Marktwirtschaft sind **Freiheit und Verantwortung** miteinander gekoppelt. Die Verantwortung umfasst die Verantwortung des **Einzelnen** für sich **selbst** und auch für **andere.**

Um dieses Ziel zu erreichen, lautet eine zentrale Forderung der sozialen Marktwirtschaft, dass über den Einsatz **ergänzender** Wirtschafts- und Sozialpolitik nach dem **Subsidiaritätsprinzip**[1] entschieden werden soll. Dies bedeutet, dass übergeordnete (staatliche) Instanzen im Sinne einer **Hilfe zur Selbsthilfe** erst dann eingeschaltet werden sollen, wenn dezentrale Entscheidungsträger (z.B. Haushalte und Unternehmen) ein Problem allein nicht mehr bewältigen können. Die Betonung dieses Prinzips macht deutlich, dass zunächst vor allem der Einzelne gefordert ist und nicht der Staat automatisch im Sinne einer **allumfassenden** Sicherung einspringt.

Beispiel:

Das Subsidiaritätsprinzip kommt u.a. beim Arbeitslosengeld II[2] zum Tragen. So werden die Zahlungen dieser staatlichen Alimentierung[3] gekürzt bzw. eingestellt, wenn der Antragsteller über eigenes, bestimmte Freibeträge übersteigendes Vermögen verfügt. Des Weiteren werden bei der Berechnung der vom Staat zu zahlenden Leistungen auch Einkommen von Personen berücksichtigt, die mit dem Antragsteller in einer Bedarfsgemeinschaft leben.

Die soziale Marktwirtschaft befindet sich in einem ständigen Wandel, denn die schnelle technische, wirtschaftliche und gesellschaftliche Entwicklung unserer Zeit verlangt eine dauernde Anpassung der wirtschaftlichen Rahmenbedingungen mit dem Ziel, soziale Gerechtigkeit und Sicherheit bei größtmöglicher Freiheit des Einzelnen zu erreichen.

Wirtschaftsordnungen: fließende Übergänge

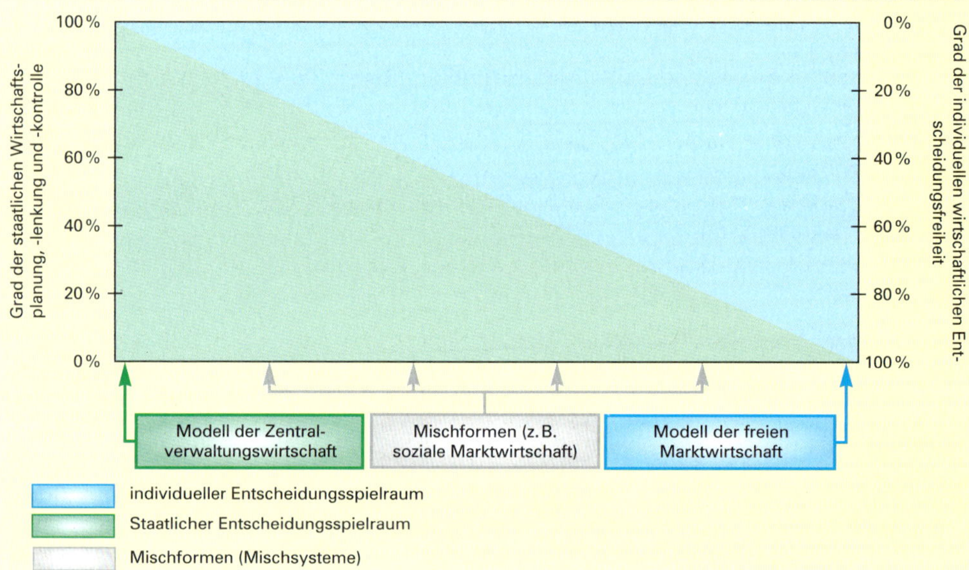

1 Subsidiarität: Gesellschaftspolitisches Prinzip, nach dem eine übergeordnete Einheit (z.B. der Staat) nur solche Aufgaben übernehmen soll, zu deren Wahrnehmung eine untergeordnete Einheit (z.B. die Familie) nicht in der Lage ist.

2 Vgl. hierzu Lehrplaneinheit 1, Kapitel 5.2.8.3.

3 Alimentieren: Lebensunterhalt gewähren, unterstützen.

6.3 Grundgesetz und soziale Marktwirtschaft

(1) Überblick

In einem Rechtsstaat muss die Wirtschaftsordnung in eine Rechtsordnung eingebunden sein, die sich wiederum an der Verfassung, in der Bundesrepublik Deutschland also am Grundgesetz,[1] auszurichten hat.

Das **Grundgesetz** schreibt **ausdrücklich keine bestimmte Wirtschaftsform** vor, sondern lässt einen weiten Spielraum für denkbare Wirtschaftsordnungen.[2] Diese Tatsache ermöglicht es der Regierung bzw. dem Gesetzgeber (dem Bundestag und/oder den Landtagen), die als angemessen erscheinenden wirtschafts- und sozialpolitischen Maßnahmen zu ergreifen bzw. Gesetze zu beschließen. Allerdings enthält das Grundgesetz bestimmte Vorschriften (Normen), die gewissermaßen als „Eckpfeiler" auf der einen Seite eine reine Marktwirtschaft auf der anderen Seite eine reine Zentralverwaltungswirtschaft ausschließen. Laut Grundgesetz sind daher die verschiedensten Mischformen möglich, von denen eine die soziale Marktwirtschaft ist.

Im Folgenden werden die wichtigsten Artikel des Grundgesetzes daraufhin untersucht, ob und inwieweit sich aus ihnen wirtschafts- und sozialpolitische Ziele in der sozialen Marktwirtschaft ableiten lassen.

(2) Grundgesetz Artikel 2: Persönliche Freiheitsrechte

Art. 2 GG: (1) Jeder hat das Recht auf die freie Entfaltung seiner Persönlichkeit, soweit er nicht die Rechte anderer verletzt und nicht gegen die verfassungsmäßige Ordnung oder das Sittengesetz verstößt. (2) Jeder hat das Recht auf Leben und körperliche Unversehrtheit. Die Freiheit der Person ist unverletzlich. In diese Rechte darf nur aufgrund eines Gesetzes eingegriffen werden.

Im wirtschaftlichen Bereich bedeutet der Freiheitsgrundsatz, dass im Kern folgende Freiheitsrechte garantiert sind:

- **Gewerbefreiheit** (jeder hat das Recht, ein Unternehmen zu gründen, zu führen oder auch aufzulösen);
- **Vertragsfreiheit** (jeder hat das Recht, Verträge abzuschließen, aufzulösen und deren Inhalt frei zu gestalten);
- **Konsumfreiheit** (jeder hat das Recht, jede Ware dort zu kaufen, wo es ihm am günstigsten erscheint).

Nur wenn diese „Freiheiten" bestehen, können sich Märkte entwickeln, auf denen Angebot und Nachfrage durch einen sich frei bildenden Preis (z.B. Güterpreis) automatisch ins Gleichgewicht gebracht werden. Umgekehrt: Soll eine Wirtschaft mithilfe des Preismechanismus gesteuert werden, müssen die Wirtschaftssubjekte in ihrer Entscheidungsfreiheit unbeeinträchtigt bleiben.

Andererseits begrenzt der Art. 2 GG die Freiheitsrechte dort, wo die Rechte anderer verletzt werden können. Wucherische (ausbeuterische) und sittenwidrige Rechtsgeschäfte sind verboten. Umfassende Arbeitsschutzgesetze schützen den einzelnen Arbeitnehmer.[3]

---

1 Grundgesetz für die Bundesrepublik Deutschland [GG] vom 23. Mai 1949.

2 Nach einem Urteil des Bundesverfassungsgerichts aus dem Jahre 1961. Quelle: Pilz, F.: Das System der Sozialen Marktwirtschaft, 1974, S. 29.

3 Z.B. Kündigungsschutz, Arbeitszeitgesetz, Mutterschutzgesetz, Jugendarbeitsschutzgesetz, Arbeitsschutzgesetz, Sozialgesetzbücher usw.

Zum Schutze des Verbrauchers, der Nachbarschaft und der Allgemeinheit ist die **Gewerbefreiheit eingeschränkt**. So werden z.B. gefährliche Anlagen (Betriebe) und bestimmte Gewerbezweige staatlich überwacht. Selbst die Konsumfreiheit ist in manchen Bereichen eingeengt: Bestimmte Arzneimittel dürfen von den Apotheken nur gegen ärztliches Rezept abgegeben werden. Der Handel mit Rauschgiften aller Art ist verboten.

Schließlich ist auch das Umweltrecht ein Eingriff in die Gewerbefreiheit. Bei Nichteinhaltung gesetzlicher Umweltvorschriften drohen privatrechtliche Schadensersatzansprüche und verwaltungsrechtliche bzw. strafrechtliche Sanktionen.[1]

Beispiele für umweltschutzrechtliche Vorschriften:

Schutzbereich	Umweltschutzgesetze	Sanktionen
Luftreinhaltung **Lärmbekämpfung**	Gesetz zum Schutz vor schädlichen Umwelteinwirkungen durch Luftverunreinigungen, Geräusche, Erschütterungen und ähnliche Vorgänge [Bundes-Immissionsschutzgesetz – BImSchG][2]	Betriebsverbot [§§ 20, 25 BImSchG]; Freiheits- oder Geldstrafen [§§ 325, 325a, 327 StGB]
Schutz vor gefährlichen Stoffen	Gesetz zum Schutz vor gefährlichen Stoffen [Chemikaliengesetz – ChemG]	Verbot der Inverkehrbringung [§ 11 III ChemG); Freiheits- oder Geldstrafen [§ 27 ChemG]
Gewässerschutz	Gesetz zur Ordnung des Wasserhaushalts [Wasserhaushaltsgesetz – WHG]	Gefährdungshaftung nach dem UmweltHG sowie nach § 22 WHG; Freiheits- oder Geldstrafen [§ 324 StGB]
Naturpflege **Artenschutz** **Bodenschutz**	Gesetz über Naturschutz und Landschaftspflege [Bundesnaturschutzgesetz – BNatSchG]	Geld- oder Freiheitsstrafen [§§ 329, 330 StGB, § 30a BNatSchG]

Der Kern des Art. 2 darf – wie bei den übrigen Grundrechten auch – nicht in seinem Wesensgehalt angetastet werden [Art. 19 II GG]. Dies bedeutet, dass die Wirtschafts- und Sozialpolitik in der sozialen Marktwirtschaft dafür Sorge tragen muss, dass der Privatinitiative ein breiter Raum gelassen wird. Dies ist Aufgabe der **Ordnungspolitik**. Das Ziel lautet: **Sicherung des Wettbewerbs**[3] durch Beschränkung der Staatseingriffe auf die Fälle, bei denen der Markt seine Funktionen nicht mehr erfüllt, und Verhinderung der Monopolisierung (Konzentration) in der Wirtschaft. Hierbei bleibt nicht aus, dass Konflikte (Spannungen) im Verhältnis von „Freiheit" einerseits und „staatlicher Reglementierung" andererseits auftreten.

(3) Grundgesetz Artikel 12: Berufsfreiheit

Art. 12 GG: (1) Alle Deutschen haben das Recht, Beruf, Arbeitsplatz und Ausbildungsstätte frei zu wählen. Die Berufsausübung kann durch Gesetz oder aufgrund eines Gesetzes geregelt werden.[4] (2) Niemand darf zu einer bestimmten Arbeit gezwungen werden, außer im Rahmen einer herkömmlichen allgemeinen, für alle gleichen öffentlichen Dienstleistungspflicht. ...

1 Sanktionen (lat.): wörtl. Vergeltung, mit positiven oder negativen Folgen antworten.

2 Immission (lat.): Einleitung von Schadstoffen; das Einwirken von Luftverunreinigungen, Schadstoffen, Lärm, Strahlen u.Ä. auf Menschen, Tiere und Pflanzen.

3 Vgl. hierzu Kapitel 6.4.2, S. 124ff.

4 Beispiele: Ärzte und Apotheker benötigen die Approbation (vom Staat verliehenes Recht zur Berufsausübung). Bei Handwerkern ist (noch) in vielen Fällen die Meisterprüfung (der „große Befähigungsnachweis") erforderlich, wenn sie z.B. Auszubildende beschäftigen.

Im Art. 12 GG wird der Freiheitsgrundsatz des Art. 2 GG fortgeführt, denn in einer vorwiegend auf Privatinitiative und Wettbewerb beruhenden Gesellschaftsordnung muss das Recht auf freie Wahl des Berufs, des Arbeitsplatzes und der Ausbildungsstätte im Grundsatz garantiert sein. Mehr noch: Es muss das Recht bestehen, dort seinen Arbeitsplatz (und seinen Wohnsitz) zu nehmen, wo es einem beliebt (vgl. Art. 11 GG: Recht auf Freizügigkeit).

Der Anspruch des Art. 12 ist ein schwieriges sozial- und wirtschaftspolitisches Problem. Das Recht auf freie Berufs-, Arbeitsplatz- und Ausbildungsstättenwahl ist in der Wirklichkeit dort begrenzt, wo es an Arbeits- und Ausbildungsplätzen fehlt. Ein gerichtlich durchsetzbares „Recht auf Arbeit" gibt es nach dem Grundgesetz nicht. Ein solches Recht kann es in einer (wenn auch staatlich gesteuerten) Marktwirtschaft nicht geben, weil kein Unternehmen und keine Behörde gezwungen werden kann, mehr Arbeitskräfte einzustellen als benötigt werden. Das viel zitierte „Recht auf Arbeit" beinhaltet jedoch eine moralische Verpflichtung des Staates. Die Aussage des Art. 12 GG stellt eine Aufforderung an den Staat dar, dafür Sorge zu tragen, dass genügend Arbeits- und Ausbildungsplätze zur Verfügung stehen. Das aus Art. 12 GG folgende wirtschafts- und sozialpolitische Ziel ist somit ein **hoher Beschäftigungsstand** und das (stetige) **Wirtschaftswachstum.**

(4) Grundgesetz Artikel 9: Vereinigungsfreiheit

Art. 9 GG: (1) Alle Deutschen haben das Recht, Vereine und Gesellschaften zu bilden. (2) Vereinigungen, deren Zweck oder deren Tätigkeit den Strafgesetzen zuwiderlaufen oder die sich gegen die verfassungsmäßige Ordnung oder gegen den Gedanken der Völkerverständigung richten, sind verboten. (3) Das Recht, zur Wahrung und Förderung der Arbeits- und Wirtschaftsbedingungen, Vereinigungen zu bilden, ist für jedermann und für alle Berufe gewährleistet ...

Eng mit dem Freiheitsgrundsatz ist auch der Grundsatz der **Vereinigungsfreiheit** verknüpft. Im wirtschaftlichen Bereich bedeutet dies nicht nur das Recht zur Gründung von Handelsgesellschaften, sondern auch das Recht, Gewerkschaften (Arbeitnehmerverbände) und Arbeitgeberverbände zu gründen, die **autonom,** d.h. unabhängig von staatlicher Beeinflussung, Arbeitsbedingungen (z.B. Löhne, Arbeitszeit) aushandeln können.

(5) Grundgesetz Artikel 14: Eigentum, Erbrecht und Enteignung

Art. 14 GG: (1) Das Eigentum und das Erbrecht werden gewährleistet. Inhalt und Schranken werden durch die Gesetze bestimmt. (2) Eigentum verpflichtet. Sein Gebrauch soll zugleich dem Wohle der Allgemeinheit dienen. (3) Eine Enteignung ist nur zum Wohle der Allgemeinheit zulässig. Sie darf nur durch Gesetz oder aufgrund eines Gesetzes erfolgen, das Art und Ausmaß der Entschädigung regelt ...

Das Eigentumsrecht umfasst sowohl das Privateigentum an Konsumgütern (z.B. Kleidung, Privatauto, Eigenheim, Eigentumswohnung) als auch an Produktionsmitteln (Kapital im volkswirtschaftlichen Sinne) einschließlich Grund und Boden. Das Eigentumsrecht ist im Zusammenhang mit dem Freiheitsgrundsatz zu sehen. (Wer z.B. das Recht haben soll, ein Unternehmen zu gründen, muss auch das Recht haben, über die Produktionsmittel zu verfügen.)

Allerdings gewährt das Grundgesetz dem Gesetzgeber weitgehende Eingriffsrechte in das Privateigentum. Einmal soll das Eigentum dem Wohle der Allgemeinheit dienen **(„soziale Bindung des Eigentums"),** zum anderen ist eine **Enteignung ausdrücklich erlaubt**. Produktionsmittel, Grund und Boden und Naturschätze können verstaatlicht (in Gemeineigentum überführt) werden [Art. 15 GG]. Mithin wäre z.B. die Verstaatlichung der **Schlüsselindustrien**[1] verfassungskonform.[2]

(6) Grundgesetz Artikel 3: Gleichheit vor dem Gesetz

> **Art. 3 GG:** (1) Alle Menschen sind vor dem Gesetz gleich. (2) Männer und Frauen sind gleichberechtigt. Der Staat fördert die tatsächliche Durchsetzung der Gleichberechtigung von Frauen und Männern und wirkt auf die Beseitigung bestehender Nachteile hin. (3) Niemand darf wegen seines Geschlechtes, seiner Abstammung, seiner Rasse, seiner Sprache, seiner Heimat und Herkunft, seines Glaubens, seiner religiösen oder politischen Anschauungen benachteiligt oder bevorzugt werden. ...

Der Art. 3 GG verlangt Gleichbehandlung in vergleichbaren Fällen. Man hat aus dem Gleichheitsgrundsatz des Grundgesetzes viele wirtschafts- und sozialpolitische Ziele abgeleitet. Folgende seien beispielhaft erwähnt:

- **Gleicher Lohn für gleiche Arbeit, d.h. also auch zwischen Mann und Frau oder zwischen In- und Ausländern.**

Dass gerade hier für Staat, Gewerkschaften und Arbeitgeber noch viel zu tun bleibt, um die Kluft zwischen dem Anspruch der Verfassung und der Wirklichkeit zu überbrücken, ist offensichtlich.

- **Gleiche Bildungs- und Berufschancen für alle („Chancengleichheit").**

Maßnahmen zur Verwirklichung des Ziels der Chancengleichheit sind z.B. Bereitstellung von Mitteln zum Ausbau von Schulen, betrieblichen Ausbildungsstätten und Hochschulen; Maßnahmen zur Umschulung und Weiterbildung Erwachsener (z.B. durch die gesetzliche Arbeitsförderung, SGB III); Ausbildungsförderung für Schüler und Studenten nach dem Bundesausbildungsförderungsgesetz [BAföG].

Zusammenfassung

- Die **soziale Marktwirtschaft** setzt sich zum Ziel, auf der Grundlage der Marktwirtschaft das Prinzip der Freiheit mit dem des sozialen Ausgleichs und der sozialen Gerechtigkeit zu verbinden.
- Wesentliche **Ordnungsmerkmale** der sozialen Marktwirtschaft, die sich aus dem Grundgesetz ergeben, sind:
  - Der Staat greift in das Wirtschaftsgeschehen ein, um den **Wohlstand** und die **soziale Sicherheit** breiter Schichten zu gewährleisten (Sozialstaat).
  - Grundsätzlich besteht **Gewerbefreiheit,** nicht jedoch für Gewerbezweige, die die Gesundheit und/oder die Sicherheit der Bevölkerung gefährden können (eingeschränkte Gewerbefreiheit).
  - Grundsätzlich besteht **Konsumfreiheit,** nicht jedoch bei gesundheitsgefährdenden Konsumgütern (z.B. Drogen).
  - Grundsätzlich besteht **Freihandel** und freie Austauschbarkeit der Währungen. Eingriffe in den Außenhandel sind aus konjunkturpolitischen Gründen erlaubt und erwünscht (z.B. Auf- oder Abwertungen, Freigabe der Wechselkurse, Devisenpolitik der Zentralbank, Zollsatzänderungen, Verbot des Waffenhandels mit kriegsgefährdeten Gebieten usw.).

---

1 Schlüsselindustrien sind die Basis für die nachfolgenden Wirtschaftsstufen. Zu den Schlüsselindustrien gehören z.B. die Eisen und Stahl schaffende und die chemische Industrie.

2 Konform: gleichlaufend, hier: verfassungsgemäß, im Einklang mit der Verfassung.

- **Eingeschränkte Vertragsfreiheit** durch Verbot des Wuchers und der Ausnutzung der Notlage eines anderen, Kartellgesetzgebung, Missbrauchsaufsicht, Fusionskontrolle, Unternehmensrecht usw.
- Grundsätzlich steht das **Eigentum** unter dem Schutz des Staates. Staatseigentum an Produktionsmitteln ist möglich oder erwünscht (z. B. Sozialisierung, um Arbeitsplätze zu sichern).
- Grundsätzlich bestehen **freie Berufswahl,** Arbeitsplatzwahl und Freizügigkeit. Um Fehlentwicklungen auf dem Arbeitsmarkt abzuschwächen, sind staatliche indirekte Lenkungsmaßnahmen erwünscht (Beihilfen zur Umschulung, Stellenvermittlung durch Arbeitsagenturen, Berufsberatung).
- Der Staat nimmt eine **Einkommensumverteilung** mit dem Ziel einer „sozialverträglichen Einkommensverteilung" vor: prozentual höhere Besteuerung der mittleren und höheren Einkommen (Steuerprogression), Kindergeldzahlungen, Wohngeld für niedrige Einkommensschichten, Ausbildungsförderung, Sparförderung.
- **Bildung** ist grundsätzlich die Aufgabe des Staates. Jeder soll gemäß seinen Fähigkeiten und Neigungen die gleichen Bildungschancen haben („Chancengleichheit"). Der Staat stellt die Mittel für die Bildungseinrichtungen zur Verfügung.

Übungsaufgaben

16

1. Warum benötigt eine arbeitsteilige Volkswirtschaft ein Ordnungssystem zur Koordinierung des Wirtschaftsablaufs?

2. Die freie Marktwirtschaft ist ein idealtypisches Modell. Dem Modell am nächsten kam der Industriekapitalismus (Frühkapitalismus) des 19. Jahrhunderts.

   Aufgaben:

   2.1 Erläutern Sie, was unter einer freien Marktwirtschaft zu verstehen ist!

   2.2 Erklären Sie den Begriff Kapitalismus!

   2.3 Erläutern Sie den Begriff Liberalismus und begründen Sie, warum der Liberalismus die ideologische Grundlage der freien Marktwirtschaft ist!

   2.4 Beschreiben Sie in Stichworten positive und negative Erscheinungen des Kapitalismus des 19. Jahrhunderts!

   2.5 Bilden Sie Beispiele für die liberale Ansicht, dass das Einzelinteresse dem Gesamtinteresse entspreche!

   2.6 Wer bestimmt die Produktionsziele in einer freien Marktwirtschaft?

3. Die Missstände des Frühkapitalismus, vor allem die Verelendung breiter Massen, führten zur Entstehung neuer ökonomischer Konzeptionen. Die bedeutendste war die von KARL MARX (1818–1883), der eine Gesellschaft ohne Privateigentum an den Produktionsmitteln und damit die Abschaffung des Gewinnstrebens forderte. Die ideologische Grundlage seiner Konzeption war der Kollektivismus.

   Aufgaben:

   3.1 Wer war Karl Marx?

   3.2 Warum folgt aus der Grundhaltung des Kollektivismus zwangsläufig die Idee der Zentralverwaltungswirtschaft?

   3.3 Wer bestimmt die Produktionsziele in einer Zentralverwaltungswirtschaft?

17

1. Stellen Sie mögliche Zielkonflikte in der sozialen Marktwirtschaft dar! Leiten Sie diese aus dem Spannungsverhältnis zwischen dem Ziel der größtmöglichen Freiheit einerseits und dem Ziel des sozialen Ausgleichs andererseits ab!

2. Beurteilen Sie folgende Zielsetzungen in der sozialen Marktwirtschaft aus der Sicht des Grundgesetzes:
   2.1 dezentrale Steuerung der Wirtschaft,
   2.2 Chancengleichheit,
   2.3 Recht auf Arbeit,
   2.4 Sozialisierung (Verstaatlichung) der Produktionsmittel und des Grund und Bodens.

3. In welcher Beziehung stehen Freiheit und Verantwortung in der sozialen Marktwirtschaft zueinander?

4. Welche Unterschiede bestehen zwischen der Marktwirtschaft und der sozialen Marktwirtschaft?

5. Untersuchen Sie die ersten fünfzehn Artikel des Grundgesetzes und stellen Sie heraus, inwiefern diese wichtige wirtschaftliche Grundrechte enthalten, die in engem Zusammenhang mit den Wesensmerkmalen des Ordnungsrahmens der sozialen Marktwirtschaft stehen!

6. Entscheiden Sie, ob die folgenden Regelungen des Staates mit den Prinzipien der sozialen Marktwirtschaft vereinbar sind!
   6.1 Das Steuersystem wird so geordnet, dass jeder Steuerpflichtige über das gleiche Nettoeinkommen verfügen kann.
   6.2 Jeder Einwohner erhält das Recht, in Notfällen seinen Anspruch auf Unterstützung durch den Staat gerichtlich einklagen zu können.
   6.3 Der Staat erhält das Recht, zum Wohle der Allgemeinheit Enteignungen gegen Entschädigung vornehmen zu dürfen.
   6.4 Zur Erhaltung von 40 000 Arbeitsplätzen räumt der Staat dem Unternehmen X auf Dauer eine Ermäßigung der Umsatz- und Gewerbesteuer ein.
   6.5 Zur Ankurbelung der Konjunktur gewährt der Staat Sonderabschreibungen für Anlageinvestitionen, die innerhalb eines bestimmten Zeitraums durchgeführt werden.
   6.6 Der Staat verbietet durch Gesetz den Zusammenschluss von Unternehmen, wenn diese dadurch eine Marktbeherrschung erreichen wollen.
   6.7 Der Staat zahlt Unternehmen einer Branche Zinszuschüsse für Anpassungsinvestitionen, die durch den technischen Fortschritt notwendig wurden, obwohl die Unternehmensleitungen diese Anpassungen in der Vergangenheit fahrlässig unterlassen haben.
   6.8 Der Staat gewährt nach sozialen Gesichtspunkten gestaffelte Prämien für Arbeitnehmer, die einen Teil ihres Einkommens vermögenswirksam anlegen.
   6.9 Der Staat schreibt Preise für Grundnahrungsmittel und Mietwohnungen vor.
   6.10 Der Staat zahlt Umschulungsbeihilfen für Arbeitnehmer, die ihre Arbeitsplätze infolge technologischer Entwicklungen verloren haben.

7. In der sozialen Marktwirtschaft sollen die Eingriffe des Staates „marktkonform" erfolgen. Entscheiden Sie bei nachfolgenden Maßnahmen, inwieweit diese Forderung erfüllt wird!
   Notieren Sie als Lösung eine
   (1), wenn die Maßnahme marktkonform wirkt,
   (2), wenn die Maßnahme marktinkonform wirkt,
   (9), wenn eine genaue Zuordnung nicht möglich ist!

7.1 Der Staat fördert den Bau von privaten Eigenheimen durch die Zahlung einer zeitlich begrenzten Bauzulage.

7.2 Staatliche Betriebe werden privatisiert.

7.3 Das Privateigentum an Produktionsmitteln wird abgeschafft.

7.4 Bei der Zahlung von Arbeitslosengeld II werden die familiären Unterstützungsmöglichkeiten mit berücksichtigt.

7.5 Das Niveau des Arbeitslosengeldes II wird erhöht und übersteigt in starkem Maße die tariflichen Mindestlöhne.

7.6 Zur Unterstützung landwirtschaftlicher Betriebe werden staatliche Mindestpreise garantiert.

7.7 Aus konjunkturpolitischen Überlegungen heraus werden zeitlich begrenzte Investitionszuschüsse gezahlt.

7.8 Der Staat führt eine Einheitsrente für alle Bürger ein.

7.9 Zum Aufbau einer privaten Altersvorsorge werden bestimmte Vermögensanlagen staatlich gefördert.

7.10 Die Löhne und Gehälter werden nach Aufhebung der Koalitionsfreiheit staatlich festgelegt.

7.11 Zur Sicherung von Arbeitsplätzen werden unproduktiv arbeitende Unternehmen dauerhaft subventioniert.

7.12 Der Staat verabschiedet im Rahmen der Ordnungspolitik neue Gesetze.

18

1. Begründen Sie, warum die soziale Marktwirtschaft der Bundesrepublik Deutschland als „Realtyp" einer Wirtschaftsordnung bezeichnet wird!
2. Erläutern Sie den Begriff Dualismus!
3. Nennen Sie mögliche Mängel der freien Marktwirtschaft und leiten Sie hieraus die Grundzüge der sozialen Marktwirtschaft ab!
4. In der sozialen Marktwirtschaft werden bestimmte Freiheitsrechte eingeschränkt. Begründen Sie die Notwendigkeit anhand von 5 Beispielen!
5. Stellen Sie die wesentlichsten Ordnungsmerkmale der sozialen Marktwirtschaft den Ordnungsmerkmalen der freien Wirtschaft gegenüber! Begründen Sie die vorhandenen Abweichungen!

6.4 Wettbewerbsordnung

6.4.1 Auswirkungen von Kooperation und Konzentration

(1) Begriff Unternehmenszusammenschlüsse

In einer Marktwirtschaft stehen die Unternehmen in einem mehr oder weniger harten Wettbewerb um die Käufer ihrer Leistungen (Sachgüter und Dienstleistungen). Um den Konkurrenzdruck zu mildern, arbeiten sie häufig mit anderen Unternehmen zusammen (sie kooperieren mit anderen Unternehmen), wobei sich die Zusammenarbeit (die Kooperation) auf den verschiedensten Gebieten vollziehen kann, beispielsweise im Einkauf (z.B. gemeinsame Beschaffung), in der Produktion (z.B. Schaffung gemeinsamer Normen) oder im Absatz (z.B. Gemeinschaftswerbung).

Merke:

- **Kooperation** (Unternehmenskooperation) ist jede Zusammenarbeit zwischen Unternehmen, wobei die einzelnen Kooperationsformen als **Unternehmenszusammenschlüsse** oder **Unternehmensverbindungen** bezeichnet werden.
- Unternehmenszusammenschlüsse können zur Machtzusammenballung („Monopolisierung“) führen. Man spricht in diesem Fall von **Konzentration.**[1]

(2) Ziele der Unternehmenszusammenschlüsse

Oberziel von Unternehmenszusammenschlüssen ist die **Sicherung der Lebensfähigkeit** (Existenz) der beteiligten Unternehmen durch **Gewinnerhöhung** oder **Verlustminderung.** Die Verfolgung dieser Ziele ist in allen Unternehmensbereichen (Beschaffung, Fertigung, Absatz, Finanzierung, Personalwirtschaft) möglich, sodass sich zahlreiche **Unterziele** ergeben.

Im Einzelnen können sich folgende **Unterziele** ergeben:

Unterziele	Beispiele
Sicherung der Rohstoffversorgung	Gemeinsame Beschaffungsmarktforschung und gemeinsame Erschließung von Rohstoffvorkommen.
Angestrebte Kostensenkungen	Zwischenbetrieblichen Erfahrungsaustausch, gemeinsame Forschung und Produktentwicklung, gemeinsame Rationalisierungsmaßnahmen und Abstimmung der Produktprogramme.
Sicherung der Absatzmärkte	Gemeinsame Absatzwerbung, gemeinsame Verkaufsniederlassungen und gemeinsame Preispolitik zur Abwehr von Großunternehmen, gemeinsame Markenartikel und Gütezeichen.
Ausschaltung oder Beschränkung des Wettbewerbs	Mengen- und Preisabsprachen.
Gemeinsame Finanzierung großer Aufträge	Bildung einer Arbeitsgemeinschaft (ARGE) mit mehreren kleineren Unternehmen.
Erhöhung der wirtschaftlichen Macht	Ausschaltung der Konkurrenz durch den Aufkauf kleinerer (schwächerer) Unternehmen.

1 **Marktbeherrschende Unternehmenszusammenschlüsse** werden auch als **Kollektivmonopole** bezeichnet. Kollektiv (lat.): Gesamtheit, Zusammenschluss.

(3) Arten von Unternehmenszusammenschlüssen nach Wirtschaftsstufen

Die Arten der zwischenbetrieblichen Zusammenarbeit sind sehr zahlreich. Nach den **beteiligten Wirtschaftsstufen** können wir folgende Zusammenschlüsse unterscheiden:

Art des Zusammenschlusses	Beispiele
Horizontaler Zusammenschluss Bei diesem Zusammenschluss arbeiten Unternehmen der gleichen Wirtschaftsstufe, die gleiche, gleichartige oder gegenseitig austauschbare Güter (Substitutionsgüter) herstellen und verkaufen, zusammen.	Mehrere Brauereien schließen sich zusammen, um gemeinsam Werbung zu betreiben; mehrere Hersteller von Haushaltsgeräten stimmen ihr Produktprogramm aufeinander ab.
Vertikaler Zusammenschluss Bei diesem Zusammenschluss erfolgt die zwischenbetriebliche Zusammenarbeit zwischen Unternehmen, die verschiedenen Wirtschaftsstufen angehören.	Zusammenschluss von Forstwirtschaft, Sägerei, Möbelfabrik und Möbelgeschäft; Zusammenschluss von Getreideanbauern, Getreidemühle, Brotfabrik, Verkaufsläden.
Diagonaler Zusammenschluss Diagonal ist ein Zusammenschluss dann, wenn an ihm Unternehmen unterschiedlichster Branchen beteiligt sind.	Eine Chemiefabrik und eine Maschinenfabrik; eine Brauerei, eine Textilfabrik und eine Konservenfabrik.

Horizontale und vertikale Unternehmenszusammenschlüsse werden auch als **organische Zusammenschlüsse** bezeichnet, weil sie aus einer inneren Ordnung herauswachsen. Dies bedeutet, dass zwischen den zusammengeschlossenen Unternehmen ein innerer Zusammenhang besteht. **Diagonale Zusammenschlüsse** nennt man auch **anorganische, laterale**[1] oder **heterogene Zusammenschlüsse,** weil zwischen den Beteiligten keine (natürliche) Beziehung besteht.

(4) Auswirkungen und wirtschaftliche Bedeutung der Unternehmenszusammenschlüsse

Ob Unternehmenszusammenschlüsse volkswirtschaftlich positiv oder negativ zu bewerten sind, lässt sich abschließend nur im Einzelfall sagen. Kooperationen, die z.B. den Zweck haben, die Kosten zu senken, die Produktivität zu erhöhen und/oder den Absatz zu fördern, gehören sicherlich zu den gesamtwirtschaftlich erwünschten Unternehmenszusammenschlüssen.

Beispiele:

Kooperationen zum Zweck der Normung und Typisierung der Werkstoffe und Betriebsmittel; Beschaffungskooperationen; Kooperationen zur Erschließung neuer Auslandsmärkte, zur Erforschung umweltfreundlicher Herstellungsverfahren und Produkte oder zur Schaffung (Gründung) gemeinsamer Abfallverwertungsunternehmen.

1 Lateral: seitlich, von der Seite.

Negativ zu beurteilen sind die Unternehmenszusammenschlüsse dann, wenn sie zur Konzentration führen und den Marktwettbewerb beschränken oder gar aufheben. Sie sind z. B. aus folgenden Gründen nicht mit den Prinzipien (Grundsätzen) einer sozialen Marktwirtschaft vereinbar:

- In einer auf Wettbewerb ausgerichteten Wirtschaftsordnung muss eine **freie Preisbildung** gewährleistet sein, die sich stets nach den **natürlichen Knappheiten** der Güter richten muss (Knappheitsprinzip). **Beide Bedingungen** sind jedoch **bei Wettbewerbsbeschränkungen** und den damit verbundenen künstlichen Güterknappheiten **nur noch formal** (äußerlich, der Form nach) **gegeben.**

  Durch Wettbewerbsbeschränkungen entstehen **„künstliche Güterknappheiten"**, die zu tendenziell höheren Preisen führen **(monopolistische Preisbildung).**

- Bei einem **freien Wettbewerb müssen sich die Unternehmen mehr anstrengen,** da sie hier nur durch neue, qualitativ bessere und billigere Erzeugnisse sowie durch Produktionssteigerungen auf ihren Märkten langfristig bestehen können.

  Es findet bei Unternehmenszusammenschlüssen keine oder nur eine **unzureichende Leistungsauslese unter den Unternehmen** statt.

- Marktbeherrschende Unternehmen und Unternehmenszusammenschlüsse führen aufgrund ihrer monopolistischen Preisbildung zu einer **nicht leistungsbezogenen** (ungerechtfertigten) **Einkommens- und Vermögensverteilung** (Einkommens- und Vermögenskonzentration). Die zusammengeschlossenen Unternehmen erreichen ihre Vorteile (Gewinnsteigerung, Verlustminderung, Vergrößerung ihrer Marktanteile) ungerechtfertigt auf Kosten der übrigen Marktteilnehmer.

  Mit einer sozialen Marktwirtschaft, die echte Leistungsgewinne verlangt, ist dies unvereinbar.

- Außerdem **kann die wirtschaftliche Macht auch zur politischen Macht werden.** Die vielfältigen Einflussnahmen großer Unternehmen und Unternehmenszusammenschlüsse und deren Wirtschaftsverbände, vor allem auf die Wirtschaftsgesetzgebung, lassen die Gefahr wirtschaftlicher Macht deutlich erkennen.

6.4.2 Sicherung des Wettbewerbs

(1) Wettbewerbspolitik (Ordnungspolitik)

Die Unternehmen haben aufgrund der zunehmenden Fixkostenbelastung das Ziel, vor allem bei wirtschaftlichen Schwierigkeiten einem freien Wettbewerb durch Zusammenschlüsse auszuweichen. Deshalb muss der Staat den **Wettbewerb** durch eine **aktive Wettbewerbspolitik (Ordnungspolitik)** fördern und alle Unternehmenszusammenschlüsse, die erkennbar gegen die Prinzipien eines freien Wettbewerbs verstoßen, verbieten und unter Strafe stellen.

Da die Entwicklung neuer Güter (Substitutionsgüter) die Marktmacht der **Kartelle**[1] und marktbeherrschenden Unternehmen beschränken kann, muss der Staat eine unabhän-

1 Das **Kartell** ist ein **vertraglicher Zusammenschluss** von Unternehmen eines Wirtschaftszweigs, die **rechtlich selbstständig** bleiben, aber einen Teil ihrer **wirtschaftlichen Selbstständigkeit** aufgeben.

Konzerne sind horizontale, vertikale oder diagonale Zusammenschlüsse von Unternehmen, die **rechtlich selbstständig** sind, ihre **wirtschaftliche Selbstständigkeit aber aufgeben,** indem sie sich einer **einheitlichen Leitung** unterstellen. Die Verschmelzung von zwei oder mehr Unternehmen bezeichnet man als **Fusion.**

gige, öffentlich geförderte Forschung intensivieren, die vor allem den kleineren und mittelgroßen Unternehmen zur Auswertung zur Verfügung steht, denn die Forschung der Konzerne dient vorrangig ihren eigenen und weniger gesamtwirtschaftlichen Zielen.

In der Bundesrepublik Deutschland wird mithilfe des **Gesetzes gegen Wettbewerbsbeschränkungen (GWB)** versucht, die Konzentration zu kontrollieren, ohne die Leistungsfähigkeit der Gesamtwirtschaft zu beeinträchtigen. Das Gesetz regelt daher nicht nur die Kartelle und kartellähnliche Verträge und Verhaltensweisen, die darauf abzielen, den Wettbewerb einzuschränken oder zu beseitigen, sondern es enthält auch wichtige Vorschriften zu den marktbeherrschenden Unternehmen. Die zunehmende Unternehmenskonzentration (Konzernbildungen, Fusionen)[1] hat das Problem der Kontrolle wirtschaftlicher Macht marktbeherrschender Konzerne und Trusts[2] stärker denn je in den Vordergrund der Wettbewerbspolitik gerückt. Der Wettbewerb wird heute durch die marktbeherrschenden Unternehmen meistens viel stärker eingeschränkt als durch Kartelle.

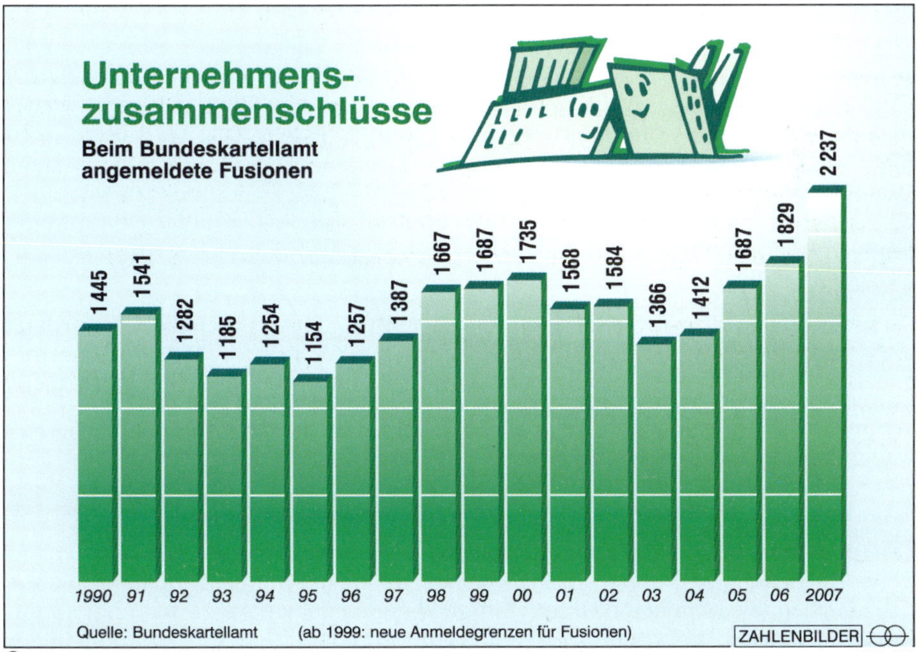

227 003

Im Folgenden gehen wir auf die Vorschriften zur **Fusionskontrolle** und zur **Missbrauchsaufsicht** ein.

1 S. Fußnote 1, S. 124.

2 **Trusts** sind horizontale, vertikale oder diagonale Zusammenschlüsse mehrerer Unternehmen, die ihre **rechtliche und wirtschaftliche Selbstständigkeit aufgeben.**
Aufgrund des Lehrplans wird auf diese Unternehmenszusammenschlüsse im Einzelnen nicht eingegangen.

(2) Zusammenschlusskontrolle (Fusionskontrolle)

■ Vorliegen von Unternehmenszusammenschlüssen

Unternehmenszusammenschlüsse liegen z. B. in folgenden Fällen vor (Näheres siehe § 37 GWB):

- Erwerb des gesamten oder eines wesentlichen Teils des Vermögens eines anderen Unternehmens;
- Erwerb der unmittelbaren oder mittelbaren Kontrolle über andere Unternehmen durch Rechte, Verträge oder andere Mittel;
- Erwerb von Anteilen an einem anderen Unternehmen, wenn diese Anteile allein oder zusammen mit sonstigen, dem Unternehmen bereits gehörenden Anteilen a) 50 % oder b) 25 % des Kapitals oder der Stimmrechte des anderen Unternehmens erreichen.

■ Anmelde-, Anzeigepflicht und Vollzugsverbot

Alle Unternehmenszusammenschlüsse sind **vor ihrem Vollzug** beim Bundeskartellamt anzumelden [§ 39 I GWB]. Sie unterliegen bis zur Freigabe durch das Bundeskartellamt dem **Vollzugsverbot** [§ 41 I GWB]. (Zur Ausnahme siehe § 41 II GWB.) Die zur Anmeldung verpflichteten einzelnen Unternehmen müssen in ihrer Anmeldung dem Bundeskartellamt die Form des Zusammenschlusses mitteilen. Weitere Angaben sind von den beteiligten Unternehmen z. B. zur Firma, zum Niederlassungsort, zur Art ihres Geschäftsbetriebs, zu ihren Umsatzerlösen im Inland sowie in der Europäischen Union und über ihre Marktanteile zu machen (Näheres siehe § 39 II, III GWB).

■ Geltungsbereich der Zusammenschlusskontrolle

Die Vorschriften des GWB über die Zusammenschlusskontrolle gelten, wenn im letzten Geschäftsjahr vor dem Zusammenschluss die beteiligten Unternehmen insgesamt weltweit Umsatzerlöse von mehr als 500 Mio. EUR und mindestens ein beteiligtes Unternehmen im Inland Umsatzerlöse von mehr als 25 Mio. EUR erzielt haben [§ 35 I GWB]. (Zu den Ausnahmen siehe § 35 II, III GWB.)

■ Grundsätze für die Beurteilung von Unternehmenszusammenschlüssen

Unternehmenszusammenschlüsse, von denen zu erwarten ist, dass diese eine marktbeherrschende Stellung begründen oder verstärken, sind vom Bundeskartellamt zu untersagen, es sei denn, die beteiligten Unternehmen können nachweisen, dass durch ihren Zusammenschluss auch Verbesserungen der Wettbewerbsbedingungen eintreten und dass diese Verbesserungen die Nachteile der Marktbeherrschung überwiegen [§ 36 I GWB].

■ Genehmigung von Zusammenschlüssen durch den Bundeswirtschaftsminister

Trotz marktbeherrschender Stellung kann der **Bundeswirtschaftsminister** gemäß § 42 GWB im Rahmen der sogenannten **Ministererlaubnis** Zusammenschlüsse erlauben, wenn sich **gesamtwirtschaftliche Vorteile** ergeben bzw. ein **überragendes Allgemeininteresse** existiert.

Seit 1974 wurden insgesamt 19 Anträge zur Genehmigung von Zusammenschlüssen aus überragendem Allgemeininteresse gestellt; in sieben Fällen wurden sie – häufig mit Auflagen – erteilt.

(3) Missbrauchsaufsicht

Über bestehende marktbeherrschende Unternehmen besteht, unabhängig davon, ob die Marktbeherrschung durch internes oder externes Unternehmenswachstum entstand, eine Missbrauchsaufsicht durch das **Bundeskartellamt.**

Eine missbräuchliche Ausnutzung einer marktbeherrschenden Stellung durch ein oder mehrere Unternehmen ist verboten [§ 19 I GWB].[1]

■ Begriff Missbrauch

Ein Missbrauch liegt insbesondere dann vor, wenn ein marktbeherrschendes Unternehmen als Anbieter oder Nachfrager einer bestimmten Art von Waren oder gewerblicher Leistungen die Wettbewerbsmöglichkeiten anderer Unternehmen erheblich ohne sachlich gerechtfertigten Grund beeinträchtigt, Entgelte oder sonstige Geschäftsbedingungen fordert, die sich bei einem wirksamen Wettbewerb mit hoher Wahrscheinlichkeit nicht ergeben würden, oder sich weigert, einem anderen Unternehmen gegen ein angemessenes Entgelt Zugang zu den eigenen Netzen oder anderen Infrastruktureinrichtungen zu gewähren.[2] Ein Missbrauch ist auch dann gegeben, wenn es dem anderen Unternehmen aus rechtlichen oder tatsächlichen Gründen ohne die Mitbenutzung nicht möglich ist, auf dem vor- oder nachgelagerten Markt als Wettbewerber des marktbeherrschenden Unternehmens tätig zu werden (Näheres siehe § 19 IV GWB).[3]

■ Bestimmung der Marktbeherrschung

Marktbeherrschend ist ein Unternehmen, wenn es als Anbieter oder Nachfrager einer bestimmten Art von Waren oder gewerblicher Leistungen auf dem sachlich und räumlich relevanten Markt[4] ohne Wettbewerber ist oder keinem wesentlichen Wettbewerb ausgesetzt ist **oder** im Verhältnis zu seinen Wettbewerbern eine überragende Marktstellung hat. **Marktbeherrschende Unternehmen** unterliegen der **Missbrauchsaufsicht** durch das **Bundeskartellamt.**

Bei der Beurteilung der **Marktbeherrschung** eines Unternehmens sind insbesondere z.B. sein Marktanteil, seine Finanzkraft, sein Zugang zu den Beschaffungs- oder Absatzmärkten, Verflechtungen mit anderen Unternehmen sowie rechtliche oder tatsächliche Schranken für den Marktzutritt anderer Unternehmen zu berücksichtigen. Zwei oder mehr Unternehmen sind z.B. dann marktbeherrschend, wenn zwischen ihnen für eine bestimmte Art von Waren oder von gewerblichen Leistungen kein wesentlicher Wettbewerb besteht (Näheres siehe § 19 II GWB).

Vermutet wird eine Marktbeherrschung, wenn ein Unternehmen einen Marktanteil von mindestens einem Drittel hat. Eine Gesamtheit von Unternehmen gilt als marktbeherrschend, wenn drei oder weniger Unternehmen zusammen einen Marktanteil von mindestens 50 % oder fünf oder weniger Unternehmen zusammen einen Marktanteil von mindestens zwei Dritteln erreichen. Diese Vermutung gilt nicht, wenn die Unternehmen z.B. nachweisen, dass sie im Verhältnis zu den übrigen Wettbewerbern keine überragende Marktstellung haben (Näheres siehe § 19 III GWB).

---

1 Damit erhalten z.B. die benachteiligten Unternehmen die Möglichkeit, unmittelbar bei einem Zivilgericht zu klagen (z.B. wenn ein Unternehmen aufgrund seiner Marktstellung wesentlich höhere Preise fordert). Das Bundeskartellamt oder eine andere Behörde muss somit nicht vorher tätig werden.

2 Zweck dieser gesetzlichen Regelung ist z.B., den Wettbewerb auf früheren monopolistischen Märkten dadurch zu fördern, dass bestehende Netze bzw. Infrastrukturen wie z.B. Leitungsnetze für Strom, Gas und Nachrichten, Flughäfen und Medien grundsätzlich von allen Wettbewerbern genutzt werden können.

3 Dies gilt nicht, wenn das marktbeherrschende Unternehmen nachweist, dass die Mitbenutzung aus betriebsbedingten oder sonstigen Gründen nicht möglich oder unzumutbar ist [§ 19 IV GWB].

4 Der räumlich relevante Markt im Sinne des GWB kann weiter sein als der Geltungsbereich des GWB. Er umfasst z.B. auch ausländische Märkte, auf denen Unternehmen mit einem Firmensitz in Deutschland durch Exporte oder Importe tätig sind.

Zusammenfassung

- **Kooperation** (Unternehmenskooperation) ist jede Zusammenarbeit zwischen Unternehmen. Von **Konzentration** spricht man, wenn der Zusammenschluss von Unternehmen zur Machtzusammenballung führt.
- Nach den beteiligten Wirtschaftsstufen können wir folgende **Zusammenschlüsse** unterscheiden:

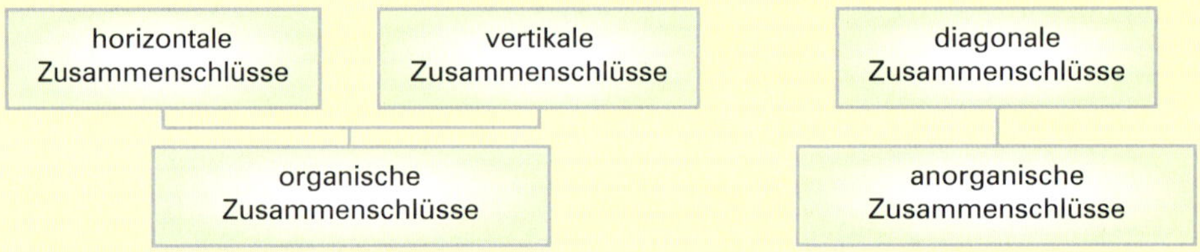

- Das **Gesetz gegen Wettbewerbsbeschränkungen (GWB)** soll den Wettbewerb sichern.
- Die **Fusionskontrolle** und die **Missbrauchsaufsicht** sollen eine marktbeherrschende Stellung von Unternehmen und eine missbräuchliche Ausnutzung von Marktmacht (vor allem zum Nachteil der privaten Verbraucher) verhindern.

Übungsaufgabe

19

1. Nennen Sie wichtige Ursachen der Unternehmenskonzentration!
2. Welche Zielsetzung hat das Gesetz gegen Wettbewerbsbeschränkungen (GWB)? Überlegen Sie sich einige Gründe, warum das GWB die Konzentration nicht aufhalten konnte!
3. Dem Bundeskartellamt obliegt auch die Aufgabe der Fusionskontrolle.

   Aufgaben:

   3.1 Erklären Sie den Begriff Fusion!

   3.2 Begründen Sie die Bedeutung der Fusionskontrolle in einer sozialen Marktwirtschaft!
4. Die Lebensmittelwerke AG schließt sich mit der Handelskette Gut & Fein GmbH zusammen.

   Aufgaben:

   4.1 Nennen Sie zwei Gründe, die für diesen Entschluss maßgebend gewesen sein könnten!

   4.2 Wie bezeichnet man diese Art von Zusammenschluss?

   4.3 Nennen Sie zwei Vorteile und zwei Nachteile, die dieser Zusammenschluss für den Verbraucher mit sich bringen kann!

   4.4 Um welche Art von Zusammenschluss handelt es sich, wenn wir die beteiligten Wirtschaftsstufen betrachten?

   4.5 Das Bundeskartellamt in Bonn verweigert den Zusammenschluss. Auf welches Gesetz gründet sich die Ablehnung?
5. Gegenwärtig ist eine weiter fortschreitende zwischenbetriebliche Kooperation und vor allem Unternehmenskonzentration durch Zusammenschlüsse von Unternehmen in Kartellen festzustellen.

   Aufgaben:

   5.1 Erläutern Sie vertikale, horizontale und diagonale Unternehmenszusammenschlüsse und nennen Sie hierzu jeweils ein Beispiel!

   5.2 Erklären Sie jeweils zwei (mögliche) gesamtwirtschaftliche Vorteile und Nachteile (negative Auswirkungen) von Unternehmenszusammenschlüssen! Überwiegen Ihrer Ansicht nach die Vor- oder Nachteile? Begründen Sie Ihre Meinung!

   5.3 Warum ist der Staat in der sozialen Marktwirtschaft dazu aufgerufen, Wettbewerbspolitik zu betreiben, und welche Ziele verfolgt der Staat damit?

6.5 Arbeits- und Sozialordnung

6.5.1 Arbeitsordnung

Merke:

Die **Arbeitsordnung** regelt die individuellen und kollektiven **arbeitsrechtlichen Beziehungen** zwischen Arbeitnehmern und Arbeitgebern mithilfe einer Vielzahl von **Ordnungselementen** (Gesetze, Normen, Regeln, Institutionen).

Wichtige, miteinander vernetzte Teilgebiete der Arbeitsordnung, sind das **Individualarbeitsrecht,** das **Kollektivarbeitsrecht,** die **Mitbestimmung nach dem Betriebsverfassungsgesetz (Betriebsverfassung)** und die **Mitbestimmung nach dem Mitbestimmungsgesetzen (Unternehmensverfassung).**

6.5.2 Sozialordnung

Merke:

Die **Sozialordnung**[4] regelt die **soziale Stellung** und die **sozialen Beziehungen** der Mitglieder einer Gesellschaft, soweit sie **wirtschaftlich begründet** sind, mithilfe einer Vielzahl von **Ordnungselementen** (Gesetzen, Normen, Regeln, Institutionen).

1 Vgl. Lehrplaneinheit 1, Kapitel 2.
2 Vgl. Lehrplaneinheit 1, Kapitel 4.
3 Vgl. Lehrplaneinheit 1, Kapitel 3.
4 Vgl. Lehrplaneinheit 1, Kapitel 5 und 6.

9 Boller u. a. – ISBN 978-3-8120-0596-8

Für die Bundesrepublik Deutschland stellt Art. 20 I GG fest: *„Die Bundesrepublik Deutschland ist ein demokratischer und sozialer Bundesstaat."* Verwirklicht wird dieses „Sozialstaatspostulat"[1] des Grundgesetzes durch ein **Netz sozialer Sicherungsmaßnahmen.** Hierzu gehören vor allem die **Beschäftigungspolitik,** die **Verteilungspolitik,** die **Politik zum Schutz der Arbeitskräfte,** die **Politik zur Absicherung** von **Arbeitsrisiken** und **ergänzende Maßnahmen.**

Sozialpolitische Aktivitäten des Staates im Rahmen der sozialen Marktwirtschaft

Beschäftigungspolitik[2]
- Maßnahmen zur Erreichung eines möglichst hohen Beschäftigungsstands
- Erhaltung und Schaffung von Arbeitsplätzen
- Berufsberatung Arbeitsmarktberatung
- Ausbildungs- und Arbeitsvermittlung
- Förderung der beruflichen Bildung und Weiterbildung

Verteilungspolitik[3]

Einkommens- und Vermögensumverteilung durch
- Steuerpolitik
- Vermögenspolitik
- Familienpolitik (z. B. Kindergeld)
- sonstige Sozialleistungen (Transferzahlungen wie z. B. Wohngeld, Arbeitslosengeld II, BAföG, Altershilfe für Landwirte)
- Preispolitik

Arbeitsschutzpolitik[4]
- Schutz der materiellen Rechte durch Arbeitsvertrags-, Berufsbildungs-, Tarifvertrags- und Mitbestimmungsrecht (Arbeitsrecht i. e. S.)
- Sozialer Arbeitsschutz (z. B. Arbeitszeitgesetz, Mutterschutzgesetz, Jugendarbeitsschutzgesetz, Kündigungsschutzgesetz)
- Schutz des Lebens und der Gesundheit durch menschengerechte Gestaltung der Arbeit, technischen Arbeitsschutz und Unfallversicherung

Politik zur Absicherung von Arbeitsrisiken[5]
- Gesetzliche Krankenversicherung
- Soziale Pflegeversicherung
- Gesetzliche Rentenversicherung
- Gesetzliche Arbeitsförderung (Arbeitslosenversicherung)
- Gesetzliche Unfallversicherung

Sonstige sozialpolitische Maßnahmen
- Umweltschutzpolitik[6]
- Gesundheitspolitik
- Strukturpolitik
- Bevölkerungspolitik
- Bildungspolitik

Übungsaufgabe

20 Unterrichtsvorschlag: Projekt

Wirtschaftswissenschaftler betonen immer wieder, dass seit Mitte der 60er-Jahre die eigentlich geforderte Arbeits- und Sozialpolitik zur Wahrung des Subsidiaritätsprinzips[7] zunehmend durch eine Umverteilungspolitik verdrängt wurde, die mehr und mehr die Anreize zur Eigeninitiative zerstört, das Subsidiaritätsprinzip unterläuft und zu einer wohlfahrtsstaatlichen Politik ausartet. Diese Ausweitung des „Versorgungsstaates" wird nicht selten auf politische Wahlkampfinteressen zurückgeführt.

1 Postulat (lat.): Forderung. Sozialstaatspostulat: Forderung, einen Sozialstaat zu errichten bzw. zu erhalten.

2 Vgl. hierzu Lehrplaneinheit 1, Kapitel 5.2.8, S. 62ff. und S. 134f.

3 Vgl. hierzu die Ausführungen auf S. 138f.

4 Vgl. Lehrplaneinheit 1, Kapitel 1 bis 4.

5 Vgl. Lehrplaneinheit 1, Kapitel 5.

6 Vgl. hierzu die Ausführungen auf S. 139f.

7 **Subsidiarität:** gesellschaftspolitisches Prinzip, nach dem übergeordnete gesellschaftliche Einheiten (z.B. der Staat) nur solche Aufgaben übernehmen sollen, zu deren Wahrnehmung untergeordnete Einheiten (z.B. Familien) nicht in der Lage sind.

Suchen Sie nach konkreten Beispielen staatlicher Arbeits- und Sozialpolitik, welche die vorgenannte These untermauern! Entwickeln Sie mittels **Brainstorming** mögliche Handlungsmöglichkeiten zur Gestaltung dieser Politikfelder, die wieder verstärkt Anreize zur individuellen Initiative und Eigenvorsorge setzen!

Laden Sie einen Experten (z.B. Politiker, Wirtschaftswissenschaftler, Bankenvorstand) ein, um Ihre selbst entwickelten Vorstellungen zu diskutieren!

7 Bereiche, Träger und Ziele der Wirtschaftspolitik in der Bundesrepublik Deutschland

7.1 Bereiche der Wirtschaftspolitik

Die Wirtschaftspolitik versucht Antworten auf die Frage zu finden: **Was** ist realisierbar und **wie** lassen sich bestimmte Ziele erreichen? Am Anfang der Wirtschaftspolitik steht also ein **Ziel,** das realisiert werden soll. Die Festlegung solcher Ziele und Normen, also dessen, was sein sollte, lässt sich wissenschaftlich allgemein gültig nicht vornehmen. Es handelt sich immer um **Werturteile.** Die anzustrebenden Ziele sind im Wesentlichen politisch durch die Träger der Wirtschaftspolitik, etwa durch das Parlament, zu bestimmen.

Wesentliches ordnungspolitisches Ziel in **marktwirtschaftlich** orientierten Volkswirtschaften ist ein funktionsfähiger Wettbewerb.[1] Zu den stabilitätspolitischen Zielen gehören vor allem angemessenes und stetiges Wirtschaftswachstum, hohes Beschäftigungsniveau, Preisniveaustabilität sowie außenwirtschaftliches Gleichgewicht (magisches Viereck); bedeutsam sind darüber hinaus Ziele wie eine sozial verträgliche Vermögensverteilung oder die Erhaltung der natürlichen Lebensgrundlagen (magisches Sechseck).[2]

Merke:

Unter **Wirtschaftspolitik** versteht man die Beeinflussung der Wirtschaft durch politische Maßnahmen, mit denen der **Staat regelnd** und **gestaltend** in die Wirtschaft eingreift.

Wirtschaftspolitik umfasst letztlich alle Maßnahmen staatlicher Instanzen in den folgenden **Bereichen:**

- **Ordnungspolitik** zur Gestaltung der Wirtschaftsordnung (z.B. Wettbewerbsordnung, Gewerbeordnung, Eigentumsordnung).
- **Strukturpolitik** zur Beeinflussung der Investitionstätigkeit (z.B. Förderung von Investitionen in alternative Energien, Subventionen für Wärmedämmungsmaßnahmen zum Klimaschutz, Finanzierung von Forschungsvorhaben).
- **Prozesspolitik** zum Ablauf des arbeitsteiligen Wirtschaftsprozesses. Zur Prozesspolitik gehören u.a. die Arbeitsmarktpolitik, Finanzpolitik, Fiskalpolitik, Geldpolitik, Handelspolitik und **Konjunkturpolitik.**

1 Vgl. hierzu Kapitel 6.4.2., S. 124ff.

2 Vgl. hierzu Kapitel 7.3, S. 133ff.

Die Wirtschaftspolitik kann sich auf die gesamte Volkswirtschaft **(allgemeine Wirtschaftspolitik)** oder auf Teilbereiche **(spezielle Wirtschaftspolitik)** erstrecken.

7.2 Träger der Wirtschaftspolitik

(1) Parlament und Regierung

Wichtigster Träger der Wirtschaftspolitik ist der „Staat". In demokratischen Wirtschafts- und Gesellschaftsordnungen ist seine politische Entscheidungsbefugnis auf die staatlichen Organe **Parlament** (Legislative), **Regierung** mit nachgeordneter Verwaltung (Exekutive) und **Rechtsprechung** (Judikative) verteilt. Die Regierung wird von der Regierungsfraktion getragen und von der Opposition kontrolliert.

In einem Bundesstaat (einem föderalistischen Staat) tritt der Zentralstaat (der „Bund") Teile seiner Entscheidungsbefugnis an die Bundesländer ab, die einen Teil ihrer politischen Macht wiederum an Gemeinden, Gemeindeverbände und Kreise delegieren (weitergeben). In der Bundesrepublik Deutschland werden die Länder über eine eigene Kammer, den **Bundesrat,** an der Willensbildung des Bundes beteiligt.

(2) Regierungsunabhängige Institutionen

Außerdem wird in der Bundesrepublik Deutschland politische Macht an mehr oder weniger regierungsunabhängige (autonome) staatliche Institutionen abgetreten. Solche zur so genannten mittelbaren Staatsverwaltung zählenden Körperschaften sind z.B. die Deutsche Bundesbank, die Bundesagentur für Arbeit, die Rentenversicherungsträger, die gesetzlichen Krankenkassen, die Industrie- und Handelskammern und die Handwerkskammern.

Eine besondere Stellung nimmt die **Europäische Zentralbank (EZB)** ein, weil sie als Zentralbank der Europäischen Wirtschafts- und Währungsunion (WWU) das alleinige Recht zur Schaffung von Notengeld besitzt. Sie ist in ihren geldpolitischen Entscheidungen weitgehend autonom (unabhängig). Ihre wichtigste Aufgabe ist die Erhaltung der Geldwertstabilität.

(3) Verbände

Des Weiteren gehören in der Bundesrepublik Deutschland auch die Verbände – also organisierte Zusammenschlüsse von Personen[1] – zu den Trägern der Wirtschaftspolitik. Verbände bündeln die Interessen der einzelnen Mitglieder zur Erreichung gemeinsamer Ziel- oder Wertvorstellungen.

1 Die rechtliche Definition des Begriffs **„Verbände"** geht weiter. Hier wird unter einem Verband eine Personenvereinigung zu einem bestimmten Zweck verstanden, die durch eine Verfassung (Satzung) zur Bildung eines gemeinschaftlichen Willens begründet wird und, falls eine juristische Person vorliegt, rechtsfähig, d.h. selbst Träger von Rechten und Pflichten ist. Die Verbände sind danach teils privatrechtliche Vereinigungen (z.B. eingetragene und auch nicht eingetragene Vereine, Formkaufleute), teils öffentlich-rechtliche juristische Personen (z.B. Gemeinden, Gemeindeverbände, Rundfunkanstalten, Sozialversicherungsträger).

Wie geschieht nun die Einflussnahme der Verbände auf staatliche Entscheidungen? Der klassische Adressat der Verbandstätigkeit ist das Parlament.[1] In der Bundesrepublik Deutschland haben die Verbandsvertreter die Möglichkeit, ihre Vorstellungen (Ziele, Interessen) in dem Bundestagsausschuss einzubringen, in dem gemäß § 73 III der Geschäftsordnung des Deutschen Bundestags in so genannten **„Hearings"** neben Sachverständigen auch Interessenvertreter (z.B. der deutschen Wirtschaft) gehört werden können. Daneben werden natürlich zahlreiche informelle Kontakte zwischen den Verbandsvertretern und Abgeordneten gepflegt.

Darüber hinaus lassen die Verbände ihre Vertreter (z.B. Vertreter des Mittelstands, der Heimatvertriebenen, der Landwirtschaft, der Unternehmer) von den politischen Parteien aufstellen und in die Parlamente (den Deutschen Bundestag und die Länderparlamente) wählen.

Schließlich nehmen die Verbände Einfluss auf die Ministerialverwaltungen, indem sie Informationen liefern, die der Staat benötigt, um sinnvolle Entscheidungen treffen zu können.

(4) Ausland

Wirtschaftspolitische Entscheidungen reichen über die Landesgrenzen hinaus, man denke z.B. an die Erhöhung oder Senkung von Zöllen, die Einführung oder Aufhebung der Devisenzwangswirtschaft, die Inflations- oder Deflationspolitik, die Erhöhung oder Senkung von Rüstungsausgaben usw. In jedem Fall wirken sich derartige wirtschaftspolitische Eingriffe des Auslands auf die Binnenwirtschaft aus. Gegenmaßnahmen werden dann erforderlich, wenn die Eingriffe des Auslands den eigenen wirtschaftspolitischen Zielen entgegenstehen.

Unmittelbar an der Entscheidungsbildung der Regierung und der übrigen Träger der Wirtschaftspolitik sind **internationale Organisationen** beteiligt, wie z.B. die World Trade Organization (WTO) und der Internationale Währungsfonds (IWF).

7.3 Wirtschaftspolitische Ziele und ihre Zielbeziehungen[2]

7.3.1 Ziele des Stabilitätsgesetzes

(1) Überblick

Politik ist zielgerichtetes Handeln. Der Staat muss sich also Ziele setzen, nach denen er seine Wirtschaftspolitik ausrichtet. Bestimmte „Eckpfeiler" setzt das Grundgesetz mit seinen Forderungen nach größtmöglicher Freiheit einerseits und sozialer Gerechtigkeit andererseits. In diesem weit gespannten Rahmen ist der Staat in seinen Zielsetzungen und Maßnahmen frei.

1 Die Verbandsvertreter werden als **Lobbyisten** bezeichnet. Der Ausdruck stammt aus den USA und bezeichnet diejenigen Interessenvertreter, die im 19. Jahrhundert in der Wandelhalle des Parlaments (in der „Lobby") die Abgeordneten in ihrem Sinne zu beeinflussen suchten.

2 Die Darstellung der wirtschaftspolitischen Ziele sind vom Lehrplan nicht ausdrücklich verlangt. Für das Verständnis der nachfolgenden Lerninhalte ist ihre Behandlung jedoch, aus Sicht der Verfasser, unverzichtbar.

Nach § 1 des Gesetzes zur Förderung der Stabilität und des Wachstums der Wirtschaft vom 8. Juni 1967 („Stabilitätsgesetz") haben Bund und Länder bei ihren wirtschafts- und finanzpolitischen Maßnahmen die Erfordernisse des gesamtwirtschaftlichen Gleichgewichts zu beachten.

Merke:

Gesamtwirtschaftliches Gleichgewicht liegt vor, wenn alle Produktionsfaktoren vollbeschäftigt sind und sich alle Märkte (z. B. Arbeits-, Kredit-, Gütermärkte) ausgleichen.

Aus diesem **Oberziel** leitet das Stabilitätsgesetz [§ 1 S. 2 StabG] folgende **Unterziele** ab:

- hoher Beschäftigungsstand,
- Stabilität des Preisniveaus,
- außenwirtschaftliches Gleichgewicht und
- stetiges und angemessenes Wirtschaftswachstum.

Die hier genannten Ziele sind **quantitative Ziele,** weil sie sich in Zahlen erfassen lassen. Weitere wichtige, nicht ausdrücklich im Stabilitätsgesetz erwähnte **qualitative Ziele** sind:

- sozial verträgliche Einkommens- und Vermögensverteilung und
- Erhaltung der natürlichen Lebensgrundlagen (Umweltschutz).

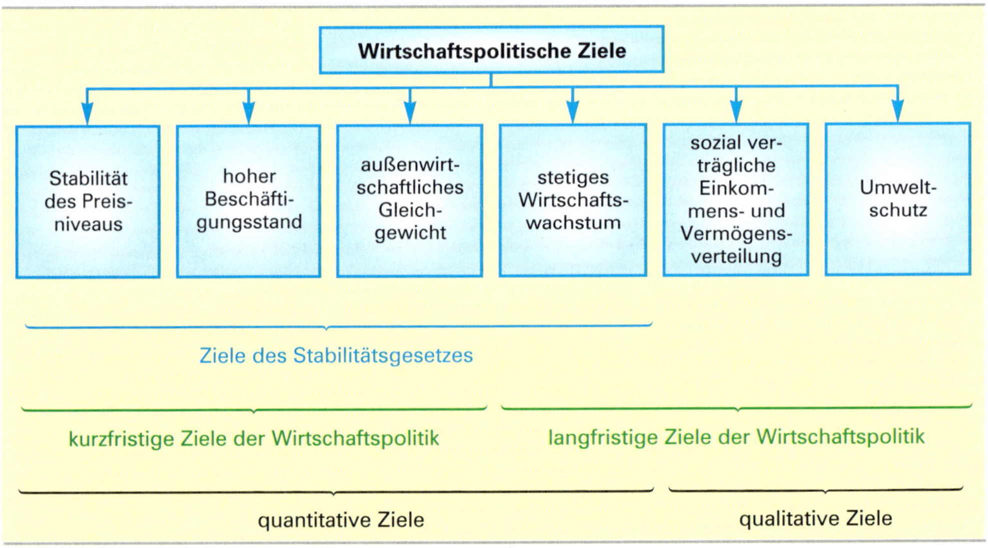

(2) Hoher Beschäftigungsstand

Begriff Beschäftigung und die Arten der Beschäftigung

Merke:

Unter **Beschäftigung** verstehen wir im Folgenden den Grad der Kapazitätsausnutzung einer Volkswirtschaft.

Die Beschäftigungslage in einer Volkswirtschaft beurteilt man meist an den Arbeitslosenzahlen und den offenen Stellen.

- **Vollbeschäftigung** ist gegeben, wenn die Arbeitslosenquote (Anteil der Arbeitslosen an den beschäftigten Erwerbspersonen) nicht mehr als rund 2 % beträgt.
- **Überbeschäftigung** liegt vor, wenn die Zahl der offenen Stellen erheblich über der Zahl der Arbeitslosen liegt.
- **Unterbeschäftigung** ist gegeben, wenn die **Arbeitslosenquote** höher als rund 2 % ist und die Zahl der offenen Stellen niedriger als die Arbeitslosenzahl ist.

Eine einheitliche Berechnungsformel für die Arbeitslosenquote gibt es nicht. Die Bundesagentur für Arbeit verwendet in Anlehnung an die Berechnung der EU-Arbeitslosenquote folgende Berechnungsmethode:

$$\text{Arbeitslosenquote} = \frac{\text{Arbeitslosenzahl} \cdot 100}{\text{Anzahl der Erwerbspersonen}}$$

Unter **Erwerbspersonen** sind die **selbstständigen** und die **unselbstständigen Erwerbspersonen zuzüglich der Arbeitslosen** zu verstehen. Demnach besteht die Zahl der abhängigen Erwerbspersonen aus den abhängig Beschäftigten und den Arbeitslosen.

Probleme bei einer Unterbeschäftigung

Zu den wichtigsten **Problemen der Unterbeschäftigung** innerhalb einer Volkswirtschaft zählen:

- **Drohende Arbeitslosigkeit** bewirkt einen Rückgang der Nachfrage.
- Die **Steuereinnahmen des Staates gehen zurück,** sodass dieser seine Aufgaben nicht mehr in vollem Umfang erfüllen kann.
- Die **Familien der Arbeitslosen** kommen in **finanzielle Schwierigkeiten,** sodass die sozialen Probleme zunehmen.
- **Sinkende Beitragseinnahmen der Sozialversicherungsträger** und zugleich steigende Ausgaben (z. B. der Arbeitslosenversicherung), steigende Lohnnebenkosten der Unternehmen durch Erhöhung der Beitragssätze, dadurch Gefährdung der internationalen Wettbewerbsfähigkeit, Verschärfung einer bestehenden Arbeitslosigkeit.
- **Soziale Konflikte** können sich verstärken (z. B. Radikalisierung).

Somit ergibt sich, dass eine der wichtigsten Aufgaben der Wirtschaftspolitik die Sicherung eines hohen Beschäftigungsstands ist.

(3) Stabilität des Preisniveaus

Merke:

Eine (absolute) **Stabilität des Preisniveaus** (Geldwertstabilität) liegt vor, wenn sich das Preisniveau[1] überhaupt nicht verändert.

Auch bei **absoluter Preisniveaustabilität** (kurz: Preisstabilität) können sich die Preise der einzelnen Güter verändern. Bedingung ist jedoch, dass Preissteigerungen einzelner Wirtschaftsgüter durch die Preissenkungen anderer Wirtschaftsgüter ausgeglichen werden.

1 Preisniveau: gewogener Durchschnitt aller Güterpreise.

Die Wirtschaftspolitik konnte oder wollte bisher nur in seltenen Fällen eine absolute Preisstabilität erreichen. Aus diesem Grund wird heute eine relative Preisstabilität gefordert. Nach der Definition der Europäischen Zentralbank (EZB) ist Preisstabilität gegeben, wenn die **jährliche Preissteigerungsrate** unter 2 % liegt.

Inflationsraten,[1] die über der genannten Zielvorstellung liegen, bringen erhebliche Nachteile mit sich. Die **Sparer** werden dann **geschädigt,** wenn die Inflationsraten (Preissteigerungsraten) höher als die Sparzinsen sind. Hingegen werden die **Schuldner** und die **Besitzer von Realvermögen** (z.B. von Grundstücken, Betriebsvermögen und Anteilsrechten wie z.B. Aktien) **bevorzugt.** Steigt das inländische Preisniveau schneller als das ausländische, wird der Export beeinträchtigt, sodass die Arbeitsplätze in Gefahr geraten.

(4) Außenwirtschaftliches Gleichgewicht

Merke:

Unter **außenwirtschaftlichem Gleichgewicht** versteht man den mittelfristigen Ausgleich der Zahlungsbilanz.

Die Zahlungsbilanz ist die Gegenüberstellung aller in Geld messbaren Transaktionen (Bewegungen, Übertragungen) zwischen In- und Ausland. Sind die Zahlungsströme ins Inland größer als die Zahlungsströme ins Ausland, spricht man von Zahlungsbilanzüberschuss. Sind die Zahlungsströme vom Inland ins Ausland größer als die Zahlungsströme vom Ausland ins Inland, handelt es sich um ein Zahlungsbilanzdefizit. Im ersten Fall liegt eine **aktive Zahlungsbilanz,** im zweiten eine **passive Zahlungsbilanz** vor.

Da die **Hauptursachen** von **Zahlungsbilanzungleichgewichten** meistens in einem anhaltenden **Missverhältnis von Importen und Exporten** liegen, wollen wir uns auf die Wirkungen von Export- bzw. Importüberschüssen beschränken.

Exportüberschüsse	Exportüberschüsse führen zu **Devisenüberschüssen,**[2] weil die Exporteure die eingenommenen Devisen in der Regel bei den Banken in Binnenwährung umtauschen. Die Banken wiederum refinanzieren sich bei der Zentralbank. Somit steigt der Geldumlauf in der Binnenwirtschaft. Bei bestehender Vollbeschäftigung steigt das Preisniveau **(„importierte Inflation“).**[3]
Importüberschüsse	Importüberschüsse haben die gegenteilige Wirkung. Die Importeure zahlen die Importe entweder in Binnen- oder in Fremdwährung. Wird in Binnenwährung gezahlt, tauschen die im Devisenausland ansässigen Exporteure ihre Erlöse in ihre eigene Währung um. Wird in Fremdwährung gezahlt, müssen die Importeure die benötigten Devisen im eigenen Währungsgebiet kaufen. In beiden Fällen **schrumpft** der **Devisenvorrat** der Binnenwirtschaft: Die Zahlungsbilanz wird passiv. Die abnehmende Geldmenge bremst zwar den Preisauftrieb, **gefährdet** aber die **Arbeitsplätze.**

1 **Inflationsraten:** Preissteigerungsraten (prozentuale durchschnittliche Preissteigerungen in Bezug auf das Vorjahr). Unter Inflation (lat. Aufblähung) versteht man eine lang anhaltende Steigerung des Preisniveaus.

2 **Devisen:** Zahlungsmittel (z.B. Schecks und Überweisungen) in Fremdwährung.

3 Weil bei Exportüberschüssen gegenüber Fremdwährungsländern der Geldumlauf im eigenen Währungsgebiet steigt und dort zugleich das Güterangebot sinkt, spricht man auch vom **doppelt inflationären Effekt** der **Exportüberschüsse.**

(5) Stetiges und angemessenes Wirtschaftswachstum

Begriff Wirtschaftswachstum

Merke:

Ein **stetiges Wirtschaftswachstum** liegt vor, wenn das Wachstum des realen Bruttoinlandsprodukts keine oder nur geringe Konjunkturschwankungen[1] aufweist.

Das Wirtschaftswachstum ist in allen Wirtschaftsordnungen ein wesentliches Ziel der Wirtschaftspolitik, denn nur dann, wenn die Produktion wirtschaftlicher Güter schneller als die Bevölkerung wächst, kann der materielle Lebensstandard pro Kopf der Bevölkerung erhöht werden. Wirtschaftliches Wachstum ist umso wichtiger, je geringer der Entwicklungsstand und damit der Lebensstandard einer Volkswirtschaft ist.

Schwieriger als der Begriff des stetigen Wirtschaftswachstums ist der Begriff des **angemessenen Wirtschaftswachstums** zu bestimmen, denn was unter „angemessen" zu verstehen ist, kann nur politisch entschieden werden. Derzeit würde ein jährliches Wirtschaftswachstum von 3 % im Bundesdurchschnitt als großer wirtschaftspolitischer Erfolg gewertet werden.

Bedingungen des quantitativen Wirtschaftswachstums

Das Wachstum der Wirtschaft – gemessen an der Höhe des **realen** Bruttoinlandsprodukts – ist vor allem auf folgende Faktoren zurückzuführen:

- ausreichend zur Verfügung stehende Rohstoff- und Energiequellen (Ressourcen);
- hohe Sparrate, die hohe Investitionen ermöglicht;
- gute Ausbildung der arbeitenden Bevölkerung („Know-how");
- ausgebaute Infrastruktur;
- optimistische Zukunftserwartungen der Wirtschaftssubjekte;
- sicherer (steigender) Absatz mit angemessenen Unternehmensgewinnen.

Grenzen des Wirtschaftswachstums

Die Bedingungen des Wirtschaftswachstums machen zugleich seine möglichen Grenzen sichtbar: Die Rohstoff- und Energievorräte der Erde sind begrenzt, die Bevölkerungszahl der hoch industrialisierten Länder stagniert oder schrumpft und die Umweltbelastung durch Schadstoffe nimmt zu. Hinzu kommt, dass in den industriellen „Wohlstandsgesellschaften" die materiellen Grundbedürfnisse weitgehend befriedigt sind.

(6) Mögliche Zielkonflikte[2] (magisches Viereck)

Die Forderung, dass die Wirtschaftspolitik gleichzeitig einen hohen Beschäftigungsstand, Preisniveaustabilität (Geldwertstabilität), außenwirtschaftliches Gleichgewicht sowie stetiges und angemessenes Wirtschaftswachstum anzustreben habe, ist leicht zu erheben, aber schwierig zu erfüllen. Je nach Ausgangslage besteht Zielharmonie[3] oder Zielkonflikt.

---

1 Konjunktur: Schwankungen der wirtschaftlichen Aktivitäten, vor allem der Beschäftigung.

2 Konflikt (lat.): Zusammenstoß, Widerstreit, Zwiespalt.

3 Harmonie (griech.-lat.): Übereinstimmung, Einklang.

- Von **Zielharmonie** spricht man, wenn bestimmte wirtschaftspolitische Maßnahmen der Erreichung mehrerer Ziele dienlich sind.
- Ein **Zielkonflikt** liegt vor, wenn die Ergreifung einer bestimmten Maßnahme die Wirtschaft zwar einem Ziel näher bringt, sie dafür aber von anderen Zielen entfernt.
- **Zielindifferenz**[1] ist gegeben, wenn durch die Verfolgung eines wirtschaftspolitischen Ziels die Verfolgung anderer wirtschaftspolitischer Ziele weder gefährdet noch gefördert wird.

Beispiel:

Um mögliche Konfliktsituationen aufzuzeigen, wird von einer unterbeschäftigten Wirtschaft ausgegangen:

Ist eine Wirtschaft **unterbeschäftigt,** liegt in der Regel folgende Situation vor: Die Zahl der Arbeitslosen übersteigt die Anzahl der offenen Stellen; der Preisauftrieb ist gedämpft, sofern die Gewerkschaften trotz Unterbeschäftigung keine überhöhten Lohnforderungen durchsetzen. Die Investitionsneigung der Unternehmen ist gering, weil der entsprechende Absatz fehlt. Die Steuereinnahmen des Staates reichen nicht aus, um die Staatsausgaben zu finanzieren. Angenommen nun, die Wirtschaft soll mit Hilfe von Exportförderungsmaßnahmen (z.B. Exportsubventionen, Abwertung) belebt werden. War die Zahlungsbilanz bisher ausgeglichen, kann somit das Ziel des außenwirtschaftlichen Gleichgewichts nicht angestrebt werden. Das Ziel der Preisstabilität hingegen ist in dieser Situation nicht gefährdet, weil die unterbeschäftigte Wirtschaft zunächst zu konstanten Preisen anbieten kann.

Es ist ersichtlich, dass in der Regel die gleichzeitige Verfolgung der genannten Ziele nicht möglich ist. Man spricht daher vom **„magischen Viereck“.** Nur ein Magier, also ein Zauberer, könnte gleichzeitig Vollbeschäftigung, Preisstabilität, außenwirtschaftliches Gleichgewicht sowie stetiges und angemessenes Wirtschaftswachstum erreichen.

Den Zielen des magischen Vierecks treten zwei weitere (jetzt qualitative) Hauptziele hinzu, nämlich die Wünsche nach **sozial verträglicher Einkommensverteilung** und nach **Erhaltung einer lebenswerten Umwelt („magisches Sechseck“).**

7.3.2 Sozial verträgliche Einkommens- und Vermögensverteilung

Das wirtschafts- und sozialpolitische Ziel einer sozial verträglichen Einkommens- und Vermögensverteilung läuft darauf hinaus, die Einkommen und Vermögen in Zukunft **gleichmäßiger** unter die großen sozialen Gruppen der Arbeitnehmer einerseits und der Selbstständigen („Unternehmer“) einschließlich der sonstigen Vermögensbesitzer andererseits zu verteilen. Bezüglich der Einkommenspolitik des Staates bedeutet das, die **Lohnquote** (Anteil der Arbeitnehmer am Gesamteinkommen) zu erhöhen.

Das Ziel einer sozial verträglichen Einkommens- und Vermögensverteilung wird deswegen als Einheit gesehen, weil Einkommens- und Vermögensverteilung eng zusammenhängen. Dies ist einmal deswegen der Fall, weil die Bezieher hoher Einkommen leichter Vermögen bilden können als die Bezieher niedrigerer Einkommen, zum anderen aber auch deshalb, weil die Eigentümer der Produktionsfaktoren Boden und Kapital auch die Bodenrente und den Kapitalzins beziehen. Sind diese Vermögensbestandteile in den Händen weniger Haushalte konzentriert, fließen diesen auch entsprechend hohe Einkommen zu.

1 Indifferenz (lat.): „Keinen Unterschied haben“; indifferent: unbestimmt, unentschieden, gleichgültig, teilnahmslos.

Die Verfolgung des Ziels einer sozial verträglichen Einkommensverteilung ist für die Regierung der Bundesrepublik Deutschland deswegen schwierig, weil Tarifautonomie besteht, d.h., weil die Sozialpartner (Tarifpartner) das Recht haben, die Arbeitsentgelte selbstständig und ohne staatliche Einmischung zu vereinbaren. Dennoch verbleiben dem Staat eine Reihe von wirtschafts- und sozialpolitischen Maßnahmen vor allem vermögenspolitischer Art. Hierzu gehören die Einführung eines **Investivlohns** (Gewinnausschüttungen an Arbeitnehmer, die im eigenen oder in fremden Unternehmen investiert werden), der **Kombilohn** (bei niedrigen Löhnen stockt der Staat den Lohn auf) und **Sparförderungsmaßnahmen**. Hinzu kommt die **Steuerpolitik,** mit deren Hilfe die **Einkommen umverteilt** werden: Hohe Einkommen werden überproportional hoch, niedrigere Einkommen nur gering oder überhaupt nicht direkt besteuert **(Steuerprogression).**

7.3.3 Erhaltung der natürlichen Lebensgrundlagen

Das wirtschafts- und sozialpolitische Ziel, die Umwelt lebenswert zu erhalten und/oder zu verbessern, ist ein qualitatives Ziel.

Wird in den Zielkatalog einer **sozialen Marktwirtschaft** das Ziel des Umweltschutzes aufgenommen, müssen – ebenso wie dies zur Erreichung sozialer Ziele erforderlich ist – **staatliche Eingriffe** erfolgen, die die Marktbedingungen so verändern, dass **Nachfrage** und **Angebot** in der gewünschten Weise gelenkt werden. **Marktkonforme Maßnahmen** müssen hierbei die Regel, **marktkonträre Maßnahmen** die Ausnahme bilden.

(1) Marktkonforme Maßnahmen

Mit Hilfe marktkonformer Maßnahmen strebt der Staat eine preisgesteuerte Beeinflussung des Verhaltens der Wirtschaftssubjekte an. Mit Hilfe von Steuern, Abgaben und Zöllen (so genannten **„Ökosteuern“**) sollen als umweltschädigend erkannte Maßnahmen und Produkte so stark belastet werden, dass in absehbarer Zeit sowohl Nachfrage als auch Angebot reagieren werden. Umgekehrt sollen alle als umweltschonend erkannten Maßnahmen und Produkte so stark entlastet (erforderlichenfalls auch subventioniert) werden, sodass sich Nachfrage und Produktion in die gewünschte Richtung bewegen.

Beispiele:

- Erhebung einer „Ausgleichsabgabe für Eingriffe in Natur und Landschaft“, wie dies z.B. in Baden-Württemberg seit 1973 der Fall ist, und die 1990 verzehnfacht wurde. Seit 1990 wird für die Entnahme von Boden (etwa in Steinbrüchen und Kiesgruben) ein Mengenentgelt erhoben (je Kubikmeter 0,25 EUR bis 0,75 EUR). Die Mittel fließen der baden-württembergischen Stiftung Naturschutz zu.
- Mögliche Einführung von „Öko-Produktsteuern“, z.B. für Batterien, normale Glühlampen, tropisches Holz, Waschmittel und Streusalz.
- Einführung von Öko-Abgaben in der Landwirtschaft für Pestizide, Massentierhaltung und Futtermittelimporte.
- Erhebung von Müllvermeidungssteuern für Einwegflaschen, Getränkedosen, Kunststoffbehälter und -flaschen, Aluminiumfolien und für Werbezwecke verwendetes Papier.
- Rücknahmeverpflichtung für umweltbelastende Produkte, nachdem ihre Nutzungsdauer abgelaufen ist (z.B. Kühlschränke, Autos, Batterien).
- Höhere Besteuerung von Dieselkraftfahrzeugen ohne Abgasfilter als Dieselkraftfahrzeuge mit Filteranlage.
- Erhebung einer Stickstoffabgabe zur Sicherung bzw. Verbesserung der Grundwasserqualität.

(2) Marktkonträre Maßnahmen

Die Umweltpolitik kommt ohne marktkonträre Maßnahmen nicht aus. Marktkonträre Maßnahmen sind **Verbote** und die Vorgabe von **Grenzwerten.**

- Umweltschädliche Produkte, auf die vollständig verzichtet werden kann, müssen verboten werden (z. B. umweltschädliche Treibgase in Sprühdosen).
- Einzelschadstoffe, die mit technischen Mitteln auf einen bestimmten Stand reduziert werden können, sind mit Hilfe von Grenzwerten zu verringern (z. B. Schadstoffe in Autoabgasen).

Das Problem der Vorgabe von Grenzwerten ist, dass sie auch noch unterboten werden können, die Wirtschaftssubjekte aber nicht einsehen, dass sie die Kosten für eine weitere Verringerung von Schadstoffen tragen sollen, wenn dies nicht gesetzlich vorgeschrieben ist.

Die **wirtschaftlichen Folgen** der skizzierten Umweltpolitik sind Beschäftigungsrückgänge in den umweltbelastenden Wirtschaftszweigen und positive Beschäftigungseffekte in den Umweltschutzindustrien. Viele Wirtschaftswissenschaftler sind der Meinung, dass die positiven Beschäftigungseffekte überwiegen, d. h., dass langfristig der Umweltschutz **kein „Jobkiller"** ist.

Kurzfristig führt der Strukturwandel in bestimmten Bereichen sicher zu sozialen Härten, die der Staat – also die Allgemeinheit – ausgleichen muss.

7.4 Wirtschaftspolitische Kompromisse

Da es häufig **nicht möglich** ist, alle **wirtschaftspolitischen Ziele gleichzeitig zu erreichen,** müssen sich die politischen Instanzen (z. B. Bundesregierung, Länderregierungen und die Europäische Zentralbank) in erster Linie mit demjenigen wirtschaftspolitischen Ziel auseinandersetzen, das am meisten gefährdet erscheint. Anders ausgedrückt: Die politischen Instanzen müssen **Prioritäten**[1] setzen.

Herrscht z. B. Arbeitslosigkeit, wird man versuchen, den Beschäftigungsstand zu erhöhen, selbst wenn dadurch die Preisstabilität und das außenwirtschaftliche Gleichgewicht gefährdet werden. Herrscht hingegen Inflation bei Vollbeschäftigung, wird die Wirtschaftspolitik versuchen müssen, die Preissteigerungsrate herabzudrücken, auch auf die Gefahr hin, dass Arbeitslosigkeit entsteht.

Zusammenfassung

- Unter der **Wirtschaftspolitik** versteht man die Gesamtheit der Maßnahmen, mit denen der Staat regelnd und gestaltend in die Wirtschaft eingreift.
- Die **Träger der Wirtschaftspolitik** sind die Parlamente und die Regierungen, regierungsunabhängige Institutionen (vor allem die Zentralbanken), Verbände (z. B. Gewerkschaften, Arbeitgeberverbände) sowie internationale Organisationen.

1 Priorität: Vorrangigkeit.

- Die (quantitativen) wirtschaftspolitischen **Ziele des Stabilitätsgesetzes** sind:
  (1) Stabilität des Preisniveaus,
  (2) hoher Beschäftigungsstand,
  (3) außenwirtschaftliches Gleichgewicht und
  (4) stetiges und angemessenes Wirtschaftswachstum.
- Die Ziele (1) bis (3) sind kurzfristig zu erreichen. Das Ziel (4) ist ein nur langfristig zu erreichendes Ziel.
- Weitere, nicht im Stabilitätsgesetz genannte langfristige (qualitative) Ziele sind
  (5) eine sozial verträgliche Einkommens- und Vermögensverteilung und
  (6) die Erhaltung der natürlichen Lebensgrundlagen.
- Die Ziele (1) bis (4) bilden das so genannte **„magische Viereck"** und die Ziele (1) bis (6) das **„magische Sechseck"**, denn man müsste ein Zauberer (Magier) sein, wenn man alle Ziele gleichzeitig erreichen könnte.
- Es gibt folgende Zielbeziehungen: Zielharmonie, Zielkonflikt und Zielindifferenz.
  - **Zielharmonie** liegt vor, wenn zwei oder mehrere Ziele mit ein und denselben wirtschaftspolitischen Maßnahmen erreicht werden können.
  - Von einem **Zielkonflikt** spricht man, wenn mit einer wirtschaftspolitischen Maßnahme ein Ziel (oder ein Zielbündel) nur zu Lasten eines anderen Ziels (oder Zielbündels) erreicht werden kann.
  - Eine **Zielindifferenz** ist gegeben, wenn durch die Verfolgung eines wirtschaftspolitischen Ziels die Erreichung anderer wirtschaftspolitischer Ziele weder negativ noch positiv beeinflusst wird.
- Da bei der Verfolgung wirtschaftspolitischer Ziele häufig Zielkonflikte bestehen, müssen die politischen Instanzen (z.B. die Regierung, die Länderregierungen, die Europäische Zentralbank) **Kompromisse** eingehen.

Übungsaufgaben

21 Bearbeiten Sie folgende Aufgaben:

1. Das Oberziel der Wirtschaftspolitik der Bundesrepublik Deutschland ist nach § 1 StabG das „gesamtwirtschaftliche Gleichgewicht". Was ist hierunter zu verstehen?
2. Welche quantitativen Ziele werden im § 1 StabG genannt?
3. Warum ist die Vollbeschäftigung ein wichtiges Ziel der Wirtschaftspolitik?
4. Unter welchen Bedingungen liegt Vollbeschäftigung vor?
5. Erklären Sie das wirtschaftspolitische Ziel „Preisniveaustabilität"!
6. Begründen Sie, warum der Staat für außenwirtschaftliches Gleichgewicht sorgen sollte!
7. Welche möglichen Zielkonflikte können zwischen den Zielen „hoher Beschäftigungsstand", „Stabilität des Preisniveaus" und „außenwirtschaftliches Gleichgewicht" bestehen?
8. Erklären Sie, was unter stetigem Wirtschaftswachstum zu verstehen ist!
9. Nennen Sie neben dem Ziel des stetigen Wirtschaftswachstums noch weitere langfristige Ziele der Wirtschaftspolitik!
10. Welche Zielkonflikte können sich zwischen dem Ziel des stetigen Wirtschaftswachstums einerseits und den kurzfristigen Zielen des „magischen Dreiecks" ergeben?
11. Die möglichen Zielkonflikte erfordern, dass der Staat wirtschaftspolitische Kompromisse schließen muss. Was heißt das?
12. Wie erklären Sie sich, dass in der Bundesrepublik Deutschland trotz Wirtschaftswachstum das Ziel eines möglichst hohen Beschäftigungsstands seit Jahren unerreichbar scheint?

22 Beurteilen Sie, ob in den nachstehenden Fällen Zielharmonie, Zielindifferenz oder Zielkonflikt besteht!

1. In einer Volkswirtschaft wirkt das „Gesetz der Massenproduktion". Die Wirtschaft ist unterbeschäftigt. Die Regierung beschließt, die Staatsausgaben (bei gleich bleibenden Einnahmen) zu erhöhen. Ihre vorrangigen wirtschaftspolitischen Ziele sind zz. der Abbau der Arbeitslosigkeit und die Preisniveaustabilität.
2. In einer mit dem Ausland stark verflochtenen Volkswirtschaft übersteigen die Exporte seit längerer Zeit die Importe. Die Wirtschaft ist unterbeschäftigt. Die Regierung beschließt die Senkung der Importzölle und die Aufhebung bisheriger Exportförderungsmaßnahmen. Ihre vorrangigen wirtschaftspolitischen Ziele sind zz. außenwirtschaftliches Gleichgewicht, Preisniveaustabilität und Vollbeschäftigung.
3. In einer vollbeschäftigten Volkswirtschaft steigen die Preise jährlich um ca. 10%. Es bestehen laufende Exportüberschüsse. Das Wirtschaftswachstum beträgt im kommenden Jahr voraussichtlich 3%. Der Grad der Umweltverschmutzung ist sehr hoch, sodass die Lebenserwartung der Bevölkerung zu sinken beginnt. Die derzeitige Einkommens- und Vermögensverteilung wird als „gerecht" empfunden.

   Die Regierung beschließt, die Grenzen weiter zu öffnen, um die Importe zu steigern. Die sechs magischen Ziele der Wirtschaftspolitik werden von der Regierung als gleichrangig betrachtet.

23

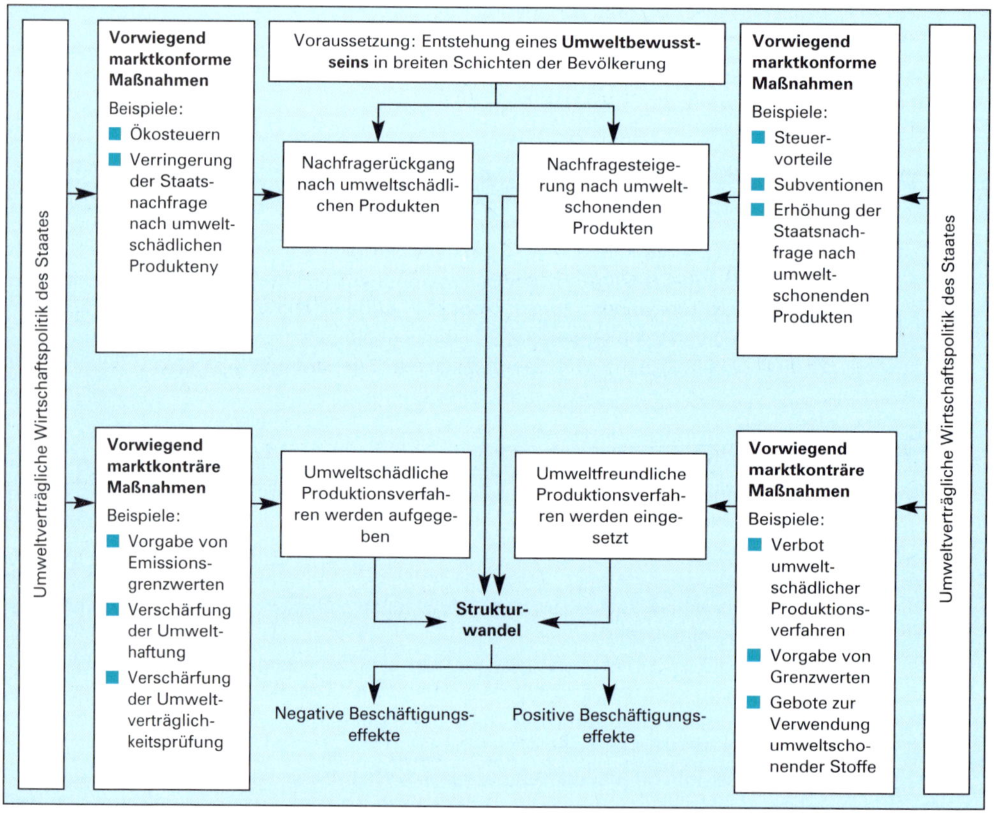

Aufgaben:

Betrachten Sie die Abbildung auf S. 142 und beantworten Sie folgende Fragen:

1. Was ist unter einer Ökosteuer zu verstehen?
2. Wie wirkt sich die Erhebung einer Ökosteuer auf die Angebotskurve eines Produkts aus?
3. Welche Wirkungen ergeben sich auf einem polypolistischen Markt im Hinblick auf den Preis sowie die absetzbare Menge des mit einer Ökosteuer belasteten Produkts?
4. Wie kann der Staat selbst durch sein Nachfrageverhalten Einfluss auf die Produktion umweltfreundlicher Produkte nehmen? Nennen Sie ein Beispiel!

24 Ökosteuern und -abgaben, Verbote und die Vorgabe von Grenzwerten sollen zu einem umweltverträglichen Wirtschaften beitragen.

Beispiele:

a) Erhebung einer Abwasserabgabe, die mit zunehmendem Reinheitsgrad der Abwässer sinkt.
b) Abschaffung der Kraftfahrzeugsteuer und Erhöhung der Mineralölsteuer.
c) Verbot umweltschädlicher Produkte (z.B. umweltschädlicher Treibgase in Sprühdosen).
d) Begrenzung der zulässigen Rußzahlen bei Ölfeuerungsanlagen.
e) Fahrverbot für Kraftfahrzeuge mit Benzinmotoren ohne Katalysator.
f) Stromsteuer auf Atomstrom und Strom aus Verbrennungskraftwerken.
g) Vorgabe von Abgasgrenzwerten (z.B. für Kraftwerke, Autos).
h) Subventionen zur Gewinnung von Erdwärme.
i) Steuererleichterung für Dieselfahrzeuge mit Rußfilter.
j) Herstellungsverbot asbesthaltiger Werkstoffe.
k) Einführung des Dosenpfands.
l) Importverbot für genmanipulierte Lebensmittel.

Aufgaben:

1. Begründen Sie, welche der genannten Maßnahmen als marktkonform und welche als marktkonträr zu bezeichnen sind!
2. Angebot und Nachfrage nach einem umweltschädlichen Gut A verhalten sich normal. Das Gut A wird mit einer Ökosteuer belegt. Stellen Sie mit Hilfe der Angebots- und Nachfragekurve dar, wie sich Preis und Absatzmenge des Gutes A verändern!
3. Wie könnte sich die Ökosteuer auf das Produkt A auf die Nachfrage nach dem Substitutionsgut (Ersatzgut) B auswirken?
4. Bilden Sie zwei eigene Beispiele für den unter 3. beschriebenen Substitutionseffekt!

25 Welche Zusammenhänge drücken die nachfolgenden Abbildungen aus?

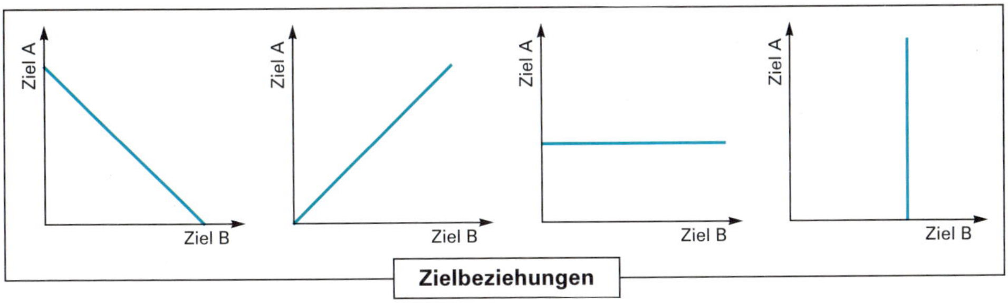

8 Wirtschaftspolitische Eingriffe des Staates in die Marktpreisbildung

Der Marktpreis kann nicht „sozial“, nicht „gerecht“ sein. Er ist eine objektive Größe. Deswegen greift in der sozialen Marktwirtschaft der Staat indirekt oder direkt in das Marktgeschehen ein, um Nachfrager und/oder Anbieter zu schützen.

8.1 Marktkonforme Staatseingriffe

Merke:

Staatseingriffe, die den **Preismechanismus nicht außer Kraft setzen,** bezeichnet man als **marktkonform** (systemkonform).[1]

Marktkonforme Eingriffe liegen vor, wenn der Staat die Nachfrage und/oder das Angebot erhöht oder senkt, die Preisbildung aber dem Markt überlässt. Man spricht daher auch von **indirekter Marktlenkung.**

8.1.1 Erhöhung der Nachfrage

Der Staat kann selbst als **Nachfrager** auftreten, wenn er z.B. eine unterbeschäftigte Wirtschaft aus der Depression[2] herausführen möchte. Zahlreiche Möglichkeiten sind gegeben: Erteilung zusätzlicher Forschungsaufträge, Aufträge an die Bauwirtschaft (Bau von Straßen, Krankenhäusern, Schulen, Kindergärten, Ausgaben für Kanalisation, für militärische Zwecke usw.) oder auch zusätzliche Einstellungen von Personal. Die Wirkung wird sein, dass die Beschäftigung zunimmt. Die Gefahr von Preis- und Lohnsteigerungen besteht (vgl. nebenstehende Abbildung).

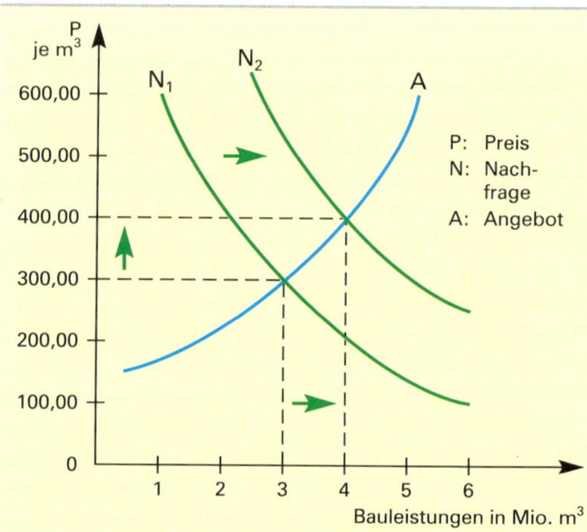

Der Staat **erhöht** die **Nachfrage** nach Bauleistungen um 1 Mio. m³ umbauten Raums. Bei normalem Angebot und gleichbleibendem technischem Stand steigen Beschäftigung und Preise.

Wenn der Staat die Nachfrage erhöhen will, selbst aber **nicht** als Nachfrager auftreten möchte (z.B. weil er bestimmte Wirtschaftsgüter gar nicht braucht), kann er die möglichen Nachfrager **subventionieren.**[3] Auch hier gibt es in der Bundesrepublik Deutschland zahlreiche

1 Konform sein: in Einklang stehen mit etwas; marktkonforme Maßnahmen sind also solche, die mit der Idee der Marktwirtschaft in Einklang stehen.

2 Depression: wörtl. Niedergeschlagenheit; hier: eine Wirtschaft, die unterbeschäftigt ist, z.B. Arbeitslosigkeit aufweist.

3 Subvention: Zuschuss (von staatlichen Geldern).

Beispiele: Wohngeld (Erhöhung der Nachfrage nach Neubauwohnungen), Zinssubventionen für Bauherren und Landwirte, Steuerermäßigungen (Abschreibungsmöglichkeiten für Unternehmer), Barsubventionen an notleidende Unternehmen (Kohlebergbau, Werften), Förderung der Klein- und Mittelbetriebe (Mittelstandsförderung).

8.1.2 Senkung der Nachfrage

Will der Staat die Nachfrage (und damit die Preisentwicklung) dämpfen, kann er die Staatsnachfrage einschränken, indem er geplante Staatsaufträge streicht oder aufschiebt. Auch **Steuererhöhungen** wirken in die gleiche Richtung, weil in der Regel weniger gekauft wird, wenn die Nettoeinkommen sinken (vgl. nebenstehende Abbildung).

Weitere Möglichkeiten zur Verringerung der Nachfrage sind die Streichung von Subventionen und von Abschreibungsvergünstigungen.

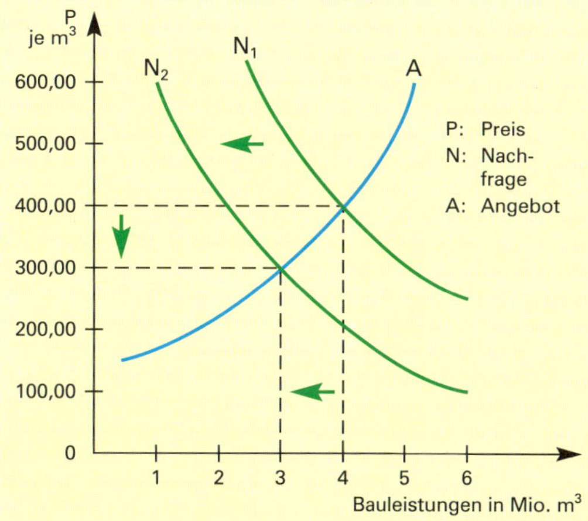

Der Staat **verringert** seine **Nachfrage** nach Bauleistungen um 1 Mio. m³ umbauten Raums. Bei normalem Angebot gehen Preise und Beschäftigung zurück.

8.1.3 Erhöhung des Angebots

In seltenen Fällen hat der Staat die Möglichkeit, das Angebot unmittelbar zu erhöhen, dann nämlich, wenn er selbst Eigentümer wirtschaftlicher Betriebe ist. Hierher gehören z.B. erhöhte Leistungen öffentlicher Verkehrsbetriebe, staatlicher Forschungsanstalten oder städtischer Wohnungsbaugesellschaften. Der indirekten Einflussnahme auf das Angebot kommt jedoch größere Bedeutung zu. Beispiele sind: **Zollsenkungen,** um das Angebot ausländischer Waren auf dem Inlandsmarkt zu erhöhen, oder **Subventionen** an die Produzenten (z.B. an die Landwirte), damit diese in die Lage versetzt werden, Kostensteigerungen aufzufangen, d.h. zum gleichen Preis mehr anzubieten. Bei Kuppelprodukten[1] nimmt das Angebot aller Produkte zu, wenn auch nur eines subventioniert wird (z.B. die Milcherzeugung wird subventioniert, das Angebot von Milch, Rindfleisch und Rohleder erhöht sich, vgl. nebenstehende Abb.).

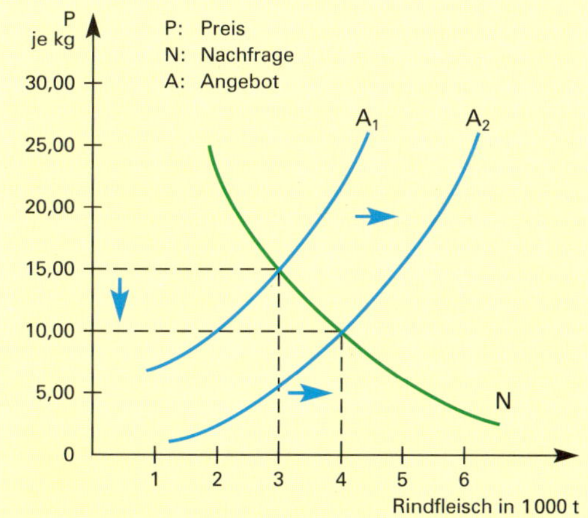

Das Angebot an Rindfleisch nimmt um 1000 Tonnen zu, weil die Landwirte Milchsubventionen erhalten. Die Versorgung der Bevölkerung nimmt bei sinkenden Preisen zu.

1 Kuppelprodukte sind Erzeugnisse, deren Herstellung an die Erzeugung weiterer Güter „gekoppelt" ist, z.B. Koks, Gas und Teer.

10 Boller u.a. – ISBN 978-3-8120-0596-8

8.1.4 Senkung des Angebots

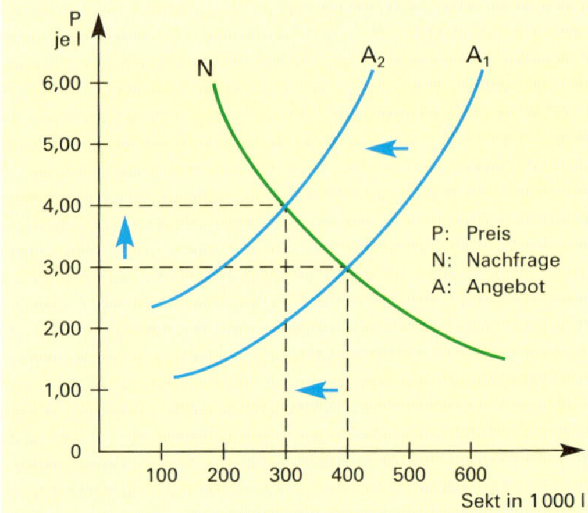

Der Staat erhöht die Sektsteuer um 1,00 GE. Der Absatz nimmt bei steigenden Preisen ab.

Die Verringerung des staatlichen Angebots an Sachgütern und Dienstleistungen ist nur bei Staatsbetrieben möglich (z. B. Schließung von staatlichen Krankenhäusern, Beratungsstellen und Forschungsanstalten). Mittelbare Maßnahmen sind häufiger. Beispiele sind: **Zollerhöhungen,** um das Güterangebot im Inland zu verringern, **Streichung von Subventionen** an Produzenten oder **Erhöhung von Kostensteuern** (z. B. Gewerbesteuer, Verbrauchsteuern, vgl. nebenstehende Abbildung).

Die genannten Maßnahmen stellen lediglich Beispiele für marktkonforme Maßnahmen in der sozialen Marktwirtschaft dar. In den Arbeitsmarkt wird z. B. indirekt eingegriffen, wenn der Staat die Schulpflicht verlängert und/oder das Rentenalter herabsetzt (Verknappung des Arbeitsangebots). Die Vergabe von Forschungsaufträgen durch den Staat erhöht langfristig die Produktivität. Die **Sonderbesteuerung umweltschädlicher Produkte** und die **Steuerbegünstigung umweltfreundlicher Erzeugnisse** verändern das Angebot. Darüber hinaus beeinflussen die Maßnahmen der Europäischen Zentralbank das Verhalten der Wirtschaftssubjekte. Gemeinsam ist allen marktkonformen Maßnahmen, dass sie die Wirtschaftssubjekte nicht zu bestimmten Verhalten zwingen, sondern lediglich **Anreize** geben.

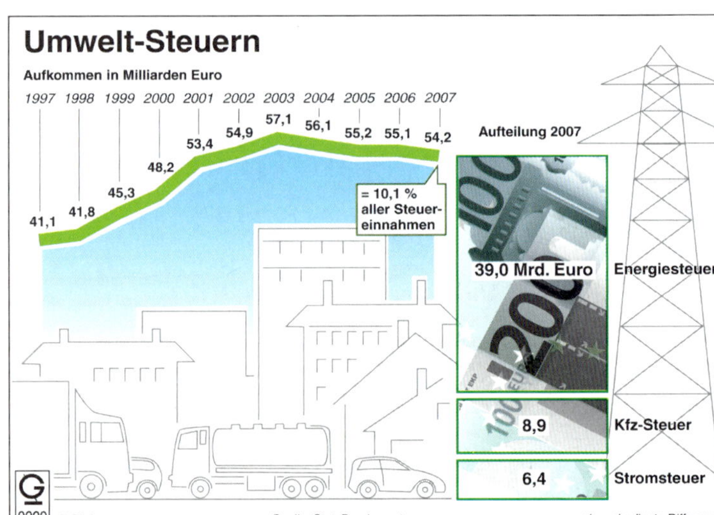

Über 54 Mrd. Euro umweltbezogene Steuern sind 2007 in die öffentlichen Kassen geflossen. Jeden zehnten Steuer-Euro verdankt der Staat den Umweltsteuern. Der größte Posten war mit 39 Mrd. Euro die Energiesteuer. 8,9 Mrd. Euro entfielen auf die Abgaben für Kraftfahrzeuge, 6,4 Mrd. auf die Stromsteuer. Unter den umweltbezogenen Steuern werden alle Steuern zusammengefasst, die den Energieverbrauch, die Emissionen, den Verkehr oder schädliche Stoffausbringungen (z. B. Pestizide) besteuern – unabhängig von den Beweggründen zur Einführung der Steuer und der Verwendung der Einnahmen. Gegenüber 1998, dem Jahr vor der Einführung der Ökosteuer, sind diese Einnahmen um rund 30 Prozent gestiegen.

Zusammenfassung

Überblick über mögliche marktkonforme Maßnahmen des Staates:

Erhöhung der Nachfrage	**Verringerung der Nachfrage**
■ Erhöhung der Staatsnachfrage; ■ Steuersenkung (Wirtschaftssubjekte können mehr ausgeben); ■ Verbesserungen der Abschreibungsmöglichkeiten (Unternehmen werden angeregt, mehr Investitionsgüter nachzufragen); ■ Subventionen an Verbraucher (z.B. Wohngeld, Kindergeld). **Ziel:** Verbesserung der Beschäftigungslage (Abbau der Arbeitslosigkeit). **Gefahr:** Preissteigerungen (Inflation).	■ Verringerung der Staatsnachfrage; ■ Steuererhöhungen (Wirtschaftssubjekte können weniger ausgeben); ■ Abbau der Abschreibungsvergünstigungen (die Investitionsgüternachfrage wird gebremst); ■ Streichung und/oder Kürzung von Subventionen an Verbraucher. **Ziel:** Dämpfung der Preissteigerungsraten (Inflationsbekämpfung). **Gefahr:** Unterbeschäftigung (Arbeitslosigkeit).
Erhöhung des Angebots	**Verringerung des Angebots**
■ Erhöhung des Angebots der staatlichen Betriebe; ■ Subventionen an Produzenten; ■ Zollabbau (Erhöhung des Angebots von ausländischen Waren). **Ziel:** Dämpfung der Preissteigerungsraten (Inflationsbekämpfung). **Gefahr:** Überproduktion, falls Preissenkungen ausbleiben.	■ Verringerung des Angebots der staatlichen Betriebe; ■ Streichung und/oder Kürzung von Subventionen an Produzenten; Erhöhung der Kostensteuern; ■ Zollerhöhungen (Verringerung des Angebots von ausländischen Waren). **Ziel:** Verhinderung der Überproduktion. **Gefahr:** Preissteigerungen und Unterbeschäftigung (Arbeitslosigkeit).

8.2 Marktkonträre Staatseingriffe

8.2.1 Begriff marktkonträre Staatseingriffe

Der Preismechanismus wird dann außer Kraft gesetzt, wenn der Staat entweder die Produktions- bzw. Verbrauchsmengen durch Gesetz festlegt oder den Preis unmittelbar vorschreibt. Derartige Eingriffe **widersprechen** dem **Wesen einer Marktwirtschaft.**

Merke:

Staatseingriffe, die den **Preismechanimus außer Kraft setzen,** bezeichnet man als **marktkonträr**[1] (systeminkonform).

1 Konträr: entgegengesetzt.

8.2.2 Festsetzung von Produktions- und Verbrauchsmengen

(1) Festsetzung von Produktionsmengen[1]

Die staatliche Festsetzung von Produktionsmengen kann den Zweck haben, die Mindestversorgung der Bevölkerung zu sichern. Hierbei geht es der Regierung darum, die bisherigen Produktionsmengen möglichst zu erhalten oder zu erhöhen. Die Produzenten werden unter Strafandrohung gezwungen, ihre Produktionsmengen den entsprechenden staatlichen Behörden zu melden und an diese bzw. an die gesetzlich vorgeschriebenen Stellen abzuliefern.

Die staatliche Mengenpolitik kann auch zum Ziel haben, die Produktionsmengen zu verringern. Der Zweck ist, das Preisniveau zu erhöhen. Es sollen die Produzenten vor Überproduktion und damit vor einem Preisverfall geschützt werden.

(2) Festsetzung von Verbrauchsmengen[1]

Setzt der Staat die Verbrauchsmengen fest, will er eine gleichmäßige Versorgung der Wiederverwender und/oder der Letztverbraucher sichern. Die Festsetzung von Verbrauchsmengen ist – wie die Festsetzung von Produktionsmengen auch – vor allem in Kriegswirtschaften und/oder Zentralverwaltungswirtschaften zu finden.

8.2.3 Staatliche Preisfestsetzung

Die vom Staat vorgeschriebenen Preise können **Höchstpreise, Mindestpreise** oder **Festpreise** sein.

(1) Höchstpreise

Sollen die **Nachfrager** bessergestellt werden, kann der Staat so genannte Höchstpreise anordnen. Der Höchstpreis liegt **unter** dem Gleichgewichtspreis. Er soll die zum Gleichgewicht drängenden Marktkräfte aufhalten und somit einen höheren Preis verhindern. Der Höchstpreis wird besonders in Kriegs- bzw. Krisengebieten für lebensnotwendige Güter angeordnet.

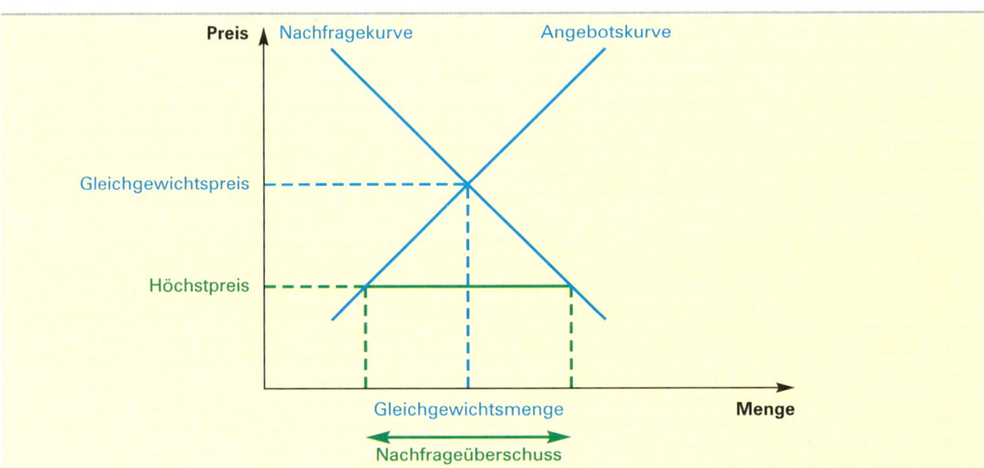

1 Die Festsetzung von Produktions- und Verbrauchsmengen bezeichnet man als Kontingentierung.

Wie allerdings aus der Grafik auf S. 148 ersichtlich, führt der Höchstpreis regelmäßig zu einem **Nachfrageüberschuss,** sodass viele Nachfrager leer ausgehen.

Dies zwingt den Staat zu einer Reihe weiterer Maßnahmen zur Beeinflussung der Güterverteilung, wie beispielsweise die Einführung eines **administrativen Zuteilungssystems** (z. B. durch Bezugsscheine, Wartelisten). Des Weiteren muss der Staat versuchen, die aus der Unterversorgung der Nachfrager typischerweise resultierende Gefahr des **Schwarzmarkthandels** einzudämmen.

Bei dem **Schwarzmarkt** handelt es sich um einen **ungesetzlichen** Markt, der dann entstehen kann, wenn vorhandene Nachfrage nach Gütern auf legalen Märkten durch **Rationierungen oder staatlich festgelegte Höchstpreise** nicht befriedigt wird (z. B. Benzinrationierung, Rationierung von Wohnraum). Bei Höchstpreisen sind viele Käufer aufgrund des entstandenen Nachfrageüberhangs bereit, solche Waren und Erzeugnisse zu einem **höheren** Preis als dem staatlich festgesetzten Preis zu kaufen.

(2) Mindestpreise

Mit der Einführung von Mindestpreisen sollen hingegen die **Anbieter** bessergestellt werden. Der Mindestpreis liegt **über** dem Gleichgewichtspreis und soll die zum Gleichgewicht drängenden Marktkräfte blockieren, um so einen niedrigeren Marktpreis zu verhindern.

Eingesetzt wird der Mindestpreis vorzugsweise dort, wo sich für ganze Branchen – beispielsweise durch Nachfragerückgang bedingt – Absatzschwierigkeiten ergeben und mit einem gravierenden Preisverfall zu rechnen ist (z. B. Landwirtschaft, Kohlebergbau).

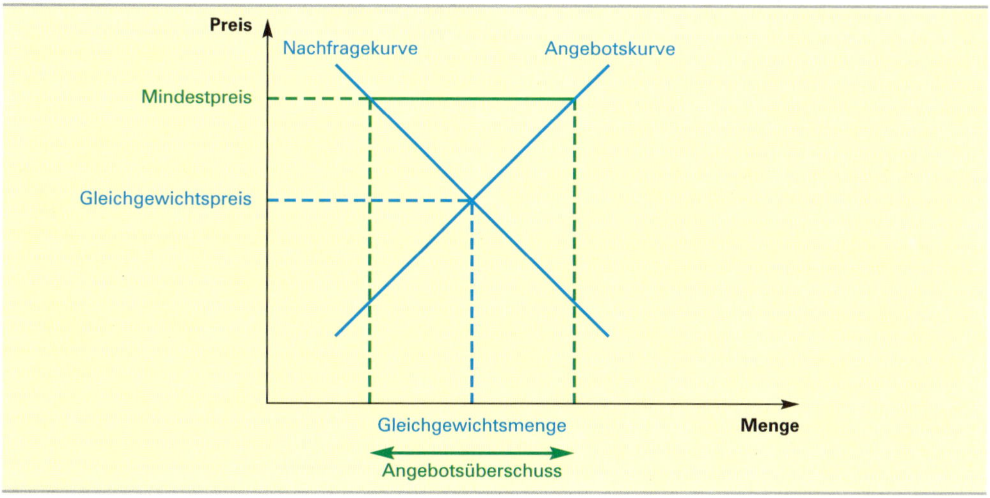

Wie aus der Grafik ersichtlich, führt der Mindestpreis regelmäßig zu einem **Angebotsüberschuss,** da viele Anbieter aufgrund der durch die über dem Gleichgewichtspreis liegenden Preise angeregt werden, mehr zu produzieren.

Auch bei den Mindestpreisen ist der Staat zu einer Reihe weiterer Maßnahmen zur Verringerung der überschüssigen Güterproduktion gezwungen. So kann er beispielsweise bei lagerfähigen Gütern den **Angebotsüberschuss aufkaufen und einlagern**. Hierdurch entstehen allerdings **Güterberge** (z. B. Milchberg, Butterberg, Kohleberg), die zudem wegen der Lagerung weitere Kosten verursachen. Des Weiteren könnte der Staat aufgekaufte **Angebotsüberschüsse** – insbesondere von verderblicher Ware – **vernichten** oder die **Überproduktion durch Prämien** (z. B. Stilllegungs- oder Abschlachtprämien) bzw. die Einführung von **Mengenkontingenten** im Sinne einer maximalen Abgabemenge pro Anbieter **drosseln.** Bei der letztgenannten Maßnahme besteht allerdings die Gefahr, dass sich ein **grauer Markt** bildet, auf dem die Mehr- bzw. Überschussproduktion angeboten wird. So könnten illegale Marktanbieter auftreten, die bereit wären, das zu Mindestpreisen und Mengenkontingenten gehandelte Produkt zu einem verbotenen **niedrigeren** Preis abzugeben (z. B. der Verkauf von Milch ab Hof unterhalb des üblichen Handelspreises).

(3) Festpreise

Festpreise können über oder unter dem Preis liegen, der sich bei freier Preisentwicklung ergeben würde. Liegt der **Festpreis über dem Gleichgewichtspreis,** wirkt er wie ein **Mindestpreis; liegt er darunter,** wirkt er wie ein **Höchstpreis.**

Zusammenfassung

Überblick über mögliche marktkonträre Maßnahmen des Staates:

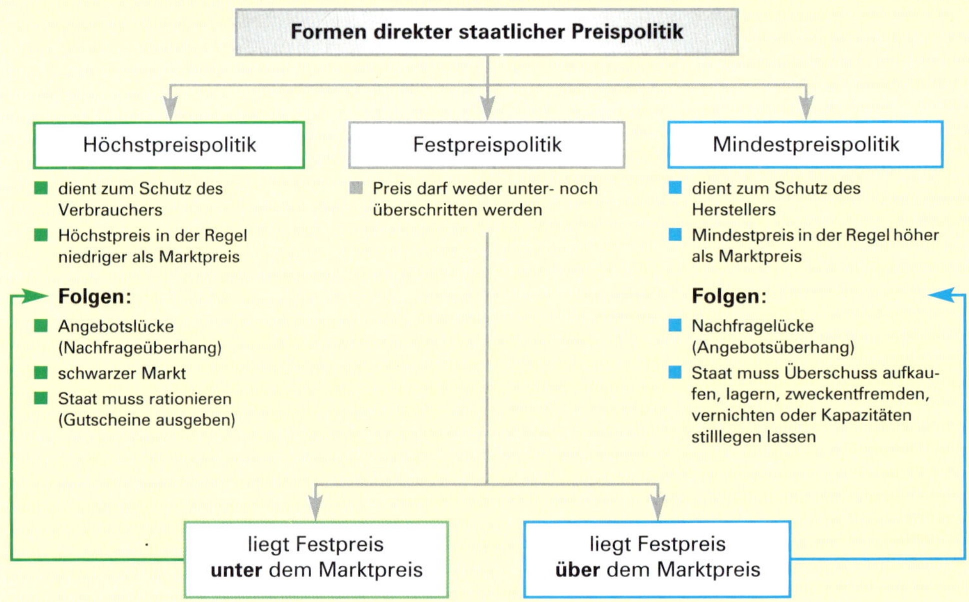

Übungsaufgabe

26
1. Beschreiben Sie das Wesen marktkonformer Staatseingriffe auf einem Gütermarkt!
2. Nennen Sie mindestens drei Möglichkeiten, wie der Staat auf einem Gütermarkt systemkonform eingreifen kann! Beschreiben Sie die Wirkungsrichtung dieser Eingriffe!

3. In nebenstehender Abbildung wird der Markt für Getreide dargestellt. Der Preis P_0 darf nicht unterschritten, wohl aber überschritten werden.

Aufgaben:

3.1 Handelt es sich um eine marktkonforme oder marktkonträre Maßnahme des Staates? Begründen Sie Ihre Antwort!

3.2 Welcher Art ist der Preis P_0? (Antwort begründen!)

3.3 Welche Marktsituation liegt vor und welche Konsequenzen ergeben sich langfristig?

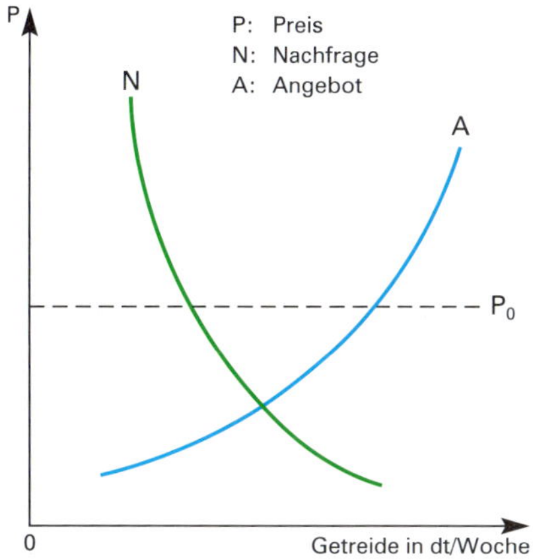

4. In nebenstehender Abbildung wird der Markt für Sozialwohnungen dargestellt. Der Mietsatz P_0 darf nicht überschritten, wohl aber unterschritten werden.

Aufgaben:

4.1 Handelt es sich um eine marktkonforme oder marktkonträre Maßnahme des Staates? Begründen Sie Ihre Antwort!

4.2 Welcher Art ist der Preis P_0? (Antwort begründen!)

4.3 Welche Marktsituation liegt vor und welche Konsequenzen ergeben sich langfristig?

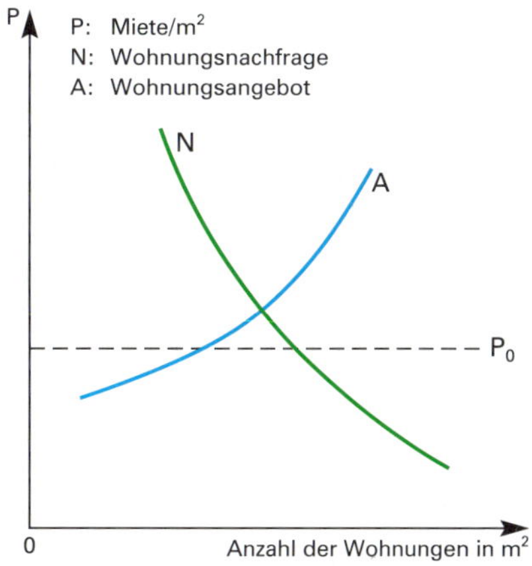

5. Entscheiden Sie in den nachfolgenden Fällen, ob sich die Aussagen: (1) nur auf Mindestpreise, (2) nur auf Höchstpreise, (3) sowohl auf Mindest- als auf Höchstpreise, (4) weder auf Mindest- noch auf Höchstpreise beziehen!

5.1	Die Preise werden staatlich fixiert.	
5.2	Es entsteht ein Angebotsüberhang.	
5.3	Es handelt sich um einen marktinkonformen Eingriff des Staates.	
5.4	Der Marktmechanismus wird außer Kraft gesetzt.	
5.5	Der Preis liegt unterhalb des Gleichgewichtspreises.	
5.6	Die Festlegung dieses Preises soll verhindern, dass sich ein niedrigerer Gleichgewichtspreis bildet.	
5.7	Die Festsetzung dieses Preises geschieht im Interesse des Staates.	
5.8	Bei dieser Form der Preisfixierung wird seitens des Staates der sich ohnehin durch den Preismechamismus einstellende Gleichgewichtspreis nur vorweggenommen.	
5.9	Der Staat muss weitere Eingriffe zur Mengenregulierung vornehmen.	

9 Rolle und Bedeutung der Sektoren des erweiterten Wirtschaftskreislaufs

9.1 Einfacher Wirtschaftskreislauf

Um den einfachen Wirtschaftskreislauf verstehen zu können, bedienen wir uns eines Modells. Ein Modell ist ein von der Wirklichkeit weitgehend losgelöstes Denkschema, dessen Ergebnisse nur unter den von vornherein festgelegten Voraussetzungen gültig sind. Diese Voraussetzungen – auch **Prämissen** genannt – sind notwendig, weil nur so eindeutige Aussagen gemacht werden können. Die Modelle haben die Aufgabe, wesentliche Eigenschaften einer Erscheinung verständlich und deutlich sichtbar zu machen. So bedient sich z. B. der Architekt des Modells, wenn er zeigen will, wie das von ihm geplante Gebäude im Wesentlichen aussehen soll. Der Physiker zeigt am Atommodell den prinzipiellen Aufbau eines Atoms, obwohl ein Atom natürlich nicht so aussieht wie das aus Kugeln aufgebaute Modell.

(1) Voraussetzungen zum Modell „einfacher Wirtschaftskreislauf"

Für unser einführendes Modell legen wir folgende **Voraussetzungen (Prämissen)** fest:

- Es gibt noch **keinen Staat.**
- Es gibt **keine Außenhandelsbeziehungen (geschlossene Volkswirtschaft).**
- Sämtliche Unternehmen fassen wir zum **Sektor**[1] **„Unternehmen"** zusammen.
- Sämtliche privaten Haushalte fassen wir zum **Sektor „private Haushalte"** zusammen.

(2) Beschreibung des Modells „einfacher Wirtschaftskreislauf"

Das Zusammenwirken der Sektoren „Private Haushalte" und „Unternehmen" lässt sich wie folgt darstellen:

1 Sektor: Ausschnitt; hier: die Zusammenfassung gleichartiger wirtschaftlicher Einheiten, also von Wirtschaftssubjekten.

Erläuterungen:

Güterkreislauf. Die privaten Haushalte stellen dem Unternehmen die Produktionsfaktoren[1] Boden, Arbeit, Kapital und Bildung zur Verfügung. Im Produktionsprozess kombinieren die Unternehmen die Produktionsfaktoren und stellen auf diese Weise Güter her, die sie wiederum an die Haushalte verkaufen. Der Güterkreislauf umfasst somit die Faktorleistungen der Haushalte und die Güterbereitstellung durch die Unternehmen.

Geldkreislauf. Für die Faktorleistungen erhalten die Haushalte als Gegenleistung von den Unternehmen Einkommen (Lohn, Gehalt, Pacht/Miete, Zinsen, Gewinne). Die Einkommen der Haushalte sind die Kosten der Unternehmen. Die produzierten Güter werden an die Haushalte verkauft. Mit den Verkaufserlösen bestreiten die Unternehmen dann die Kosten für die Produktionsfaktoren. Dem Güterstrom fließt somit ein gleich großer Geldstrom entgegen.

9.2 Erweiterter Wirtschaftskreislauf

Bei diesem Modell des Wirtschaftsprozesses wird die Kreislaufdarstellung noch um den **Staat,** die **Kreditinstitute** und das **Ausland** erweitert, wobei zwischen allen fünf Wirtschaftssubjekten jeweils Beziehungen in Form eines Geld- und Güterkreislaufes bestehen.

(1) Erweiterung des einfachen Wirtschaftskreislaufs um den Sektor Staat

Wird die Darstellung des einfachen Wirtschaftskreislaufs um den Sektor **Staat** ergänzt und betrachtet man lediglich die **Zahlungsströme** zwischen den Sektoren der „Nichtfinanziellen Kapitalgesellschaften" (Unternehmen), „Private Haushalte" und „Staat", so ergibt sich beispielsweise folgendes Schaubild:

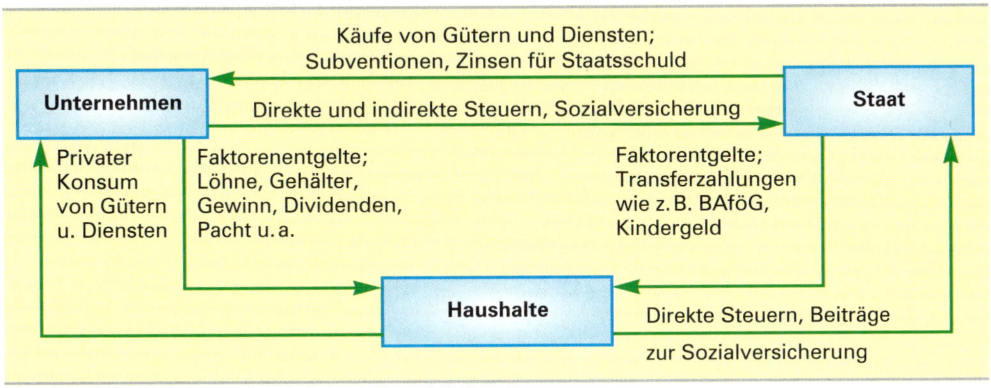

1 Volkswirtschaftliche Produktionsfaktoren sind Grundelemente, die bei der Produktion mitwirken.

(2) Erweiterung des einfachen Wirtschaftskreislaufs um die Sektoren Staat, Banken und Ausland

Erweitert man nunmehr das Schaubild auf alle **fünf** Sektoren, so ergeben sich beispielsweise folgende Geld- und Güterströme:

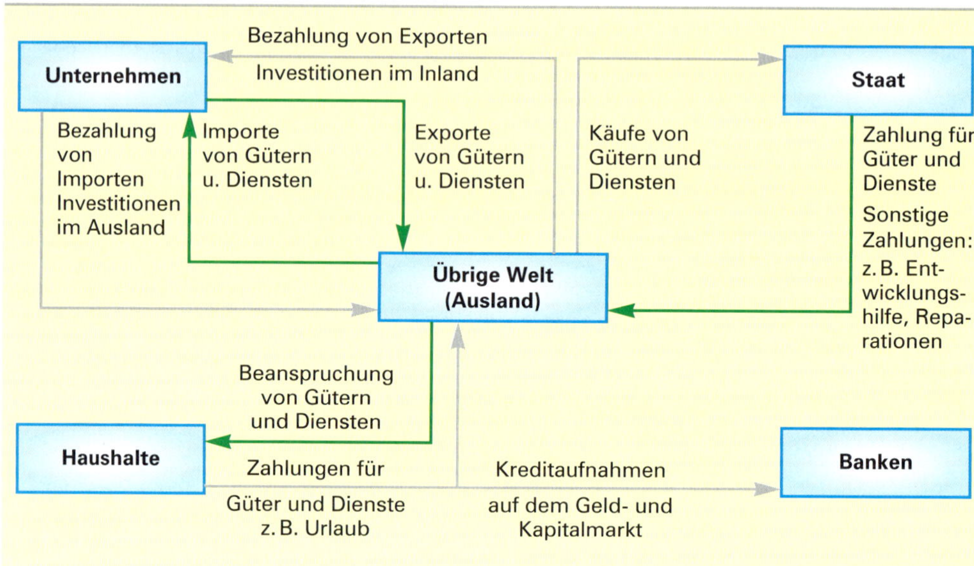

Zu einigen Kreislaufströmen des erweiterten Modells sind in nachfolgender Tabelle Beispiele aufgeführt.

Beziehung zwischen	Geldkreislauf	Güterkreislauf
Haushalt und Staat	■ Der Auszubildende Carsten Clever bezahlt von seinem Weihnachtsgeld die Kfz-Steuer. ■ Familie Müller erhält Kindergeld.	■ Hans Schmidt arbeitet als Lehrer an einer staatlichen Schule. ■ Die Stadt Siegen baut eine neue Spielstraße.
Haushalt und Banken	■ Der vermögende Daniel Duck erhält eine Zinsgutschrift für sein Sparguthaben. ■ Der Angestellte Ralf Schupp zahlt an seine Bank Kontoführungsgebühren.	■ Der Immobilienbesitzer Hans Becker vermietet sein Geschäftshaus an die Sparkasse Siegerland. ■ Die Volksbank Gießen verkauft einem Münzsammler eine Goldmünze.
Haushalt und Ausland	■ Dem in Luxemburg arbeitenden Egon Kling wird sein Gehalt an die Sparkasse Trier überwiesen. ■ Die preisbewusste Tanja Spar bezahlt ihren in Italien gekauften Kleinwagen.	■ Der Spekulant Bodo Bostellani legt einen Teil seines Vermögens in den USA an. ■ Ein kalifornischer Winzer versendet eine Kiste Wein an einen deutschen Weinliebhaber.

Beziehung zwischen	Geldkreislauf	Güterkreislauf
Unternehmen und Staat	▪ Die Hinkelstein AG überweist ihre Körperschaftsteuer an das zuständige Finanzamt. ▪ Der Staat tätigt Subventionszahlungen an deutsche Unternehmen.	▪ Die Firma Hochbau GmbH erstellt ein neues Berufsschulgebäude im Auftrag eines Landkreises. ▪ Die städtische Müllabfuhr entsorgt den Müll der Firma Ballast GmbH.
Unternehmen und Banken	▪ Die Computer GmbH erhält eine Gutschrift für gelieferte Hardware. ▪ Die Volksbank Oberschwaben belastet die Fritz Verzug AG mit Sollzinsen.	▪ Die Paper GmbH beliefert die örtliche Sparkasse mit Büromaterial. ▪ Die Volksbank Maintal verkauft der „Second-Hand KG" ausrangierte Büromöbel.
Unternehmen und Ausland	▪ Die Maschinenbau AG erhält eine Dividendenzahlung auf ausländische Aktien. ▪ Die Möbel Import GmbH überweist eine Rechnung an einen italienischen Zulieferer.	▪ Die Wassertechnik OHG entsendet einen Ingenieur in den Sudan. ▪ Ein deutsches Maschinenbauunternehmen mietet ein Betriebsgebäude in Portugal.

9.3 Bedeutung und Kritik am Modell des Wirtschaftskreislaufs

In dem Modell wird unterstellt, dass sich die realen und monetären Ströme entsprechen. Dies gilt allerdings nur dann, wenn die Haushalte ihr **gesamtes** Einkommen (Y: yield) konsumieren. In der Realität haben die Haushalte bezüglich der **Verwendung** ihres Einkommens **zwei** Möglichkeiten: **Konsum** (C: consumption) oder Konsumverzicht in Form von **Sparen** (S: save). Konsumverzicht bedeutet zunächst einmal, dass verfügbare Einkommensteile nicht für Konsum verwendet werden. Bezüglich der Einkommensverwendung privater Haushalte gilt also:

$$Y = C + S \text{ (Einkommensverwendungsgleichung).}$$

Durch den geringeren Konsum der Haushalte werden Produktionskapazitäten nicht in Anspruch genommen, die nunmehr statt für die Herstellung von Konsumgütern für die Produktion von **Produktionsgütern** genutzt werden können. Das so **gebildete Sachkapital** steht den Unternehmen im Rahmen des Produktionsprozesses **langfristig** zur Verfügung (Investition). Hierdurch erhöhen sich die volkswirtschaftlichen Produktionskapazitäten, was letztlich mit einem **Anstieg des „volkswirtschaftlichen Vermögens"** gleichzusetzen ist. Unternehmen können also entweder Konsum- oder Produktionsgüter herstellen. Für die Entstehung von Einkommen gilt also:

$$Y = C + I \text{ (Einkommensentstehungsgleichung).}$$

Da sich beide Wertströme in ihrer Größe entsprechen, kann man sie gleichsetzen und nach mathematischen Grundregeln wie folgt umformen:

$$C + I = C + S$$
$$I = S$$

In dem Modell des einfachen Wirtschaftskreislaufs fehlt also dieser Prozess des Vermögenszuwachses (Geldvermögen bei den Haushalten, Realvermögen bei den Unternehmen) innerhalb einer Volkswirtschaft.

Zusammenfassung

- Der **einfache Wirtschaftskreislauf** vollzieht sich zwischen den Sektoren Unternehmen und private Haushalte.
  - Die **privaten Haushalte** stellen den Unternehmen Produktionsfaktoren (vor allem Arbeit) zur Verfügung. Sie erhalten hierfür **Einkommen** (z.B. Löhne, Gewinne, Mieten, Pachten).
  - Die **Unternehmen** stellen den privaten Haushalten Konsumgüter zur Verfügung. Sie erhalten hierfür **Geldmittel (Umsatzerlöse).**
- Den **Güterströmen** stehen **Geldströme** gegenüber.
- Beim Modell des **erweiterten Wirtschaftskreislaufs** wird die Kreislaufdarstellung noch um den **Staat,** die **Banken** und das **Ausland** erweitert, wobei zwischen allen fünf Wirtschaftssubjekten jeweils Beziehungen in Form eines Geld- und Güterkreislaufs bestehen.

Übungsaufgabe

27 1. Übertragen Sie das Schaubild eines einfachen Wirtschaftskreislaufs in Ihr Hausheft!

Aufgaben:

1.1 Beschriften Sie die Pfeile im Schaubild!

1.2 Wie verhalten sich der Güter- und Geldkreislauf zueinander?

1.3 Sind die beiden Kreisläufe wertmäßig gleich groß? Begründen Sie Ihre Entscheidung!

1.4 Welche Annahme wird über die Konsumausgaben der Haushalte in diesem Modell gemacht?

2. Der Wirtschaftskreislauf ist ein Modell, das die Beziehungen der Teilnehmer einer Volkswirtschaft darstellt. Kennzeichnen Sie nachfolgende Aussagen mit einer

(1), wenn diese die Beziehung zwischen Haushalt und Unternehmen betreffen und zum Güterstrom zählen,

(2), wenn diese die Beziehung zwischen Haushalt und Unternehmen betreffen und zum Geldstrom zählen,

(3), wenn diese die Beziehung zwischen Haushalt und Staat betreffen und zum Güterstrom zählen,

(4), wenn diese die Beziehung zwischen Haushalt und Staat betreffen und zum Geldstrom zählen,

(5), wenn diese die Beziehung zwischen Haushalt und Kreditinstitut betreffen und zum Geldstrom zählen,

(6), wenn diese die Beziehung zwischen Unternehmen und Staat betreffen und zum Geldstrom zählen,

(7), wenn diese die Beziehung zwischen Unternehmen und Staat betreffen und zum Güterstrom zählen,

(8), wenn diese die Beziehung zwischen Unternehmen und Kreditinstitut betreffen und zum Geldstrom zählen,

(9), wenn diese die Beziehung zwischen Unternehmen und Kreditinstitut betreffen und zum Güterstrom zählen und eine

(0), wenn nichts zutrifft!

a)	Monika Glück erhält für ihr Kind monatlich 164,00 EUR Kindergeld.	
b)	Der Auszubildende Hans Hansen kauft zwei Lehrbücher für die Berufsschule.	
c)	Der Bankdirektor Dr. Schümmelfeder arbeitet nebenberuflich bei der privaten Hochschule für Bankwirtschaft als Dozent.	
d)	Dr. Schümmelfeder erhält dafür von diesem Bildungsträger eine monatliche Honorarzahlung.	
e)	Frau Sonnenschein verbringt ihren Urlaub auf den Bahamas.	
f)	Ingo Lück vermietet ein Ladenlokal in Siegen an McRonalds.	
g)	Die monatliche Miete legt Herr Lück auf einem Sparkonto an.	
h)	Für das Sparkonto erhält Herr Lück einmal im Jahr eine Zinsgutschrift.	
i)	Die Obelix GmbH produziert kleine Hinkelsteine für den Hausgebrauch und bietet sie dem Endverbraucher über eine Supermarktkette an.	
j)	Petra Pump nimmt sich bei ihrer Hausbank einen Kredit auf.	
k)	Linda Schmidt arbeitet als Lehrerin an einer staatlichen Schule.	
l)	Die Energy AG erhält vom Staat eine Millionen EUR Subventionen für den Bau einer neuen Windkraftanlage.	
m)	Das Siegener Bankhaus vermietet eine Wohnung an eine Auszubildende.	
n)	Die „Software GmbH" übernimmt die Wartung der Computer der Sparkasse Weserland.	
o)	Das bayerische Landesvermessungsamt vermisst das Firmengelände des Bauunternehmers Alois Geiger.	
p)	Der Blumenladen „Blütenzauber e. K." erhält eine Zinsgutschrift der Sparkasse Siegerland.	
q)	Die Volksbank Kiel führt die Abgeltungsteuer und den Solidaritätszuschlag an das Finanzamt ab. Die Zinsgutschrift betraf den Privatkunden Friedrich Hausch.	

3. Die Beziehungen der Wirtschaftssubjekte werden modellhaft als Wirtschaftskreislauf dargestellt. Dieser Wirtschaftskreislauf zeigt die Güter- und Geldströme zwischen den beteiligten Wirtschaftssubjekten. Der Geldkreislauf einer offenen Volkswirtschaft mit staatlicher Aktivität weist folgende Werte aus:

	in Mrd. EUR
Einkommen der privaten Haushalte vom Staat	700
Einkommen der privaten Haushalte	1 700
Ersparnisse der privaten Haushalte	240
Einnahmen des Staates von privaten Haushalten	850
Einnahmen des Staates von den Unternehmen	650
Exporte der Unternehmen	500

Aufgaben:

3.1 Worin unterscheidet sich die offene von der geschlossenen Volkswirtschaft?

3.2 Berechnen Sie die Konsumausgaben der privaten Haushalte!

3.3 Ermitteln Sie die von den Unternehmen in Anspruch genommenen Kredite!

3.4 Ermitteln Sie die Importausgaben der Unternehmen bei ausgeglichener Handelsbilanz!

3.5 Nennen Sie drei Formen von Einkommen, die den privaten Haushalten von den Unternehmen zufließen!

3.6 Nennen Sie vier Formen von Einnahmen des Staates von privaten Haushalten und von Unternehmen!

3.7 Nennen Sie zwei Formen von Transferzahlungen des Staates an die privaten Haushalte!

10 Grundbegriffe und Berechnungsweisen der volkswirtschaftlichen Gesamtrechnung

10.1 Grundlegendes

Merke:

Das **Bruttoinlandsprodukt (BIP)** ist ein **Maß** für die wirtschaftliche Leistung einer Volkswirtschaft in einem bestimmten Zeitraum. Es misst den Wert der **im Inland** hergestellten **Waren und Dienstleistungen** (Wertschöpfung), soweit diese nicht als Vorleistungen für die Produktion anderer Waren und Dienstleistungen verwendet werden.

Das BIP wird in jeweiligen Preisen und preisbereinigt errechnet. Auf Vorjahrespreisbasis wird die „reale" Wirtschaftsentwicklung im Zeitablauf **frei von Preiseinflüssen** dargestellt. Die **Veränderungsrate** des **preisbereinigten** BIP dient als **Messgröße** für das **Wirtschaftswachstum** einer Volkswirtschaft (vgl. nachfolgende Abbildung). Das BIP ist damit die **wichtigste Größe** der volkswirtschaftlichen Gesamtrechnungen.

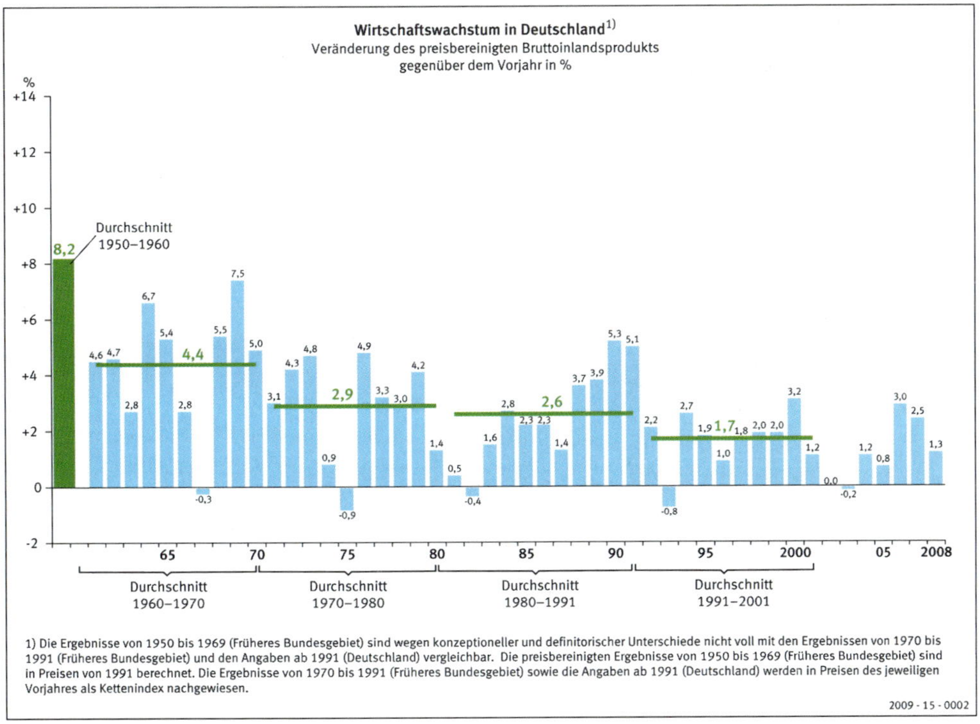

Quelle: Statistisches Bundesamt, Bruttoinlandsprodukt 2008 für Deutschland, Begleitmaterial zur Pressekonferenz, Frankfurt a. M. 2009.

Des Weiteren lässt sich mittels der volkswirtschaftlichen Gesamtrechnung die **Bedeutung** der einzelnen **Wirtschaftssektoren** innerhalb einer Volkswirtschaft aufzeigen. Untergliedert man die verschiedenen Zweige einer **arbeitsteiligen** Wirtschaft in **vertikaler** Richtung, so lassen sich folgende Wirtschaftsbereiche unterscheiden:

Wirtschaftsbereiche	Erläuterungen
Erzeugung (primärer Sektor)	Die Funktion dieses Sektors ist die **Bereitstellung** von Rohstoffen. Hierzu zählen beispielsweise land- und forstwirtschaftliche Betriebe, Fischereien, Bergbauunternehmen, Kiesgruben, erdöl- und erdgasfördernde Betriebe.
Weiterverarbeitung (sekundärer Sektor)	Gegenstand dieser Unternehmen ist die **Umwandlung** der Rohstoffe in Investitions- und Konsumgüter.
Verteilung (tertiärer Sektor)	Unternehmen dieser Wirtschaftsstufe übernehmen die **Verteilung** der Güter vom Produzenten bis zum Endverbraucher. Hierzu zählen in erster Linie Handelsbetriebe.
sonstige Dienstleistungsbetriebe	Die Übernahme von **Hilfsfunktionen** bei der Erzeugung, Weiterverarbeitung und Verteilung von Gütern obliegt den Dienstleistungsunternehmen, die **ebenfalls** dem **tertiären Sektor** zugerechnet werden (z. B. Kreditinstitute, Versicherungen, Verkehrsbetriebe).

Die Bedeutung der einzelnen Wirtschaftssektoren **verändert** sich im Zeitablauf. Wie nachfolgende Abbildung zeigt, hat sich auch in Deutschland in den letzten zweihundert Jahren eine deutliche Verlagerung vom primären zum sekundären und schließlich zum tertiären Sektor vollzogen. Nicht ohne Grund spricht man hierzulande nicht mehr von der Industrie-, sondern von der **Dienstleistungsgesellschaft,** da mittlerweile **mehr als zwei Drittel aller Arbeitsplätze** im tertiären Sektor angesiedelt sind. Die Ursachen für diesen **Strukturwandel** sind sehr vielschichtig, wie beispielsweise: Veränderung der Nachfrage, neue Technologien oder Produktivitätsfortschritte.

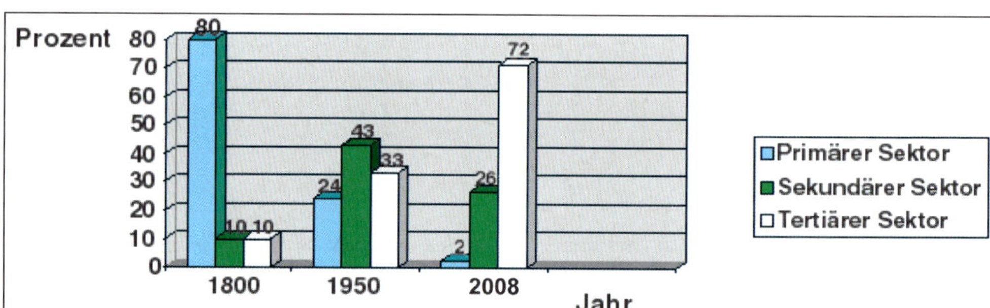

Abbildung: Prozentuale Aufteilung der Erwerbstätigen in Deutschland gegliedert nach den drei Sektoren

Welchen **Anteil** die **Beschäftigten dieser Sektoren** im Jahr 2008 zum Bruttoinlandsprodukt unseres Landes beisteuerten, dokumentiert die Abbildung auf S. 161, wobei anzumerken ist, dass die Bereiche öffentliche und private Dienstleister, Finanzierung, Vermietung und Unternehmensdienstleister sowie Handel, Gastgewerbe und Verkehr dem tertiären Sektor zuzurechnen sind.

Wirtschaftsstruktur in Deutschland 2008
Anteil der Wirtschaftsbereiche am Bruttoinlandsprodukt[1] in %

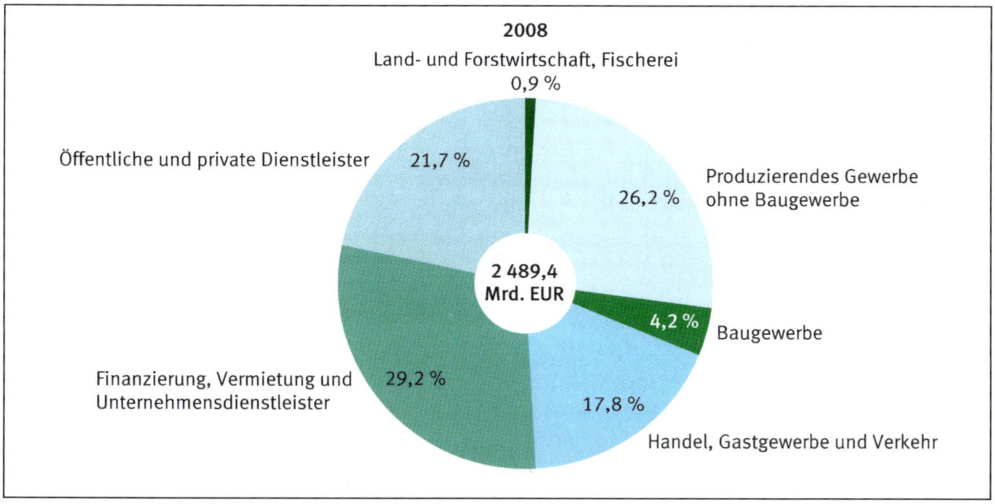

Quelle: Statistisches Bundesamt, Bruttoinlandsprodukt 2008 für Deutschland, Begleitmaterial zur Pressekonferenz, Frankfurt a. M. 2009.

10.2 Grundbegriffe der volkswirtschaftlichen Gesamtrechnung anhand eines Modells

Wie sich nun die verschiedenen Größen der volkswirtschaftlichen Gesamtrechnung konkret zusammensetzen und wie diese Größen zwischen den Sektoren Haushalt, Unternehmen, Staat und Ausland strömen, soll mittels einer modellhaften Betrachtung näher dargestellt werden.

Modellannahmen

- **Im nachstehenden Modell werden folgende Annahmen getroffen:**
  - Die direkten Steuern der privaten Haushalte (H) und der Unternehmen (U) bleiben außer Betracht, ebenso die Sozialversicherungsabgaben.
  - Soweit der Staat (St) Sach- oder Dienstleistungen erbringt, wird er dem Sektor Unternehmen (U) zugerechnet.
  - Die Sozialleistungen des Staates werden nicht berücksichtigt, wohl aber die staatlichen Zuschüsse (Z) an die Unternehmen (U).
- **In unserem Modell werden noch folgende gesamtwirtschaftliche Größen verwendet:**
  - Konsumausgaben der privaten Haushalte (C_{pr}) — 500 Mrd. GE[2]
  - Konsumausgaben des Staates (C_{St}) — 180 Mrd. GE
  - Arbeitnehmerentgelt (E_{nu}: Nichtunternehmereinkommen), d. h. Einkommen aus unselbstständiger Arbeit — 450 Mrd. GE

1 Gemessen als Anteil der nominalen Bruttowertschöpfung des jeweiligen Wirtschaftsbereichs an der nominalen Bruttowertschöpfung insgesamt.

2 GE: Geldeinheiten (z. B. EUR, US-$, £).

11 Boller u. a. – ISBN 978-3-8120-0596-8

- Unternehmens- und Vermögenseinkommen (Unternehmenseinkommen: E_u) 198 Mrd. GE
- Produktions- und Importabgaben (Gütersteuern: indirekte Steuern = T_{ind}[1]) 200 Mrd. GE
- Subventionen (Gütersubventionen: Zuschüsse an Unternehmen: Z) 20 Mrd. GE
- Exporterlöse (Ex) 19 Mrd. GE
- Importausgaben (Im) 11 Mrd. GE
- Saldo der Erwerbs- und Vermögenseinkommen zwischen In- und Ausland zuzüglich des Saldos aus empfangenen Subventionen aus der EU und geleisteten Produktions- und Importabgaben an die EU (F)[2] 2 Mrd. GE
- Bruttoinvestitionen (I_{br}) 250 Mrd. GE
- Ersatzinvestitionen (Ab) 110 Mrd. GE

- **Unterstellt wird weiterhin, dass die Unternehmen ihre gesamten Gewinne an die privaten Haushalte ausschütten und der Staatshaushalt ausgeglichen ist.**

In diesem Fall erfolgt das gesamtwirtschaftliche Sparen (S) in den privaten Haushalten.

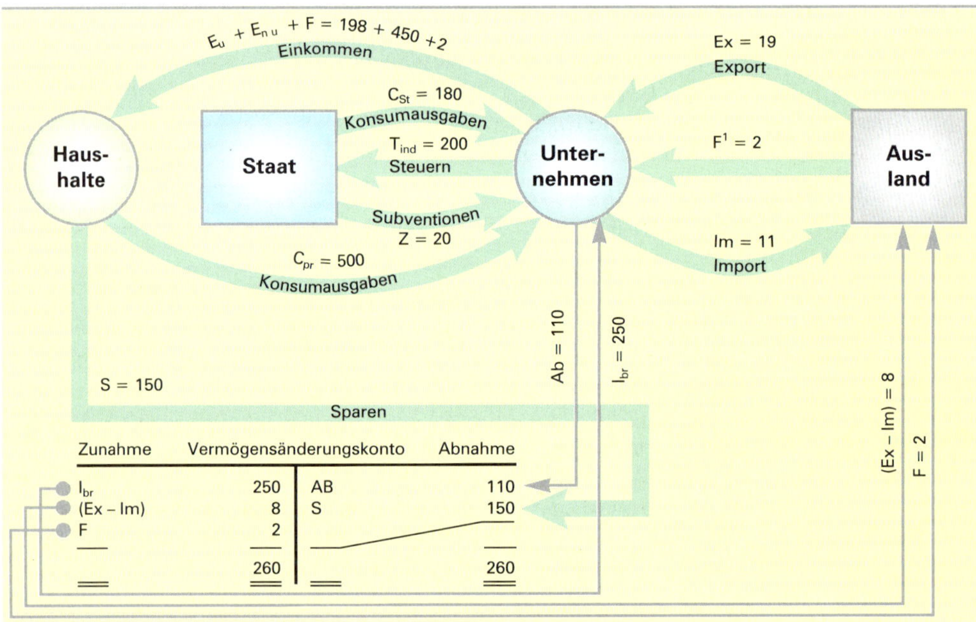

1 T von „Tax" (engl.): Steuer. Die Produktions- und Importabgaben sind Steuern und Zölle, die die Unternehmen nach dem Willen des Gesetzgebers in ihre Absatzpreise einkalkulieren und auf die Letztverbraucher überwälzen (indirekte Steuern). Die Steuerbelastung durch die indirekten Steuern wird durch die Subventionen an die Unternehmen (Gütersubventionen) verringert. Die Statistik saldiert daher die Gütersteuern mit den Gütersubventionen (Tind – Z). Der Saldo zwischen den Gütersteuern und -subventionen heißt **Nettoproduktionsabgaben.**

2 Der Saldo F setzt sich wie folgt zusammen:

	Aus dem Ausland bezogene Erwerbs- und Vermögenseinkommen	7 Mrd. GE
	Von der EU erhaltene Subventionen	3 Mrd. GE
	Aus dem Ausland bezogen	10 Mrd. GE
–	An das Ausland bezahlte Erwerbs- und Vermögenseinkommen	5 Mrd. GE
–	An die EU bezahlte Produktions- und Importabgaben	3 Mrd. GE
	Saldo der Primäreinkommen aus der übrigen Welt (F)	2 Mrd. GE

Zum Verständnis des vorangestellten Kreislaufbilds müssen folgende Grundbegriffe und Grundtatbestände bekannt sein:

- In einer wachsenden (evolutorischen) Volkswirtschaft muss **gespart** werden, damit die zusätzlichen Investitionen (Nettoinvestitionen: I) finanziert werden können. Eine Wirtschaft, die alles verbraucht, was sie erzeugt, kann nicht wachsen **(stationäre Wirtschaft).**[1]

- Auch eine stationäre Wirtschaft muss **investieren,** um den Bestand an Produktionsmitteln zu erhalten, denn im Laufe einer Wirtschaftsperiode (z.B. ein Jahr) verlieren die meisten materiellen und immateriellen Anlagegüter an Wert. So werden z.B. Kraftfahrzeuge, Maschinen und maschinelle Anlagen abgenützt, sodass sie abgeschrieben und durch neue ersetzt werden müssen. Soweit Investitionen zum Erhalt des Anlagebestands erforderlich sind, handelt es sich um **Ersatzinvestitionen (Reinvestitionen).** Sie werden in der volkswirtschaftlichen Gesamtrechnung mit den Abschreibungen (Ab) gleichgesetzt.

  Die **Bruttoinvestitionen** (I_{br}) sind die gesamten Investitionen einer Volkswirtschaft während einer Periode. Sie setzen sich aus den **Ersatzinvestitionen** und den zusätzlichen Investitionen **(Erweiterungsinvestitionen: I)** zusammen. Die Erweiterungsinvestitionen – auch **Nettoinvestitionen** genannt – **vergrößern den Anlagenbestand** und damit die Kapazität der Volkswirtschaft.

  Beispiel:

	Bruttoinvestitionen (I_{br})	250 Mrd. GE
–	Reinvestitionen (Ab)	110 Mrd. GE
=	Nettoinvestitionen (I)	140 Mrd. GE

- Um einen geschlossenen Geldkreislauf zu erhalten, benötigt man eine **Vermögensänderungsrechnung.**

  Das **Vermögensänderungskonto** sagt Folgendes aus:

  - **Bruttoinvestitionen** (I_{br}) vergrößern das volkswirtschaftliche Gesamtvermögen. Sie werden (ebenso wie in der Bilanz eines einzelnen Unternehmens) auf der Sollseite (Aktivseite) des Vermögensänderungskontos erfasst.
  - Sind die **Exporterlöse** (Ex) **höher** als die **Importausgaben** (Im), so **steigt per Saldo das volkswirtschaftliche Vermögen,** weil die Forderungen gegenüber dem Ausland höher sind als die Verbindlichkeiten des Inlands gegenüber dem Ausland. Der Saldo aus Exporterlösen und Importausgaben (Ex – Im) wird als **Außenbeitrag** bezeichnet. Ein positiver Außenbeitrag wird deshalb auf der Sollseite (Aktivseite) des Vermögensänderungskontos erfasst, ein negativer Außenbeitrag auf der Habenseite (Passivseite).
  - Ist der Saldo der Erwerbs- und Vermögenseinkommen zwischen In- und Ausland zuzüglich des Saldos aus empfangenen Subventionen aus der EU und den geleisteten Produktions- und Importabgaben an die EU (F) positiv, so steigt das gesamtwirtschaftliche Vermögen. Der positive Saldo F wird infolgedessen auf der Sollseite (Aktivseite) des Vermögensänderungskontos gebucht. Ein negativer Saldo F erscheint auf der Habenseite (Passivseite) des Vermögensänderungskontos.
  - Das gesamtwirtschaftliche Vermögen vermindert sich durch die **Abschreibungen** (Ab), denn diese stellen die in Zahlenwerten ausgedrückten Wertverluste der Ausrüstungen (z.B. maschinelle Anlagen), Bauten (z.B. Handelshäuser, Werkstätten)

1 Eine **wachsende** Wirtschaft, also eine Wirtschaft, die von Jahr zu Jahr mehr erzeugt, bezeichnet man als **evolutorische** (sich entwickelnde) **Wirtschaft.**

und „sonstigen Anlagen“ (immaterielle Anlagen wie z.B. EDV-Software, Urheberrechte, Nutztiere und Pflanzen) dar. Die Abschreibungen müssen deshalb auf der Habenseite (der Passivseite) des Vermögensänderungskontos gebucht werden.

- Der **Saldo** des Vermögensänderungskontos zeigt das gesamtwirtschaftliche **Sparen** (S). Er steht zum Ausgleich auf der Habenseite des Vermögensänderungskontos. Ist der Vermögenszuwachs größer als die Vermögensminderung, muss die Differenz (der Saldo) gespart (nicht verbraucht) worden sein.

10.3 Inlandsprodukt, Nationaleinkommen und Volkseinkommen

(1) Überblick über die wichtigsten Messzahlen der volkswirtschaftlichen Gesamtrechnung

Auf der Grundlage des vorangestellten Modells zeigt die nachfolgende Übersicht die Zusammensetzung der wichtigsten Messzahlen der gesamtwirtschaftlichen Leistung wie z.B. des **Inlandsprodukts** und des **Nationaleinkommens.**

Beziehungen zwischen wichtigen Begriffen volkswirtschaftlicher Gesamtrechnungen

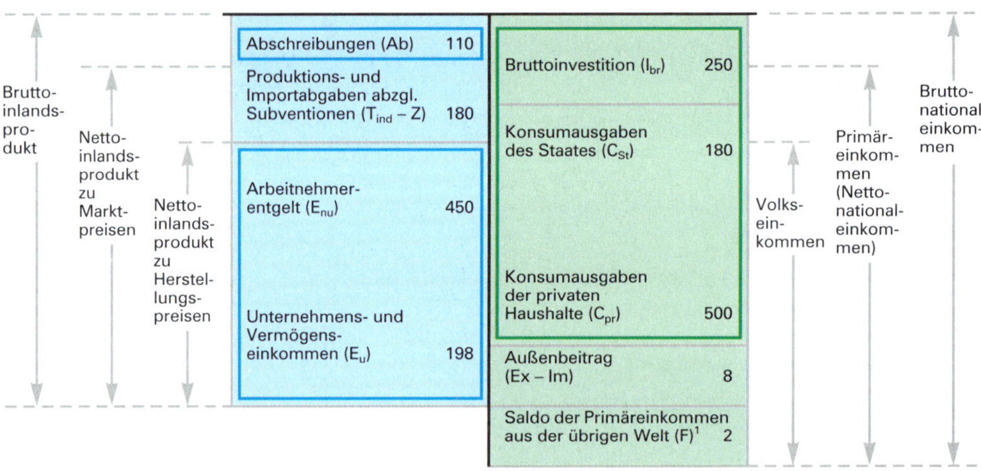

: inländische Verwendung: $I_{br} + C_{St} + C_{pr}$.

: Bruttowertschöpfung nach Abzug der Produktions- und Importabgaben (Gütersteuern) abzgl. Subventionen (Gütersubventionen): Bruttowertschöpfung zu Herstellungspreisen: BIP – (T_{ind} – Z).

(2) Unterscheidung Bruttoinlandsprodukt und Bruttonationaleinkommen

Wie aus der Abbildung zu entnehmen ist, unterscheiden sich die beiden **zentralen** Größen der Gesamtrechnung – das Bruttoinlandsprodukt (BIP) und das Bruttonationaleinkommen (früher: Bruttosozialprodukt) – durch den sogenannten **Saldo der Primäreinkommen,** eine Größe, die sich durch **zwei unterschiedliche Betrachtungsweisen** ergibt.

So steht im Zentrum der Ermittlung des **Bruttoinlandsprodukts** die Erfassung der Leistung in einem **Wirtschaftsgebiet,** d.h. die Produktion von Waren und Dienstleistungen für einen bestimmten Zeitraum unabhängig davon, ob **Inländer oder Ausländer** an der Erstellung beteiligt waren **(Inlandskonzept).**

1 Siehe Fußnote 2 auf S. 162.

Im Mittelpunkt der Erfassung des **Bruttonationaleinkommens** hingegen stehen die Güter und Dienstleistungen, die mit Hilfe der **Faktorleistungen (Arbeit, Kapital) der Inländer** eines bestimmten Gebietes erbracht wurden, also unabhängig davon, ob diese Faktorleistung im Inland oder im Ausland **(Inländerkonzept)** erstellt wurde.

Zieht man – vereinfacht dargestellt – also von dem Bruttoinlandsprodukt alle Leistungen ab, die Ausländer im Inland erstellt haben, und addiert man im Gegenzug die Leistungen, die Inländer im Ausland erbracht haben, so gelangt man zum Bruttonationaleinkommen. Diese Differenz zuzüglich des Saldos von erhaltenen Subventionen und geleisteten Produktions- und Importabgaben bezeichnet man als Saldo der Primäreinkommen aus der übrigen Welt.

(3) Erläuterungen zum Inlandsprodukt

- Vom **Bruttoinlandsprodukt (BIP)** wird gesprochen, weil in dieser Messgröße die Bruttoinvestitionen (I_{br}) enthalten sind.
- Zieht man vom Bruttoinlandsprodukt die Abschreibungen (Reinvestitionen: Ab) ab, erhält man das **Nettoinlandsprodukt.** In ihm sind nicht mehr die Bruttoinvestitionen (I_{br}), sondern die Nettoinvestitionen (I) enthalten.
- Da die Unternehmen in ihre Verkaufspreise für Anlage- und Konsumgüter die Gütersteuern abzüglich der Gütersubventionen (T_{ind} – Z) einkalkulieren, handelt es sich hier um das **Nettoinlandsprodukt zu Marktpreisen** (NIP_M).
- Das um die Nettoproduktionsabgaben (T_{ind} – Z) verminderte Nettoinlandsprodukt zu Marktpreisen (NIP_M) ist das **Nettoinlandsprodukt zu Herstellungspreisen** (NIP_H), das auch als **Nettowertschöpfung** (W_n) bezeichnet wird.
- Die **Bruttowertschöpfung** (W_{br}) ist die Summe aus dem Nettoinlandsprodukt zu Herstellungspreisen (NIP_H) und den Abschreibungen (Ab).

(4) Erläuterungen zum Nationaleinkommen

- Das **Bruttonationaleinkommen (BNE)** ergibt sich, indem zum Bruttoinlandsprodukt der Saldo der Erwerbs- und Vermögenseinkommen zwischen In- und Ausland zuzüglich des Saldos der empfangenen Subventionen aus der EU und den geleisteten Produktions- und Importabgaben an die EU (F) hinzugerechnet wird:

  $$BNE = BIP + F$$

  Von der **Verwendungsseite** her gesehen errechnet sich das Bruttonationaleinkommen wie folgt:

  $$BNE = I_{br} + C_{St} + C_{pr} + (Ex - Im) + F$$

- Zum **Primäreinkommen (Nettonationaleinkommen zu Marktpreisen: NNE_M)** gelangt man, wenn man vom Bruttonationaleinkommen (BNE) die Abschreibungen (Ab) absetzt.
- Werden vom Primäreinkommen die Nettoproduktionsabgaben (T_{ind} – Z) abgezogen, ergibt sich das **Volkseinkommen (E),** das auch als Nettonationaleinkommen zu Herstellungspreisen (NNE_H) bezeichnet werden kann.

(5) Erläuterungen zum Begriff Produktionswert

Ein weiterer wichtiger Begriff der volkswirtschaftlichen Gesamtrechnungen ist der Produktionswert. Er ergibt sich, indem man zur Bruttowertschöpfung zu Herstellungspreisen (siehe Abbildung auf S. 164) die **Vorleistungen** (VL) hinzurechnet. (In der Statistik wird der Produktionswert i. d. R. zu Herstellungspreisen ausgewiesen).

$$\text{Produktionswert} = NIP_H + Ab + VL$$

Die Vorleistungen sind also nicht im Bruttoinlandsprodukt enthalten, weil sie Verkäufe von Unternehmen an andere Unternehmen darstellen, d. h. die **Käufe** aller Unternehmen den **Verkäufen** aller Unternehmen entsprechen.

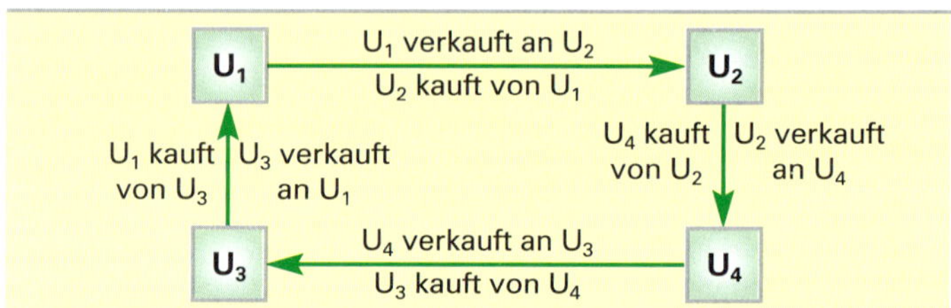

Zu den Vorleistungen gehören z. B. die Käufe bzw. Verkäufe von Roh-, Hilfs- und Betriebsstoffen sowie von Waren, Aufwendungen für Fremdreparaturen, Provisionen für Vermittlertätigkeiten anderer Unternehmen, Zinsen für von Unternehmen (z.B. Banken) bereitgestellte Kredite, Versicherungsbeiträge, Mieten und Pachten an andere Unternehmen.

10.4 Nominelles und reales Inlandsprodukt

Steigendes Inlandsprodukt bedeutet noch nicht automatisch, dass die Volkswirtschaft auch tatsächlich im angezeigten Umfang mehr produziert hat. Das Wachstum kann **ganz oder teilweise auf gestiegene Preise** zurückzuführen sein. Das zu **jeweiligen** (tatsächlich gezahlten) Preisen bewertete Inlandsprodukt bezeichnet man als **nominelles Inlandsprodukt.**

Will man die tatsächliche Mehrleistung einer Volkswirtschaft erfahren, muss man vom nominellen Inlandsprodukt die **Preissteigerungen abziehen**. Dann erhält man das **reale Inlandsprodukt.** Seit 2005 erfolgt die Berechnung der Entwicklung der realen Wirtschaftsleistung nicht mehr in Preisen eines festen Basisjahres, sondern in Preisen des Vorjahres, d. h., die jeweiligen **Gütermengen des betrachteten** Jahres werden mit den **Preisen des Vorjahres** multipliziert und dann addiert.

Hierdurch können jedoch die Realwerte der einzelnen Jahre nicht miteinander verglichen werden, da ihnen jeweils **unterschiedliche** Preise zugrunde liegen. Vor diesem Hintergrund veröffentlicht das Statistische Bundesamt – wie nachfolgender Auszug aus dem Monatsbericht der Deutschen Bundesbank verdeutlicht – keine Absolutwerte des realen Bruttoinlandsprodukts mehr, sondern lediglich sogenannte Indexwerte **(Volumenindizes).**

1. Entstehung und Verwendung des Inlandsprodukts, Verteilung des Volkseinkommens

Position	2006	2007	2008	2006	2007	2008	2007 2.Vj.	2007 3.Vj.	2007 4.Vj.	2008 1.Vj.	2008 2.Vj.	2008 3.Vj.	2008 4.Vj.
	Index 2000=100			Veränderung gegen Vorjahr in %									
Preisbereinigt, verkettet													
I. Entstehung des Inlandsprodukts													
Produzierendes Gewerbe (ohne Baugewerbe)	114,0	119,9	120,4	5,9	5,2	0,4	5,4	5,4	4,7	2,8	6,4	0,9	– 8,0
Baugewerbe	77,4	79,4	82,2	– 2,3	2,6	3,5	0,2	– 1,4	– 1,7	2,3	6,9	3,5	1,2
Handel, Gastgewerbe und Verkehr 1)	110,5	111,0	113,3	4,2	0,5	2,1	0,8	0,6	– 1,1	2,8	4,0	2,1	– 0,6
Finanzierung, Vermietung und Unternehmensdienstleister 2)	108,2	112,2	114,2	2,1	3,6	1,8	4,1	3,2	3,0	2,4	2,5	1,6	0,7
Öffentliche und private Dienstleister 3)	103,7	105,1	106,2	0,7	1,3	1,0	1,3	1,3	1,7	0,8	1,2	1,2	0,9
Bruttowertschöpfung	107,3	110,4	111,9	2,9	2,9	1,4	3,1	2,7	2,3	2,2	3,7	1,6	– 1,8
Bruttoinlandsprodukt 4)	106,1	108,7	110,1	3,0	2,5	1,3	2,5	2,4	1,6	2,1	3,4	1,4	– 1,6

Quelle: Monatsbericht der Deutschen Bundesbank, März 2009, S. 61*.

Die Berechnung dieser Indexwerte lässt sich an folgendem Beispiel verdeutlichen:

Beispiel:

Güter	Jahr 1 (Basisjahr)			Jahr 2			Jahr 3		
	Mengen	Preise	nominale Werte	Mengen	Preise	nominale Werte	Mengen	Preise	nominale Werte
A	2	15,00	30	3	10,00	30	5	12,00	60
B	4	10,00	40	5	16,00	80	6	15,00	90
C	6	30,00	180	8	35,00	280	10	30,00	300
D	8	25,00	200	7	30,00	210	6	40,00	240
nom. BIP			**450**			**600**			**690**

1. Schritt: Berechnung des realen Bruttoinlandsproduktes (BIP) nach der Vorjahrespreismethode

Berechnung des realen BIP = Gütermenge der jeweiligen Betrachtungsperiode · Preise Vorjahr

Berechnung des realen BIP 2. Jahr = 3 x 15 + 5 x 10 + 8 x 30 + 7 x 25 = 510
Berechnung des realen BIP 3. Jahr = 5 x 10 + 6 x 16 + 10 x 35 + 6 x 30 = 676

2. Schritt: Ermittlung der Volumenindizes

Berechnung der Volumenindizes = Realwert Betrachtungsperiode : Nominalwert Vorjahr

Berechnung des Volumenindexes 2. Jahr = 510 : 450 = 1,133
Berechnung des Volumenindexes 3. Jahr = 676 : 600 = 1,127

3. Schritt: Ermittlung der Kettenindizes

Berechnung der Kettenindizes n-tes Jahr = 100 · Volumenindex 2. Jahr · ... Volumenindex n-tes Jahr

Berechnung des Kettenindexes 2. Jahr = 100 x 1,133 = 113,3
Berechnung des Kettenindexes 3. Jahr = 100 x 1,133 x 1,127 = 127,689

4. Schritt: Ermittlung der Wachstumsrate

$$\text{Berechnung der Wachstumsrate} = \frac{\text{Kettenindex Betrachtungsperiode} \cdot 100}{\text{Kettenindex Vorjahr}} - 100$$

$$\text{Berechnung der Wachstumsrate 2. Jahr} = \frac{113{,}3 \cdot 100}{100} - 100 = 13{,}3\,\%$$

$$\text{Berechnung der Wachstumsrate 3. Jahr} = \frac{127{,}689 \cdot 100}{113{,}3} - 100 = 12{,}7\,\%$$

10.5 Entstehungs-, Verwendungs- und Verteilungsrechnung

Das BIP wird – wie auch nebenstehendes Schaubild verdeutlicht – über die Entstehungs-, Verwendungs- und Verteilungsseite berechnet.

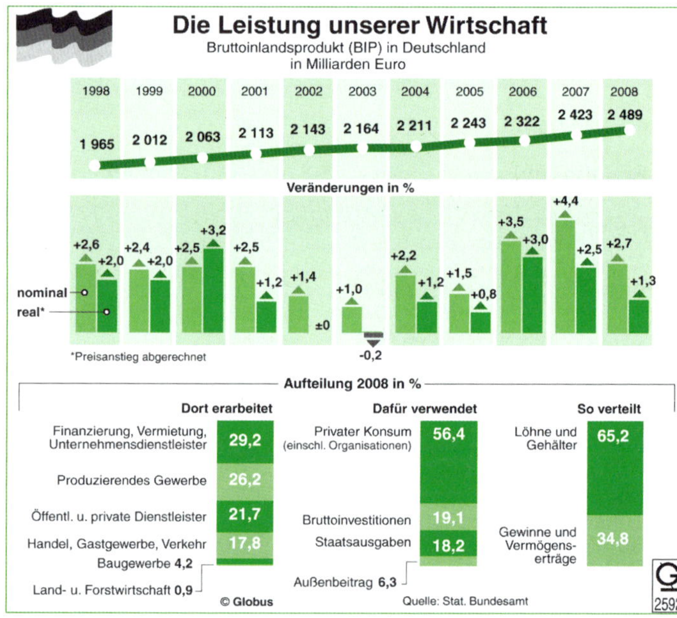

10.5.1 Entstehungsrechnung

Die Entstehungsrechnung erfasst die wirtschaftliche Leistung einer Periode nach ihren Quellen, d.h. nach den **Wirtschaftsbereichen** (z.B. produzierendes Gewerbe [ohne Baugewerbe], Baugewerbe, Handel, Gastgewerbe und Verkehr, Finanzierung, Vermietung und Unternehmensdienstleister, öffentliche und private Dienstleister).

Entstehung des Inlandsprodukts 2008 (Veränderungen Prozent gegenüber Vorjahr in Prozent)	
Produzierendes Gewerbe (ohne Baugewerbe)	0,4
Baugewerbe	3,5
Handel, Gastgewerbe und Verkehr	2,1
Finanzierung, Vermietung und Unternehmensdienstleister	1,8
Öffentliche und private Dienstleister	1,0
Bruttoinlandsprodukt	**1,3**

10.5.2 Verwendungsrechnung

Eine andere Möglichkeit, das BIP zu errechnen, setzt an der **Nachfrageseite** an. Dabei wird untersucht, wofür die hergestellten Güter und Dienstleistungen verwendet wurden. So kann beispielsweise ein PC in einer Volkswirtschaft für den privaten Konsum verwandt werden, er könnte allerdings auch in Form einer Investition in einem Unternehmen zum Einsatz kommen oder gar in das Ausland exportiert werden. Im Rahmen der Verwendungsrechnung (Ausgabenansatz) werden die **Ausgaben** für die **Endverwendung von Waren und Dienstleistungen** ermittelt, d.h. private und staatliche Konsumausgaben, Investitionen sowie Außenbeitrag (Exportüberschuss = Exporte minus Importe). Die Verwendungsrechnung für das Jahr 2008 weist folgende Größen aus:

Verwendung des deutschen Bruttoinlandsprodukts 2008 (Zahlen in Mrd. Euro)		
Private Konsumausgaben		1404,12
Konsumausgaben des Staates		453,19
Bruttoinvestitionen		474,24
– Ausrüstungen	197,66	
– Bauten	251,04	
– Sonstige Anlagen	28,43	
– Vorratsveränderungen	– 2,89	
Außenbeitrag (Exporte minus Importe)		157,85
Bruttoinlandsprodukt		**2489,40**

Quelle: Statistisches Bundesamt, Bruttoinlandsprodukt 2008 für Deutschland, Begleitmaterial zur Pressekonferenz, Frankfurt a.M. 2009.

Wie sich in den vergangenen Jahren das **Konsumverhalten** und demzufolge auch das **Sparen** der **privaten Haushalte** in Abhängigkeit der Einkommensentwicklung verändert haben, zeigt nebenstehende Übersicht.

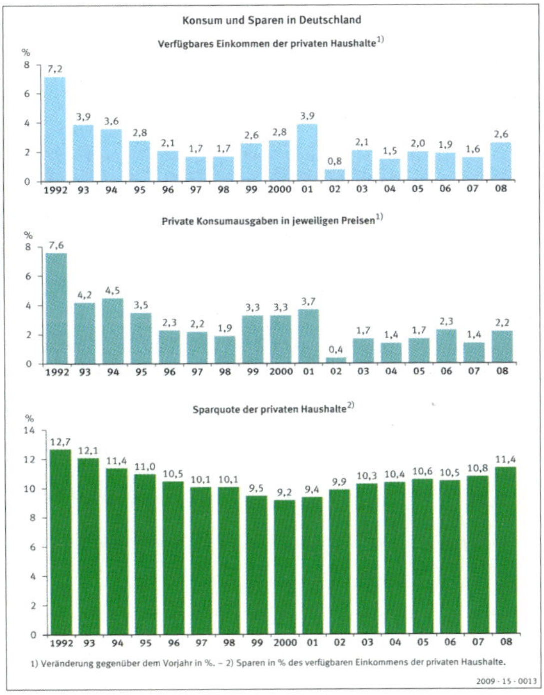

Quelle: Statistisches Bundesamt, Bruttoinlandsprodukt 2008 für Deutschland, Begleitmaterial zur Pressekonferenz, Frankfurt a.M. 2009.

Auf welche Güter und Dienstleistungen sich die Konsum-Milliarden der Haushalte in Deutschland konkret verteilen, dokumentiert nachfolgendes Schaubild.

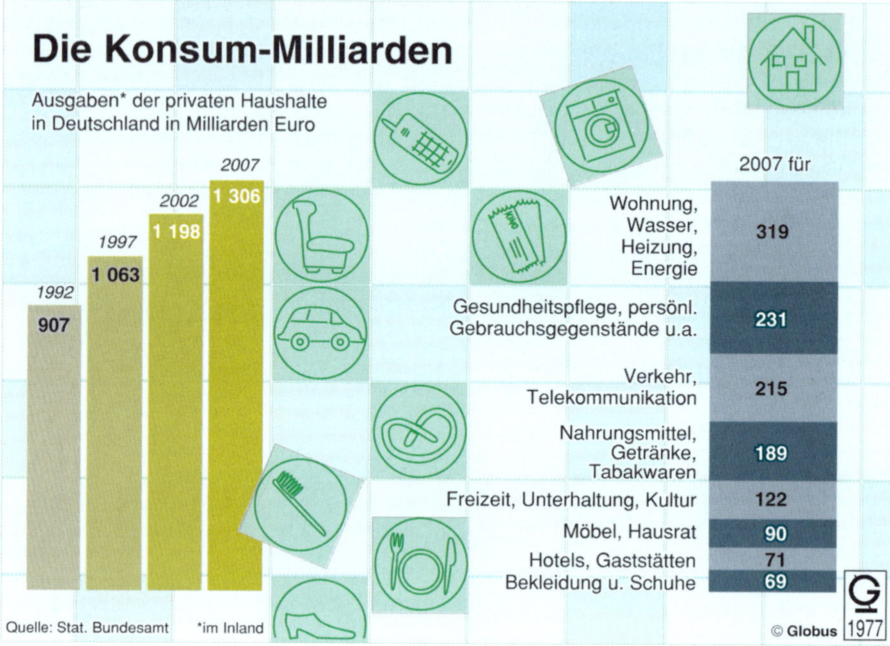

10.5.3 Verteilungsrechnung

Die Verteilungsrechnung ermittelt die Aufteilung des **Volkseinkommens** (vgl. Abbildung auf S. 164 und die Erläuterungen zum Nationaleinkommen auf S. 165) auf das **Arbeitnehmerentgelt** und das **Unternehmens- und Vermögenseinkommen** wie z.B. Zinsen, Dividenden, Gewinne, Miet- und Pachterträge. Für das Jahr 2008 ergab sich folgende Verteilung des Volkseinkommens:

Verteilung des Volkseinkommens 2008 (Zahlen in Mrd. Euro)	
Arbeitnehmerentgelt (Inländer)	1 225,59
+ Unternehmens- und Vermögenseinkommen	654,62
= Volkseinkommen	1 880,21
+ Produktions- und Importabgaben an den Staat abzüglich Subventionen	285,72
+ Abschreibungen	363,85
= Bruttonationaleinkommen	2 529,78
– Primäreinkommen aus der übrigen Welt (Saldo)	– 40,38
= **Bruttoinlandsprodukt**	**2 489,40**

Der **prozentuale** Anteil des **Arbeitnehmerentgelts** am Volkseinkommen wird als **Lohnquote** bezeichnet. Sie stellt die materielle Einkommenslage der Arbeitnehmer schlechter dar als sie ist, weil in Deutschland rund die Hälfte aller Vermögenseinkommen den Arbeitnehmern zufließen.

Der **prozentuale** Anteil des **Unternehmens- und Vermögenseinkommens** heißt **Gewinnquote** (Profitquote).

Die Entwicklung der Lohn- und Gewinnquote in den letzten Jahren in der Bundesrepublik Deutschland zeigt nebenstehende Übersicht.

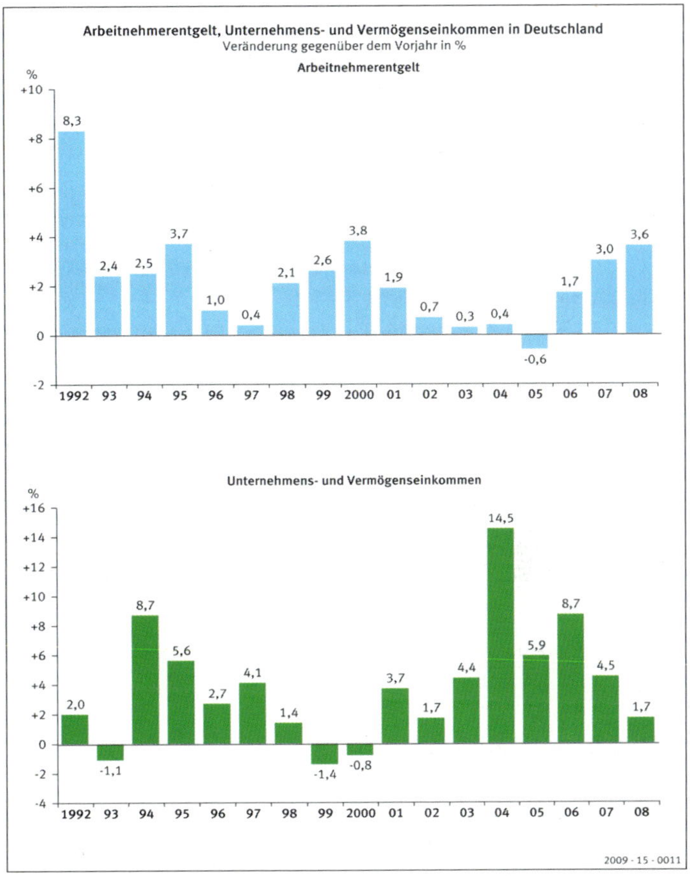

Quelle: Statistisches Bundesamt, Bruttoinlandsprodukt 2008 für Deutschland, Begleitmaterial zur Pressekonferenz, Frankfurt a.M. 2009.

Zusammenfassung

- Die **statistische** Erfassung **aller** wesentlichen gesamtwirtschaftlichen Zahlungsströme (Kreislaufgrößen) bezeichnet man als **volkswirtschaftliche Gesamtrechnung.**
- In einer **wachsenden** Volkswirtschaft muss gespart werden.
- **Bruttoinvestitionen** setzen sich aus Ersatzinvestitionen und den Erweiterungsinvestitionen (Nettoinvestitionen) zusammen.
- Der Saldo aus Exporterlösen und Importausgaben wird als **Außenbeitrag** bezeichnet.
- Das **Bruttoinlandsprodukt** kann – je nachdem welcher Untersuchungsaspekt im Vordergrund steht – auf **unterschiedlichen** Wegen berechnet werden, und zwar durch Entstehungs-, Verwendungs- und Verteilungsrechnung.

Übungsaufgabe

28 1. Erklären Sie die Begriffe Bruttoinvestition, Reinvestition, Nettoinvestition, Produktions- und Importabgaben sowie Nettoproduktionsabgaben!

2. Erläutern Sie folgende Symbole: BIP, BNE, C_{St}, C_{pr}, E, (Ex – Im), F und NNE!

3. Angenommen, das Bruttonationaleinkommen eines EU-Landes beträgt 2100 Mrd. GE.

   Aufgabe:

   Berechnen Sie das Nettoinlandsprodukt, wenn die Nettoproduktionsabgaben ($T_{ind} - Z$) 320 Mrd. GE, die Abschreibungen 270 Mrd. GE, die von Inländern aus dem Ausland bezogenen Erwerbs- und Vermögenseinkommen 32 Mrd. GE und die von Ausländern bezogenen Erwerbs- und Vermögenseinkommen 25 Mrd. GE betragen! Der Saldo zwischen den von der EU bezogenen Subventionen und den an die EU gezahlten Nettoproduktionsabgaben ist null.

4. Wie hoch ist das Nettoinlandsprodukt in der Aufgabe 3, wenn unter sonst gleichen Bedingungen die von Ausländern bezogenen Erwerbs- und Vermögenseinkommen 35 Mrd. GE betragen?

5. Das statistische Amt eines Landes liefert u.a. folgende gesamtwirtschaftlichen Daten (Zahlen in Mrd. GE):

– Bruttowertschöpfung der Wirtschaftsbereiche		
Produzierendes Gewerbe (ohne Baugewerbe)	835	
Baugewerbe	200	
Handel, Gastgewerbe und Verkehr	600	
Sonstige Wirtschaftsbereiche	700	2335
– Saldo der Primäreinkommen aus der übrigen Welt[1]		+ 16
– Konsumausgaben der privaten Haushalte		1300
– Konsumausgaben des Staates		400
– Bruttoinvestitionen		540
– Außenbeitrag		+ 95
– Abschreibungen (Nettoinvestitionen)		300
– Nettoproduktionsabgaben[2]		260
– Arbeitnehmerentgelt		1390
– Unternehmens- und Vermögenseinkommen		385

   Aufgaben:

   5.1 Berechnen Sie das Bruttoinlandsprodukt, das Nettoinlandsprodukt zu Herstellpreisen, das Bruttonationaleinkommen, die inländische Verwendung des Bruttonationaleinkommens, das Primäreinkommen und das Volkseinkommen! Der Saldo der Primäreinkommen aus der übrigen Welt entfällt je zur Hälfte auf das Arbeitnehmerentgelt und die Unternehmens- und Vermögenseinkommen.

   5.2 Stellen Sie die Entstehungs- und Verwendungsrechnung des Bruttoinlandsprodukts und die Verteilung des Volkseinkommens dar!

   5.3 Unter welcher Bedingung sind Brutto- und Nettoinlandsprodukt gleich groß? (Theoretischer Grenzfall). Wie bezeichnet man eine Volkswirtschaft, in der dies der Fall ist?

   5.4 Unterscheiden Sie die Begriffe nominelles und reales Bruttoinlandsprodukt!

   5.5 Unter welcher Bedingung ist das Bruttonationaleinkommen kleiner als das Bruttoinlandsprodukt?

   5.6 Welche Bedeutung hat die Ermittlung der Messzahlen (Kennzahlen) der gesamtwirtschaftlichen Leistung?

1 Siehe Fußnote 2 auf S. 162.
2 Siehe Fußnote 1 auf S. 162.

5.7 Welche Kritik wird an der herkömmlichen Berechnung der Messzahlen der gesamtwirtschaftlichen Leistung geübt?

5.8 Was kann die Größe „Bruttonationaleinkommen" über den Wohlstand der Bevölkerung eines Landes aussagen?

6.

Weg mit dem Bruttoinlandsprodukt!

... Im Jahr 2008 hat die Bundesrepublik Deutschland ein Bruttoinlandsprodukt in Höhe von 2489,40 Mrd. EUR erwirtschaftet. Ist das viel, ist das wenig? Müssen wir besorgt sein, dürfen wir stolz sein?

2489,40 Mrd. EUR sind weder viel noch wenig, sondern falsch. Denn im Bruttoinlandsprodukt wird vieles gar nicht erfasst und vieles zwar richtig erfasst, aber falsch bewertet.

Das Bruttoinlandsprodukt misst so ziemlich alles, was in der Wirtschaft vorgeht. Nur nicht das – so meint GEO-Chefredakteur Adolf Theobald –, worauf es im Leben ankommt.

Zum Beispiel: Die Arbeit der Hausfrau, sofern sie kein Einkommen hat, zählt nicht. Mütter, die ihre Kinder ohne Entgelt großziehen, werden vom Bruttoinlandsprodukt übersehen. Kämen zwei Mütter dagegen auf die listige Idee, ihre Kinder auszutauschen und sich für die Betreuung gegenseitig und monatlich je 1000 EUR zu zahlen, wäre das Bruttoinlandsprodukt im selben Monat um 2000 EUR gestiegen.

Nicht erfasst wird auch die Schwarzarbeit, sie geht an Staat und Statistik vorbei. Und nicht erfasst wird auch die so genannte Schattenarbeit wie z.B. die gesamte Do-it-yourself-Bewegung. Beide, die legale und die illegale Schattenarbeit, machen, nach groben Schätzungen, bereits die Hälfte des offiziellen Bruttoinlandsprodukts in der Bundesrepublik Deutschland aus.

Oscar Wilde[1] hat einmal formuliert, es gebe Menschen, die von allem den Preis, aber von nichts den Wert kennen. Er muss dabei an Politiker gedacht haben. Sie lieben es, aus der Statistik des Bruttoinlandsprodukts falsche Schlüsse zu ziehen. So wird zum Beispiel ein Auto, das viele Kosten verursacht, in der nationalen Gesamtrechnung letztlich immer wertvoller, denn die Reparaturen erhöhen ja das Inlandsprodukt. Und Umweltschäden, die uns an den Rand des Ruins bringen können, erhöhen unseren Reichtum ins Unermessliche – wegen der Reparatur, der Folgekosten. Um zum Beispiel den Schwarzwald wieder aufzuforsten, bräuchte man 6 Mrd. EUR. Ein toller Erfolg in unserer Gesamtrechnung. Ein kranker Mensch, der die Pharma-Industrie am Laufen hält, ist allemal ein besserer Inlandsprodukt-Produzent als ein gesunder. Denn der verursacht ja keine Kosten, bringt also auch keine Einnahmen.

Dass Statistiker uns reich rechnen? Na gut. Wenn aber Politiker die jährliche Steigerungsrate wie einen Fetisch behandeln, auf den man hören muss, dann wird es gefährlich.

Adolf Theobald

Quelle: GEO, Heft 2/1986, S. 148 f. Text und Angaben zum BIP wurden aktualisiert.

Aufgaben:

6.1 Nehmen Sie Stellung zu dem Zitat: „Das Bruttoinlandsprodukt misst so ziemlich alles, was in der Wirtschaft vorgeht. Nur nicht das, worauf es im Leben ankommt."

6.2 Stellen Sie anhand des Textes zusammen, welche Korrekturen am Maßstab BIP nach Meinung des Verfassers notwendig sind!

7. Im Jahr 20.. ist das reale Bruttoinlandsprodukt eines Landes um 62 Mrd. GE gesunken, während das nominelle Bruttoinlandsprodukt um rd. 29 Mrd. GE gestiegen ist.

Aufgaben:

7.1 Erklären Sie die Begriffe reales Inlandsprodukt und nominelles Inlandsprodukt!

7.2 Wie erklärt sich die unterschiedliche Entwicklung des realen und des nominellen Inlandsprodukts im Jahr 20..?

7.3 Angenommen, das reale Inlandsprodukt stieg um 1,5 %, das nominelle Inlandsprodukt um 2,5 %. Wie hoch war die Preissteigerungsrate?

1 Engl. Schriftsteller, Verf. von „Das Bildnis des Dorian Gray".

7.4 Angenommen, das reale Inlandsprodukt stieg um 1,8% und die Preissteigerungsrate betrug 2,5%. Um wie viel Prozent stieg das nominelle Inlandsprodukt?

7.5 Angenommen, die Preissteigerungsrate betrug 3% und die Steigerung des nominellen Inlandsprodukts belief sich auf 4,6%. Um wie viel Prozent stieg das reale Inlandsprodukt?

8. An der gängigen Berechnung der Messgrößen der gesamtwirtschaftlichen Leistung wird häufig Kritik geübt.

Aufgaben:

8.1 Nennen und erläutern Sie mindestens drei Kritikpunkte!

8.2 Erklären Sie in diesem Zusammenhang die Begriffe soziale Kosten und soziale Leistungen!

8.3 Bringen Sie je ein eigenes Beispiel für soziale Kosten und soziale Leistungen!

8.4 Erklären Sie die Begriffe Lebensqualität und soziale Indikatoren!

8.5 Nennen Sie zwei eigene Beispiele für soziale Indikatoren!

9. Das statistische Amt eines Landes veröffentlichte die folgenden Zahlen (in Mrd. EUR):

Konsumausgaben des Staates	750
Bruttoinvestitionen	850
Abschreibungen	620
Produktionsabgaben an den Staat abzüglich Subventionen	480
Konsumausgaben der privaten Haushalte	2750
Exporte	840
Importe	780
Saldo der Primäreinkommen aus der übrigen Welt	+ 48

Aufgaben:

9.1 Ermitteln Sie das Bruttoinlandsprodukt!

9.2 Berechnen Sie das Volkseinkommen!

9.3 Erläutern Sie kurz mittels eines Beispiels, wie es zu dem Unterschied zwischen Bruttonationaleinkommen und Bruttoinlandsprodukt kommen konnte!

9.4 Beschreiben Sie die Entwicklung einer Volkswirtschaft für die beiden nachfolgenden Fälle:

Jahr	Abschreibungen	Bruttoinvestitionen
1. Jahr	850 Mrd. EUR	890 Mrd. EUR
2. Jahr	780 Mrd. EUR	720 Mrd. EUR

9.5 Beurteilen Sie, ob eine sinkende Lohnquote zwangsläufig zu einer Verschlechterung des Lebensstandards der abhängig Beschäftigten geführt haben muss!

9.6 Nennen Sie neben dem Bruttoinlandsprodukt zwei weitere nichtökonomische Größen für die Beurteilung des Wohlstandes eines Landes!

11 Entwicklungsphasen und aktuelle Probleme der sozialen Marktwirtschaft

Da auf die Entwicklungsphasen der sozialen Marktwirtschaft bereits in Kapitel 6.1 ausführlich eingegangen wurde, beschränken sich die Ausführungen im Folgenden auf einen Überblick zu den aktuellen Problemen dieser Wirtschaftsordnung.

Ende der achtziger Jahre haben die kapitalistischen Marktwirtschaften – und mit ihnen die soziale Marktwirtschaft – den Wettbewerb mit der sozialistischen Planwirtschaft gewonnen. Deshalb richtet sich der Blick viel unmittelbarer und kritischer auf die Marktwirtschaften, in der Bundesrepublik Deutschland also auf die soziale Marktwirtschaft. Und dieser drohen nicht zu unterschätzende Herausforderungen.

(1) Wirtschaftsethik

Marktwirtschaft bedarf, soll sie funktionieren, einer bestimmten Ethik, deren Regeln zumindest von einer starken Mehrheit einer Gesellschaft eingehalten werden. Solche ethischen Regeln sind z. B.:

- geschäftliche Anständigkeit,
- Unbestechlichkeit,
- Ehrlichkeit,
- Pünktlichkeit und Zuverlässigkeit,
- Verantwortungsbewusstsein gegenüber Mitmenschen und Natur,
- Gemeinsinn.

Beispiel:

Werden private oder staatliche Aufträge nicht an die leistungsfähigsten Anbieter vergeben, sondern an solche, die die höchsten Bestechungsgelder (Schmiergelder) bezahlen, werden volkswirtschaftliche Produktionsfaktoren verschleudert. Dadurch sinkt die Produktivität; der Lebensstandard nimmt ab. Außerdem wird der Preismechanismus außer Kraft gesetzt, der die Grundlage jeder Marktwirtschaft ist. Schließlich führt die durch die Korruption bewirkte Fehllenkung der Produktionsfaktoren zu einer Schwächung der weltwirtschaftlichen Stellung eines Landes, weil die Produktionskosten vergleichsweise (gegenüber Ländern mit geringerer Korruptionsanfälligkeit) steigen. Im Übrigen ist die Korruption leistungsfeindlich: Aufträge werden nicht aufgrund einer besonderen Leistung, sondern aufgrund von Sonderleistungen erteilt.

Fehlt es also an der notwendigen **Wirtschaftsgesinnung**, wird gelogen und betrogen, dem Geschäftspartner „das Fell über die Ohren gezogen", schlechte Qualität produziert, werden Verträge nicht eingehalten, Zahlungstermine versäumt und verantwortungslose Entscheidungen getroffen, kann das System der sozialen Marktwirtschaft nicht funktionieren. Bestehende Marktwirtschaften geraten in die Krise, neu eingeführte können sich erst gar nicht entfalten. Die äußeren Zeichen der Krise kann man in den alten und jungen Marktwirtschaften erkennen: Wirtschaftskriminalität, Lebensmittelskandale, Umweltskandale, Bandenbildung, Bestechung von Politikern, ungerechte Entlohnung, in die eigene Tasche wirtschaftende Gewerkschafter, kurzsichtig entscheidende Manager und Politiker, fehlende Innovationsfähigkeit und -willigkeit, mangelnder Unternehmensgeist, Sattheit und Wohlgefälligkeit.

(2) Überlastung des sozialen Netzes

Gefahren drohen der sozialen Marktwirtschaft aber auch wegen der möglichen Überdehnung des sozialen Netzes, das eine Fülle von Möglichkeiten des Sozialmissbrauchs bietet. Beispiele sind die illegale Beschäftigung von Arbeitskräften, die Schwarzarbeit bei gleichzeitigem Bezug von Arbeitslosengeld oder anderen Unterstützungszahlungen und das mehrfache Abkassieren anderer Sozialleistungen.[1]

Sozialmissbrauch schwächt das soziale Sicherungssystem der sozialen Marktwirtschaft, erhöht die Belastung der arbeitenden ehrlichen Leute, führt zu Leistungsunwillen und beeinträchtigt die Funktionsfähigkeit des Wirtschaftssystems und damit auch die soziale Leistungsfähigkeit.

(3) Abgaben- und Steuerbelastung

Auch die Belastung der arbeitenden Bevölkerungsteile findet ihre Grenzen. „Irgendwo hören – das ist jeweils auf konkret absehbare Zeiträume eine Tatsache – Opferbereitschaft, Zusammengehörigkeitsgefühl und Verständigungsbereitschaft unter den Menschen auf ... Wieweit lässt sich der Bürger besteuern, um in welchen anderen Gebieten zur Gleichwertigkeit der Lebensbedingungen beizutragen?"[2] Eine Überlastung der arbeitenden Menschen führt zur Arbeitsunlust, weil der Anreiz zur Leistung nachlässt. Die Motivation zur **belohnten Leistung** aber ist gerade der **Motor jeder Marktwirtschaft**. Fehlt sie, greifen Pessimismus, Unterbeschäftigung und Radikalismus um sich.

Welchen Zeitraum eines Jahres die Bundesbürger mittlerweile im Durchschnitt nur für die Steuern und Abgaben arbeiten müssen, verdeutlicht der Bund der Steuerzahler anhand des jährlich neu berechneten **„Steuerzahler-Gedenktages"**.

Steuerzahler-Gedenktag 2009 am 14. Juli

Bund der Steuerzahler fordert Senkung der Steuer- und Abgabenbelastung

Jedes Jahr ermittelt das Karl-Bräuer-Institut des Bundes der Steuerzahler den Steuerzahler-Gedenktag. Berechnet wird dieser auf Grundlage der volkswirtschaftlichen Einkommensbelastungsquote. Die Summe aus Steuern und Abgaben wird ins Verhältnis zum Volkseinkommen gesetzt und diese Quote auf die Kalendertage eines Jahres umgelegt. Mit dieser Quote wird gezeigt, wie viel der Staat vom Einkommen der Bürger und Betriebe über Steuern und Sozialabgaben auf das Jahr bezogen einbehält. Die Quote für 2009 beträgt nach der Prognose des Instituts 53,3 Prozent.

Demzufolge lässt sich der 14. Juli, 8.42 Uhr, als exakter Zeitpunkt berechnen, bis zu dem die Steuer- und Abgabenzahler im Durchschnitt rein rechnerisch für Steuern und Sozialabgaben arbeiten. Somit bleibt im Durchschnitt nicht einmal die Hälfte des erwirtschafteten Einkommens bei den Steuer- und Abgabenzahlern.

Im vergangenen Jahr betrug die prognostizierte Einkommensbelastungsquote noch 51,73 Prozent; der Steuerzahler-Gedenktag fiel somit auf den 8. Juli. Damit hat sich der Tag 2009 um sechs Tage nach vorn verschoben. Die leichte Entlastung der Steuer- und Abgabenzahler ist zu begrüßen, auch wenn sie bei weitem nicht ausreichend ist. Die zarte Entlastung der Steuer- und Abgabenzahler gegenüber dem Vorjahr resultiert im Wesentlichen auf steuerlichen Entlastungen im Rahmen der Konjunkturpakete. [...]

Quelle: Bund der Steuerzahler.

1 Wie hoch der volkswirtschaftliche Schaden durch Schwarzarbeit ist, lässt sich naturgemäß nicht genau beziffern. Untersuchungen gehen von drei Prozent des gesamten Arbeitsvolumens aus. Das wären bei einem Bruttoinlandsprodukt (BIP) in Deutschland von 2,5 Billionen EUR immerhin 75 Milliarden EUR. – Das Institut für Angewandte Wirtschaftsforschung in Tübingen spricht von „Schattenwirtschaft" und beziffert den damit erwirtschafteten Umsatz für 2007 auf rund 349 Milliarden EUR. Der Begriff Schattenwirtschaft ist dabei etwas umfangreicher gefasst als die Schwarzarbeit (Quelle: www.bundesregierung.de vom 19.12.2008).

2 WAGNER, A.: Volkswirtschaft für jedermann. Die marktwirtschaftliche Demokratie, 1992, S. 12.

(4) Umweltbelastung

Schließlich erhebt sich die Frage, ob die soziale Marktwirtschaft in der Lage sein wird, die Umweltbelastung nachhaltig zu verringern. Der Hinweis darauf, dass in den ehemaligen sozialistischen Ländern die Umwelt noch viel rücksichtsloser und nachhaltiger ausgebeutet wurde, kann hier nicht „trösten". Die Folgen der Umweltbelastung sind mehr staatliche Vorschriften, mehr Ge- und Verbote, also mehr Kommando- als Marktwirtschaft. Hinzu kommen die Kosten für die Beseitigung der Umweltschäden. Die Gewinne der Unternehmen sinken, die Steuereinnahmen verringern sich, die staatlichen Ausgaben für konsumtive, produktive und soziale Zwecke werden gekürzt.

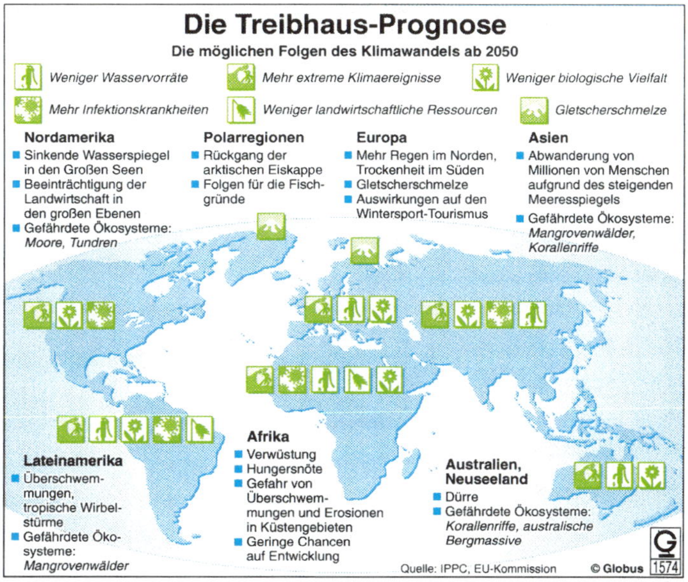

Nun gibt es keine Zweifel mehr: Die steigende globale Erwärmung seit Mitte des 20. Jahrhunderts ist mit einer Wahrscheinlichkeit von mehr als 90 Prozent auf die Zunahme der Treibhausgas-Emissionen durch menschliche Aktivitäten zurückzuführen. Das ist eine der Kernaussagen des letzten Klimaberichts des IPCC (Zwischenstaatlicher Ausschuss für Klimaveränderungen). Die hausgemachte Klimaerwärmung auf unserem Planeten könnte bald nicht mehr umkehrbare Folgen haben: Hitzewellen und sehr hohe Temperaturen werden häufiger auftreten, länger anhalten und intensiver sein. Das führt weltweit zum Abschmelzen der Schneedecken und zum Auftauen der Permafrostböden. In der Arktis und Antarktis wird sich die Meereisdecke stark zurückbilden und eventuell ab 2050 im Sommer ganz von der nördlichen Halbkugel verschwunden sein. Die Stärke von Hurrikans bzw. Taifunen und Orkanen wird wesentlich zunehmen. Auch die biologische Vielfalt ist in vielen Regionen der Erde durch den Klimawandel bedroht. Betroffen wären unter anderem die Korallenriffe in Australien, die Mangrovenwälder in Lateinamerika sowie die Moore und Tundren in Nordamerika.

(5) Abnehmende Gemeinwohlorientierung

Gefahren für die soziale Marktwirtschaft entstehen auch durch die Erfüllung der Einzelinteressen von Verbänden durch die Regierungen zu Lasten der Allgemeinheit. „Erfahrungsgemäß wird jedoch oft vor allem dann, wenn es um die Erhaltung bisheriger Arbeitsplätze geht, eine solche Politik gefordert, sei es in Form von Subventionen oder von anderen protektionistischen Maßnahmen. Der Druck der betroffenen Verbände – leider oft auch unterstützt von den lokalen Kirchen – ist dann häufig extrem stark, und er wird meist von den Medien nachdrücklich unterstützt, wie viele Beispiele zeigen."[1] Die Folge ist, dass durch Subventionen und sonstige Protektion die Interessen anderer (z.B. der Konsumenten, Nachfrager, in- und ausländischer Wettbewerber) geschädigt werden.

---

1 TIETMEYER, H.: Zur Ethik wirtschaftspolitischen Handelns, in: Forum - Vortragsreihe des Instituts der Deutschen Wirtschaft Köln, 43. Jg., Nr. 45 vom 9. November 1993, S. 2.

12 Boller u.a. – ISBN 978-3-8120-0596-8

(6) Globalisierung[1] der Märkte

Im Vergleich zum konkurrierenden Ausland zu hohe Produktionskosten (z.B. Steuerkosten, Lohnkosten, Lohnnebenkosten, Kosten des Umweltschutzes) führen dazu, dass zahlreiche Unternehmen im Ausland produzieren lassen oder ins Ausland abwandern („Globalsourcing").[2] Die Folge ist, dass vor allem in den alten Industrieländern die Arbeitslosigkeit im industriellen Sektor zunimmt.

Zusammenfassung

- Zu den **Hauptproblemen der sozialen Marktwirtschaft** zählen u.a.:
  - fehlende Wirtschaftsethik,
  - die Überlastung des sozialen Netzes,
  - die Abgaben- und Steuerbelastung,
  - die Umweltbelastung,
  - die abnehmende Gemeinwohlorientierung sowie
  - die Globalisierung der Märkte.

Übungsaufgabe

29 1.

Teure Katastrophen

... Eines lässt sich sicher sagen: Die Zahl der registrierten Naturkatastrophen steigt. **Wetterabhängige Ergeignisse** wie Stürme und Überflutungen nehmen zu. Weltweit entstand zwischen 1980 und 2004 bei 14216 Katastrophen ein ökonomischer Schaden von insgesamt 1,825 Billionen, ausgeschrieben: 1825000000000 US-Dollar. 374 Milliarden US-Dollar davon trugen die Versicherungsunternehmen. Allein für die klimabedingten Desaster in den ärmeren Ländern zahlen sie dreimal so viel wie die Staaten der internationalen Gemeinschaft bei ihren Hilfsaktionen. Doch der katastrophale Zuwachs ist nicht nur auf die Erderwärmung zurückzuführen, sondern in hohem Maße darauf, dass die Zahl der Menschen in den betroffenen Gebieten zunimmt und mit ihr die **Zahl der potenziellen Opfer,** die den Begriff Katastrophe definiert.

Zu oft gerät in Vergessenheit, dass Metropolen wie Los Angeles und San Francisco, Tokyo und Istanbul auf sehr wackeligem Fundament errichtet sind. Angesichts schöner Strände zieht es Menschen aus dem sicheren Landesinneren immer wieder an die Küsten. Vielen fehlt jenes Wissen, das ihr Großvater noch hatte: wo in den Bergen in harten Wintern Lawinen heruntergehen und man tunlichst nicht bauen sollte. Wo bei außergewöhnlichen Wasserständen die Marschen voll laufen – und mit ihnen die Keller.

Es sind jedoch nicht die Großereignisse, die die Versicherungen zunehmend unter Druck setzen: In der aktuellen Ausgabe der Zeitschrift „Science" weist Evan Mills vom Lawrence Berkeley National Laboratory auf die medial bedingte **Schieflage unserer Wahrnehmung** hin.

Großereignisse, die es in die Fernsehnachrichten schaffen, machen nur 40 Prozent der Kosten aus. Viel teurer sind kleine Verwüstungen wie Blitzschläge, Erdrutsche oder Winterstürme. In den USA verursachen allein die Stromausfälle jedes Jahr Schäden in Höhe von 80 Milliarden Dollar. Zum Vergleich: Ein Starkbeben in Los Angeles würde nach Expertenschätzung Schäden in Höhe von 200 Milliarden Dollar hinterlassen. ...

Quelle: DIE ZEIT vom 18. August 2005.

Aufgaben:

1.1 Welche Ursachen hat die steigende Zahl der Naturkatastrophen?

1.2 Welche Wirkungen haben Naturkatastrophen auf die Wirtschaft?

---

1 Globalisierung: erdweite Öffnung der Märkte (Globus: Kugel, Erdkugel).

2 Globalsourcing (engl.): wörtlich „Erdausschöpfung", d.h. erdweit die (günstigsten) Quellen suchen.

2. **Arbeitsauftrag**: Sammeln Sie Zeitungsartikel und Bildstatistiken, die über Korruptionsfälle berichten und begründen Sie mit deren Hilfe, warum die Korruption die Funktionsfähigkeit einer Wirtschaftsordnung (z. B. der sozialen Marktwirtschaft) beeinträchtigt!

Beispiele:

(1)

In Dänemark, Schweden und Neuseeland wird im Wirtschaftsleben am wenigsten bestochen und geschmiert. Diese drei Länder führen den Korruptionsindex von Transparency International für das Jahr 2008 mit 9,3 von 10 möglichen Punkten an. Deutschland hat sich im Vergleich zu 2007 verbessert und erreicht nun 7,9 Punkte. Am korruptesten geht es in Afghanistan, Haiti, dem Irak, Birma und Somalia zu. Diese Länder werden mit 1,0 bis 1,5 Punkten bewertet. Hochburg der Korruption in Europa ist der Balkan. Kroatien, Rumänien, Bulgarien, Mazedonien, Serbien, Montenegro, Albanien und Bosnien-Herzegowina erreichen Werte zwischen 3,2 und 4,4 Punkten.

(2)

Korruption wird immer schlimmer

Frage: Deutschland wird gerade erschüttert von zahllosen Korruptionsaffären. Eine zufällige Kette von Einzelfällen oder die Spitze des Eisbergs?

Antwort: Wenn man den Kriminologen glauben darf, ist das leider nur die Spitze des Eisbergs. Das Dunkelfeld bei Korruption, Bestechlichkeit und Untreue ist außerordentlich groß.

Frage: Ist Deutschland denn besonders anfällig für Schmiergeld-Affären?

Antwort: Nein, das kann man wohl nicht sagen. Auch so spektakuläre Fälle wie in den USA, etwa bei Worldcom, haben wir in Deutschland bisher Gott sei Dank nicht.

Frage: Aber der Schaden hier zu Lande ist auch nicht von Pappe. Eine Studie von Ernst & Young spricht von jährlich acht Milliarden Euro. Wie kriegt man diese Auswüchse in den Griff?

Antwort: Bei diesen Taten werden die Täter vor allem durch zwei Dinge abgeschreckt: eine hohe Aufklärungswahrscheinlichkeit und eine empfindliche Bestrafung. Damit ist auch der Reputationsverlust, der Imageschaden in der Öffentlichkeit, gemeint. Das sind sozusagen zwei Stellschrauben, an denen man drehen kann. Wenn beide angezogen werden, werden solche Delikte zurückgehen.

Quelle: Handelsblatt Wirtschafts- und Finanzzeitung vom 1. August 2005.

3. Überlegen Sie, warum ein „überzogenes" Sozialsystem die soziale Marktwirtschaft gefährden kann!

4. Begründen Sie anhand selbst gewählter Beispiele, warum durch Verstöße gegen wirtschaftsethische Grundsätze (Normen) meist alle Mitglieder einer Gesellschaft geschädigt werden!

Beispiele:

Ladendiebstahl: Genau 677 542-mal schnappte 20.. in deutschen Läden die Falle zu – ein Dieb wurde dingfest gemacht und angezeigt. Insider schätzen jedoch, dass neun von zehn Dieben ungeschoren davon kommen.

Arzt bietet Piercing auf Krankenschein

Düsseldorf (AP). Ein Hautarzt soll seinen Patientinnen „Piercing auf Krankenschein" angeboten haben. Die Kassenärztliche Vereinigung berichtete, ihr lägen die Aussagen zweier Patientinnen vor, denen der Arzt kostenlos Körperschmuck angebracht habe. Statt des „Piercings" war bei den Kassen unter anderem eine Pickelbehandlung aufgetaucht. Die Vereinigung will deshalb dem Arzt die Kassenzulassung entziehen. Beim so genannten „Piercing" werden Körperteile wie Bauchnabel, Augenbrauen, Nase oder Lippe durchstochen und Ringe oder Stecker als Schmuck angebracht.

HAMBURG (dpa/AFP). Bei einer groß angelegten Untersuchung von Obst und Gemüse in Supermarktketten hat die Umweltorganisation Greenpeace zum Teil erhebliche Pestizidbelastungen festgestellt. In 100 Fällen und damit bei 15 Prozent der Proben seien die gesetzlichen Höchstmengen erreicht oder überschritten worden.

DEGGENDORF (dpa). Das im niederbayerischen Deggendorf gefundene Gammelfleisch enthielt nach Informationen des ARD-Magazins „Fakt" hochgefährliche Krankheitserreger. In zwei Proben seien neben Salmonellen auch Erreger gefunden worden, die Fehlgeburten oder Hirnhautentzündungen auslösen könnten. Die Produkte seien schon vor dem Einfrieren teilweise verwest gewesen. Zudem sei auf einem der Fleischstücke Industrieöl festgestellt worden.

FRIEDRICHSFAFEN (dpa). Der „Gammelfleisch"-Skandal hat jetzt auch Baden-Württemberg erreicht: Bei einem Händler im Bodenseekreis wurden rund 2,5 Tonnen teils verdorbene Fleisch- und Wurstwaren sichergestellt. Der Großhändler beliefere Gastronomiebetriebe im Süden Baden-Württembergs und in Bayern, teilte eine Sprecherin des Landratsamtes gestern in Friedrichshafen mit.

Quelle: Badische Zeitung vom 5. November und 5. Dezember 2005.

Stichwortverzeichnis